丝路文化

张利萍 ◎ 著

首都经济贸易大学出版社
Capital University of Economics and Business Press

·北京·

图书在版编目（CIP）数据

丝路文化 / 张利萍著. –– 北京：首都经济贸易大学出版社，2023.12

（中国如斯）

ISBN 978-7-5638-3603-1

Ⅰ.①丝…　Ⅱ.①张…　Ⅲ.①丝绸之路—文化史—研究　Ⅳ.①K203

中国国家版本馆CIP数据核字（2023）第190717号

丝路文化

SILU WENHUA

张利萍　著

责任编辑　彭伽佳

封面设计　砚祥志远·激光照排　TEL: 010-65976003

出版发行　首都经济贸易大学出版社

地　　址　北京市朝阳区红庙（邮编100026）

电　　话　（010）65976483　65065761　65071505（传真）

网　　址　http://www.sjmcb.com

E‐mail　publish@cueb.edu.cn

经　　销　全国新华书店

照　　排　北京砚祥志远激光照排技术有限公司

印　　刷　唐山玺诚印务有限公司

成品尺寸　170毫米×240毫米　1/16

字　　数　247千字

印　　张　21.25

版　　次　2023年12月第1版　2023年12月第1次印刷

书　　号　ISBN978-7-5638-3603-1

定　　价　82.00元

弁言

中国与世界早已连为一体。世界各国跟中国打交道，就得了解中国。更为重要的是，中国人要发展自己，更得加深对于自身国情的了解。毛泽东早就说过，"认清中国的国情，乃是认清一切革命问题的基本的根据"。不仅如此，中国革命胜利后70余年的历史告诉我们，认清一切中国建设和发展问题，其基本根据仍然是认清中国国情。

对任何事物的认识都包括事实判断和价值判断两个方面。其中，前者是最基本的，后者建立在前者的基础之上。遗憾的是，目前涉及中国国情的读物，多是断语式的价值判断（重复诠释官媒观点），或者碎片式的事实呈现（自媒体的随意表达）。前者过于宏阔，后者则过于琐碎，在宏观和微观之间缺乏中观层面的描述，以至于中国人不认识中国，甚至有学者断言中国人需要在外国才能认识中国。

编辑这套《中国如斯》丛书的目的，就是希望弥补中观层面中国国情系列读物的不足，分专题向读者展示中国社会、中国文化和中华民族的方方面面。我期待作者们以原始文献为据，整合学界既有研究成果，呈现事实，准确系统地讲好中国故事，把判断和思考留给读者。

我也期待学界和读书界对这套丛书的选题和写法提出批评建议，通过读者和编者之间的互动，把这套书编好、写好。

任定成

2023 年 11 月 25 日

北京百望山下

前言

　　21世纪的中国今昔相映生辉。在漫长的历史长河里，中国的经济、政治、文化、社会和生态等方方面面都走过了艰辛曲折的路途，跃上过巅峰，也跌入过谷底，起起落落数千年。中华民族一代又一代先辈们的业绩和荣耀不应被忘记，中国人民共同经历的苦难、牺牲与奋斗不应被忘记，有史以来中国为世界持续不断所做的种种贡献不应被忘记，中国与世界紧密相依的共同命运关系不应被忘记。特别是，为了全人类共同的福祉，今天的中国需要世界懂得和珍惜，因为中国固然离不开世界，世界却也同样离不开一个蓬勃向上、锐意进取、文明现代和繁荣富强的中国。

　　然而，实际情况是，当前的世界对于中国的所知还甚疏浅。原因或许很多，其中一个重要的原因就是"酒香也怕巷子深"。中国需要用"润物细无声"的方式向世界各国人民全方位展示自我，赢得越来越广泛和深厚的世界之爱。这是走好中国特色社会主义现代化建设新征程的必然要求，也是世界走向更美好未来的必然要求。基于此，"中国如斯"丛书应运提上创作议程。

　　对于国内外读者而言，中国秀丽壮美的山川似乎无须多言，中国悠久博大、灿烂多姿的文化却亟待有人深情地用世界听得懂的话语娓娓道来。文化是最深情和最根本的力量，对于中国和世界都是如此。丝路文化是源于中国而回响在整个世界历史时空如诗如歌的千万年绝唱，蕴含着无穷的魅力和智慧。《丝路文化》作为"中国如斯"丛书文化系列中的一部，致力于为国内外读者倾情导览和呈现自古而今丝绸之路文化变迁的万方仪态。

笔者为有机会投入丝绸之路文化主题创作深感荣幸。同时，面对丝绸之路上无数中外英雄、伟人和默默无闻却功在千秋的先人，面对丝绸之路上以丝绸为代表琳琅满目令人叹为观止的精湛艺术名品，自己的内心更多的时候是深感惶恐，生怕落笔拙笨，难以描绘丝绸之路上那时的人、那时的景、那时的事、那时的歌舞以及那时的方物之美的万分之一。为此，衷心感谢山西大学马克思主义学院倾力组织契合时代之需的"中国如斯"丛书创作项目。同样，衷心感谢《丝路文化》一书创作中所依凭的国内外丝绸之路研究文献的多位专家学者式著者，他们就丝绸之路文化相关事件和史实等的独到的眼光和观点，所做的细致翔实的阐释和论证，融汇幻化为气势宏伟坚实的巨人之肩，给人以如在登高览胜之云梯上观赏品读回味丝绸之路的新高度和新视野。

目录

5

7

引 言

丝路文化概览

胡天汉月映西洋，漫长的丝绸之路通向远方和希望。

在《辞海》中，丝路就是丝绸之路，指古代从中国出发，向亚洲中部、西部以及欧洲和非洲等地运送以丝绸为代表的物品的交通要道的总称。顾名思义，丝路文化就是沿丝绸之路飘动的绵延万里的文化带。

今天，中国和世界为什么必须重新审视和品味丝路文化？

因为迄今为止，众人眼中，丝绸之路仍蒙着一层若隐若现的神秘面纱，丝路文化的魅力还没有真正展现。更重要的是，人类要想走得平稳和长久，需要汲取丝路文化中蕴藏的力量和智慧。

从某种意义上说，我们要么从丝路文化中找到发展思路而持续兴盛，要么错失丝路文化中的发展思路而迷失先机。

人类在静默如谜的丝路文化路标前该何去何从，是我们要共同面对的一道高难度选择题。

一、丝绸之路新解

世界那么大，人们都梦想着去看看。许多人尤其想尽情游览穿山越岭、跨海过江、纵贯异域、名满天下的丝绸之路。

然而，几乎可以确定的是，像大多数人一样，无论你出生在哪个国家，丝绸之路于你都只是一个耳熟却不能详的曼妙之词，徒留伴随终身的神往和无数次梦中缥缈如幻的丝路之旅。

你还记得第一次听说丝绸之路是在什么时候和什么情境下吗？

　　我们中的大多数人是青春年少之时在学校的历史课上初识丝绸之路的。少年多梦，而时光滤镜下的丝绸之路无疑是造梦圆梦的风水宝地。当年历史课上桩桩件件古人古事可能会随着时间的流逝而被遗忘殆尽，唯独丝绸之路上的寂寞驼铃、长河落日、胡天汉月、大漠孤烟、雪山草原、奇珍异宝、侠士歌女、异国情调等，连同风沙严寒、战乱死亡等威胁和恐惧一起，久久萦绕心头，历经岁月洗礼却愈益鲜活明媚。人们的心中都有一条专属自己的丝绸之路。

　　对中国人而言，丝绸之路另有一番独特意味。

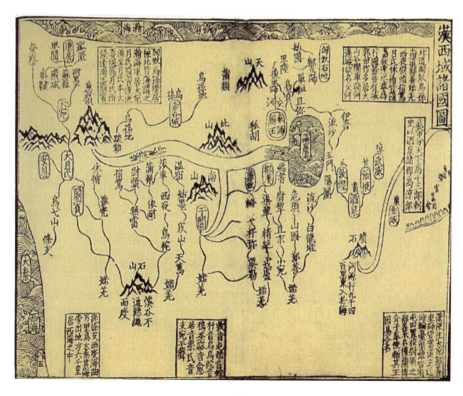

汉西域诸国示意图（南宋，首都图书馆藏）

图源：张国刚.中西文化关系通史（上）[M].北京：北京大学出版社，2019：35.

一方面，中国人有丝绸之路开创者后人的荣耀感。自东向西由中国境内绵延至异域的丝绸之路，在中国久远辉煌的历史上确实是前人历经万般劫难闯荡开拓而成。汉代出使西域的张骞因拓路之功而名垂青史，也令后来人尽享他开辟丝绸之路的无限尊荣。

另一方面，中国人因当年在丝绸之路上流通运输的中国名贵商品而自豪。丝绸之路作为古时货物贸易和人员流动的重要通道，以受西方各国的人们普遍钟爱热捧的中国特产珍稀之物——丝绸而命名，彰显了中国曾经的繁华和强盛。丝绸之路就像是铭刻在中国人心中的一座历史丰碑，无时无刻不闪烁着令人敬仰的光芒。

不仅如此，丝绸之路与中国人还有着更为亲密的渊源。神话小说《西游记》是广受中国人喜爱的四大古典名著之一。书中家喻户晓的唐僧、孙悟空、猪八戒和沙僧师徒四人穿州过府、通关列国，一路上降妖除魔，历经九九八十一难去西天取经的故事，某种程度上契合了唐代高僧玄奘西行取经的历史。史实与神话虚实相叠，为丝绸之路平添了浓浓的奇幻色彩，也赋予了丝绸之路以求取真经和通向成功之路的象征意义，使得亦真亦幻的丝绸之路更为深入和持久地植根在中国人的心中。

对于世界上其他国家的人们而言，丝绸之路同样兼具现实和传奇的意味。就现今聚居在古丝绸之路周边各国的人们来说，这是显而易见的事情。特别地，如果考虑到如今美洲和大洋洲许多人的祖先来自曾经的陆上丝绸之路西端的欧洲，考虑到非洲与亚洲和欧洲在地理上紧密相连的情形，丝绸之路无疑成为世界各国人民共同拥有和时刻铭记着的一条辉煌的历史华章之路。

二、破题新丝绸之路

丝绸之路不是一条凝固的亘古不变的老路。相反，丝绸之路一直在不断地蝶变和新生。

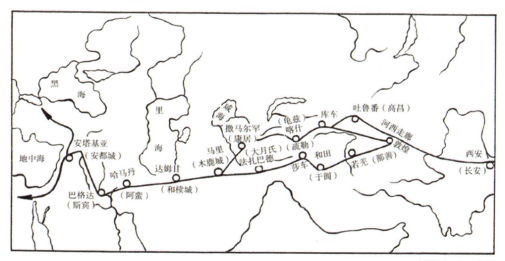

丝绸之路示意图

古代陆上草原和绿洲的丝绸之路，因各种势力彼此争权夺利的战乱阻滞而陷入凋敝衰败。然而，人们怀有的东西方货物贸易和交流的愿望一刻也不曾消失。欧洲社会对来自东方的丝绸、香料和瓷器等贵重物品的需求和商人们对于赚取更多财富的渴求尤为强劲，一定程度上推动了经海上连通东西方的冒险地理大发现的进程。同时，又由于航海技术的进步，人们继而开辟出了环行全球的海上丝绸之路。海上丝绸之路同样始于中国，由中国沿海地区经现今东南亚到斯里兰卡和印度等地，再到红海和地中海，以及非洲东海岸等异洲异国之地。

从宋代开始，丝绸之路从陆地迁移到海上后迎得了新的生机。回头来看，海上丝绸之路后来居上，取代陆上丝绸之路，成为贯通

东西方之间人文交流和商贸往来的大动脉。明代郑和下西洋的壮举在海上丝绸之路发展史上留下了浓墨重彩的一笔，同样提振和强化了中国人的丝绸之路雄心壮志。

就像陆上丝绸之路为战乱所阻，切断了沿途各国的人们和中国人的幸福之路一样，海上丝绸之路的好光景也没能平稳延续。

掌握了现代航海技术的西方国家强有力地控制着海上丝绸之路，也更加受益于海上丝绸之路带来的种种利益。然而，几乎一无所有的欧洲难以持续地与物产精良丰盛的以中国为代表的东方诸国进行正常的贸易和交流。拥有现代坚船利炮的西方国家为贪婪自私的利益之心和强权为王之心所驱使，日渐将海上丝绸之路变成了侵占殖民他国领土和劫掠鲸吞他国财富的霸权和征服之路。曾如待宰肥羊般的中国更是长期沉陷在水深火热的苦痛战乱之中。一句话，海上丝绸之路渐变为霸权和征服之路后，中国人的丝绸之路幸福时光再次戛然而止。

此后经年，世界在东西方之间失去了经脉相通的流动着希望和奇珍异宝的丝绸之路。

20世纪后半叶以来，即使西方各强权国家发动的殖民潮开始消退，即使同样由西方强权国家发动的殃及世界各国普通百姓的两次世界大战的硝烟散去，无论是陆上还是海上丝绸之路，都没有能够恢复昔日人员和物资交流汇聚的兴旺景象。人们似乎全然忘记了丝绸之路带给各国的幸福和繁荣，世界漠然地处于东方与西方的割裂之中。继世界大战的"热战"之后，直到20世纪90年代初，"冷战"铁幕低垂悬隔于美苏两个超级大国之间，冰冷的气氛冻结了整个世界交流和联通的愿望。

幸运的是，人们并没有真的忘记丝绸之路带给世界各国的幸福和繁荣。特别是从战乱屈辱的深渊中重新站立起来的中国人，一直在为激活丝绸之路默默地努力和探索。从乒乓球"小球转动大球"的外交智慧，到拥抱世界进行改革开放的大胆尝试，再到中欧班列重新飞驶过一度荒废的亚欧大陆通道，丝绸之路得以破题新生。这就是新丝绸之路。

新丝绸之路有着更为形象飘逸且富有现代感的名字，即"一带一路"。"一带一路"作为构建新丝绸之路的倡议，是2013年中国国家主席习近平出访中亚时提出的。"一带"就是传说中的陆上丝绸之路经济带，"一路"则是21世纪的海上丝绸之路。

2013年9月，习近平主席在哈萨克斯坦纳扎尔巴耶夫大学发表重要演讲，首次提出共建"丝绸之路经济带"倡议，即为了使欧亚各国经济联系更加紧密、相互合作更加深入、发展空间更加广阔，我们可以用创新的合作模式，共同建设"丝绸之路经济带"。这是一项造福沿途各国和地区人民的事业。之后，2013年10月3日，在印度尼西亚国会演讲中，习近平主席提出共同建设21世纪"海上丝绸之路"倡议，即东南亚自古以来就是"海上丝绸之路"的重要枢纽，中国愿同东盟各国加强海上合作，使用好中国政府设立的中国-东盟海上合作基金，发展好海洋合作伙伴，共同建设21世纪"海上丝绸之路"。

2021年7月，领导中国人民取得举世瞩目非凡成就的中国共产党迎来建党百年华诞，与此同时，由中国率先唤醒和重构的新丝绸之路也迎来了再次破题的契机。

不容忽视的是，自2021年3月始，面对中国"一带一路"倡议

结出的硕果，以美国为首的西方国家各怀心思，纷纷提出了不同版本的"一带一路"方案。在网络世界里，西方和东方相距千里万里的人们可以在分分秒秒间发送和接收彼此传递的文字、影像和声音信息，表明网络丝绸之路也已成形。这一切意味着，新丝绸之路面临着有待回应的一系列新困扰和新议题。

三、丝路文化之谜

无疑，虽然新丝绸之路已破题新生，世界却并没有充分准备好迎接新丝绸之路的蓬勃发展。

问题在于，曾经和现在都有很多人不明白，丝绸之路万里迢迢，穿越高山、荒漠和险隘，如帕米尔高原上的库尔干石头城，究竟会为各自带来什么？是和平、安宁、繁荣和幸福，还是动荡、战乱、衰败和伤痛？

这便是令人费解的丝路文化之谜，它是一个因理论上缺乏深入探讨而没有达成共识的时代命题。历史实践也表明，对这个问题的即兴答案，人们常常感到并不满意。

面对地球上时空距离高度压缩和社会距离极大缩短的现实，面对世界各国的人们在全球性气候危机和席卷全球的重大疫情袭击下更加紧密的生死相依的前景，我们需要重新深刻认识和回答丝路文化之谜。

为此，这里首先提出如下问题，以促使人们对丝路文化之谜共同进行思考：

第一，丝路文化及其内核是什么？虽然2000多年前古丝绸之路就已存在，然而，时至今日，人们对丝路文化仍所知甚少。就算我们知道丝路文化是指在丝绸之路上孕育而成的文化，我们仍然不知道丝路文化的内涵和外延是什么。

至于丝路文化的内核是什么，视丝绸之路为世界共同之路的人们更没有能够说服彼此的共同认可的答案，甚至没有多少人认真地思索过这个问题。

第二，丝绸之路三问：丝绸之路为什么诞生？丝绸之路是谁的什么路？丝绸之路如何才能通向所有人期望的方向？

丝绸之路为什么诞生？丝绸之路是应人们的需求而诞生的。人们的许多需求都指向催生丝绸之路。最简单的理由是，人们天然地对远方抱有好奇和神往之心，它们会引导人们一步步地探索未知的地理边界，日久天长，便成了丝绸之路。从现实的物质需求来看，人们倾向于从更广阔的空间获取生存所需的物质产品。互通有无的需求推动人们在地理空间上连通彼此，也是丝绸之路形成的动力。在没有世界公认的疆域规则之前，以强力开疆拓土、对交通干道的强烈依赖同样会促进丝绸之路的形成。自宋代始，丝绸之路重心转向海上的变迁历史，印证了人们的需求总是在推动丝绸之路的延伸。这一现象至今不衰。

丝绸之路是谁的什么路？曾经徜徉于丝绸之路上的人们，像如今安享快速便捷的高速公路、高铁和飞机的中国人一样，有些人会在心底不时涌起一种感受，这种感受就是默默感谢和庆幸有这样好的道路交通，感慨自己比无法享受便捷的道路交通方式的前人幸福。然而，除了普通商旅，丝绸之路更多时候是被争夺各种利益和权力的军人和政客所把持。行走在丝绸之路上的人们，其最后的终点在哪儿，可谓各不相同。

　　丝绸之路如何才能通向所有人期望的方向？不难发现，曾经的丝绸之路上人们所期望的方向并不相同。可以说，正是由于丝绸之路无法将人们带往各自期望的方向，丝绸之路才会堵塞和中断。这就引出了另外一个问题：人们在丝绸之路上有没有共同的前行方向？

　　第三，在丝路文化推动下，新丝绸之路竞争的出路是什么？人类离不开互连互通的丝绸之路，而丝绸之路上又总是充满激烈的竞争，丝绸之路上失控的竞争会殃及所有人和多个方面。毕竟，丝绸之路遭到阻滞和切割不是人们所想要看到的局面。

　　如何摆脱丝绸之路生成艰难却往往轻易地毁于人们眼光短视和贪婪之心的恶性循环？这需要21世纪的人们从历史经验中吸取教训，还需要人们用好丝路文化的智慧力量，为新丝绸之路的持续兴盛和造福世界各国人民倾尽全力。

　　带着这些疑问，接下来，让我们一起饱览丝路主人公千年不朽的故事和丝路文化花园。

第一章

丝绸之路上历史之谜的
精粹有哪些？

丝绸之路浪漫而神秘，充满了许多人们所知寥寥的历史之谜。其中最令人感兴趣的莫过于：丝绸之路的名字这么美，是谁的灵感涌现？丝绸之路漫长艰险，是谁为我们开辟？丝绸之路在中国到底是从哪里出发的呢？

第一节　丝绸之路美名的来历

由于历史太过悠久和路线太过漫长，谁也不知道究竟曾经有多少来来往往的人共同标记形成了丝绸之路。这些人当中，有一位是别出心裁为丝绸之路命名的人。然而，能毫不犹豫地说出此人名字的人并不多。

一、李希霍芬最早提出了"丝绸之路"

丝绸之路自身很古老，以至没有人能够确切地说出丝绸之路诞生的确切时间。显然，"丝绸之路"这一名称并非与生俱来，它的出现要晚得多。

丝绸之路令中国人引以为傲，"丝绸之路"一名充满了中国风，却并非由中国人命名。事实上，丝绸之路最初的命名者是一位名叫李希霍芬的德国人。

1877年，李希霍芬在《中国——亲身旅行和据此所作研究的成果》第一卷中，首次将公元前114年至公元127年间，中国通往西

知识卡片 1-1

李希霍芬

《李希霍芬中国旅行报告书》

费迪南·冯·李希霍芬（Baron Ferdinand von Richthofen, 1833—1905），德国（普鲁士）地理学家、地质学家，为地理学做出了很大的贡献。他起初在欧洲的多洛米蒂、阿尔卑斯山进行的地质调查取得了声望。之后，1860年至1862年，他作为德国大使的随行人员到中国并进行了地理调查。1868年至1872年，作为地质学家，李希霍芬随德国经济使团又到访中国。在两次到访中国期间，他几乎走遍了中国每一个省，为其创作《中国》（1877—1912）搜集资料。《中国》全五卷、地图一卷，共六册。第一卷前半部论述中亚地理，后半部概述中国与西域交流史，并最早提出了"丝绸之路"一词。

资料来源：郑彭年. 丝绸之路全史[M]. 天津：天津人民出版社，2016：18-19. 夏征农，陈至立. 辞海（彩图本）[M]. 6版. 上海：上海辞书出版社，2009：1343.

土耳其斯坦、西北印度的进行丝绸贸易的交通道路称为"丝绸之路"（Seiden Strassen）。在德文中，"Seiden"意为丝绸，"Strassen"

意为道路，追根溯源，这是因为丝绸产自中国。

古代西方人称中国为"丝国"，即希腊语Serice；相应地，称中国人为"丝国民"，即希腊语Seres。古希腊和罗马渴望得到一样物品——丝，用希腊语表示即为Ser，Sericum。中国和中国人因此被罗马的古地理学家托勒密（Ptolemaeus）载入其所著的《地理学指南》一书中。

事实上，公元前5世纪时，产自中国的丝绸即经由中亚各国曲折辗转流入古希腊，成为当时希腊上层人物所喜爱的衣料。希腊的艺术作品很好地呈现了这一历史现象，比如，希腊雅典帕特农神庙里雅典娜女神塑像所穿的，正是质地轻柔透明的丝织物。

古代中国被称为"丝国"的现象不是一成不变的。随着东西方海上交通线路的开辟和繁荣，从中国流向西方的代表性商品变成了瓷器。瓷器的英文词汇是china，中国作为"丝国"的称谓日渐变成了"支那"（China）。然而，自公元前5世纪起，历经中世纪直至近代，丝绸一直是联结中国和西方的重要商品的现象并没有引起特别的关注。

到19世纪末，丝绸及丝绸之路突然间引起了西方学者的好奇并轰动一时。李希霍芬正是在这样的背景下提出"丝绸之路"这一名称的。

二、为什么在此时命名"丝绸之路"呢？

丝绸之路出现了那么久，为什么直到1877年才拥有自己的名字？有两个原因：

一个主要原因在于丝绸之路是地跨亚欧非且途经众多国家和地

区的世界之路。长期以来，有能力为这条国际乃至洲际性世界路线命名的人几乎不存在。特别地，很少有人想要或者能够走完丝绸之路的全程，更多的人只关心其中的某一段路或者几段路。从古代丝绸之路起点到终点，亲自走完全程的人屈指可数，想要为整条路命名的人也就寥寥无几甚至为零了。

另一个更为重要的原因是历史的机缘巧合。某种知识或学问不是无缘无故被发现或被提出来并加以研究的，丝绸之路之命名亦然。从根本上看，"丝绸之路"名称的出现，是西方各国日渐增强的在中国的利害关系驱使的结果使然。

16世纪中叶，西方国家借葡萄牙人之力开始与中国建立起新型利害关系。葡萄牙人绕过非洲南端好望角向东航行，窃取并占据中国澳门，垄断了东西方贸易。传教士纷纷紧随商人来到澳门。为了宣传教义，传教士着力研究中国的语言和文字，同时为了回应教皇和政府派遣，又着力研究中国的国情和民情。传教士将其研究成果以通信或是著述的形式在葡萄牙里斯本发表，吸引了欧洲人的广泛关注，使得商人、学者、传教士、士兵等蜂拥东来。以利玛窦为先锋的耶稣会士来到中国，对中国传统文化进行研究，掀起了一波中国热。

17世纪，引领西方时尚风向的法国社会掀起了中国艺术热潮。法国通过东印度公司或葡萄牙商人得到了种种中国物产和艺术品，供王室贵族玩赏，使法国社会出现中国艺术研究热潮。法国国王路易十四尤为喜好中国艺术品，陆续派遣传教士来华传教并收集资料，编纂远东地志。如同一些影视剧所反映的那样，有许多耶稣会士进入了清朝宫廷，甚至荣幸地获得了为康熙皇帝服务的机会，进而导

致英法葡荷等西方强国在远东展开多方面竞争。来自这些国家的各类人员热衷于研究中国学问、翻译中国古籍，并将之介绍到欧洲思想界，影响了欧洲的启蒙运动。

18世纪，西方资本主义兴起，欧洲列强在东方的利害关系亦复杂化。此时，西方对中国学问的探讨日趋广泛和周密。其中，与丝绸之路命名紧密相关的，是西方各国对中亚地下文化的抢夺。中国则除历史上几个朝代的君王扩展地理版图和汉唐若干高僧旅行时曾涉足中亚地区外，对中亚的关注度似乎偏低。

到了19世纪，中亚成为列强竞相争夺的焦点。英国人、俄国人纷至沓来，各显神通，将为流沙埋没的中亚古代城市发掘出来，使世界为之震惊。

这里需要重点说明西方各国与西域的利害关系。据《辞海》（第六版，彩图本），西域是汉以后对玉门关、阳关以西地区的总称，始见于《汉书·西域传》。狭义的西域，是指帕米尔高原以东地区。广义上，西域则是指凡通过狭义西域所能达的地区，包括亚洲中、西部，印度半岛，欧洲东部和非洲北部。在狭义西域的天山南路地带，中央横亘着无垠的沙漠，流沙向边缘扩展，淹没了人们曾经的居住地。也就是说，汉代中国时西域的30甚至50多国如今被埋藏在漫漫黄沙之下。此处气候干燥、降雨量小，埋藏在地下的东西不易损坏，这意味着汉代各国城邦被埋藏在了保存性能极佳的贮藏室。19世纪，当西方人来到这里时，埋藏在黄沙下的古国在偶然或有意的发掘之下被发现了。

特别是自19世纪中叶开始，西方学者对东西方文化交流轨迹的研究给予了趋利性关注，竭力搜寻相关资料。西域出土的文物被基督教传教士介绍到了欧洲，引起了欧洲各界的兴趣，李希霍芬则是欧洲到中国考察和研究的人群中的一位代表。

三、李希霍芬是谁？为谁命名"丝绸之路"？

说到丝绸之路，仅仅知道德国地理学家、地质学家李希霍芬命名了丝绸之路是远远不够的。我们还需要知道李希霍芬是谁？李希霍芬命名丝绸之路为了谁？

1833 年 5 月 5 日，李希霍芬诞生在普鲁士卡尔斯鲁厄的一个贵族家庭。李希霍芬自幼喜欢地理学，1856 年获得柏林大学博士学位后投身地质调查工作，获得了较高声望。1860 年至 1862 年，李希霍芬作为地质学家，随德国使团到访锡兰、日本、中国台湾、印尼、菲律宾、暹罗和缅甸等亚洲各地，对中国产生了浓厚兴趣。

后来，李希霍芬因采用专业调研法在加利福尼亚找到了金矿而深受美国银行家青睐。当时，连接欧洲与中国的跨欧亚大陆铁路动脉正在筹建。作为地理学家，李希霍芬看到了蕴含其中的商机，有意考察中国。加利福尼亚银行决定赞助李希霍芬，希望抓住在中国发现的商业机会。这一决策根本上是基于在中国有利可图的动因。1840 年鸦片战争、1856 年第二次鸦片战争均以清政府失败告终，使中国背负了一系列割地赔款和丧权辱国的不平等条约。中国处于为列强环伺的窘境，陷入一片混乱。西方列强都想在风雨飘摇的中国这块"唐僧肉"上分一杯羹。外国资本趁势争先恐后涌入。

1868 年 9 月至 1872 年 5 月近 4 年间，与当时的中国身处窘境不同，李希霍芬对中国的 7 次考察不仅从容且获益甚厚。其间，李希

霍芬于1870年到洛阳考察了南关的丝绸和棉花市场，参观了山陕会馆和关帝庙，在《关于河南及陕西的报告》等著作中提出从洛阳到撒马尔罕有一条古老的商路，且命名为"丝绸之路"。1877年出版的《中国》第一卷中，李希霍芬首次提出了"丝绸之路"的概念——"自公元前114年至公元127年间连接中国与河中以及印度的丝绸贸易的西域道路"[①]，并在地图上进行了标注。"丝绸之路"一词源于李希霍芬注重研究交通路线的习惯。在每次调研中，李希霍芬除记载矿产外，尤为关注运送物产的道路。每到一地，李希霍芬必先叙述当地水陆交通，进而形成市镇和商业路线状况。包含丝绸之路在内的交通路线是李希霍芬报告的主线。

总之，李希霍芬通过关注交通路线，研究历史上中国对外商贸道路，结合西方关于"丝绸之国"的有关记载，使丝绸之路的历史脉络蓦然清晰。同时，李希霍芬命名丝绸之路也是站在前人肩膀之上的创意。因为李希霍芬发现，人们再次注意到，早在秦汉时期，中国丝绸就经今新疆到中亚、到欧洲，当时欧洲人以"赛尔"（即丝）称呼丝绸，中国则被称为"赛里斯""丝绸之国"。汉朝时，尤其张骞"凿空"西域后，"丝绸"在西方文献中出现的频率大为增加。古希腊地理学家马里纳斯记录了由幼发拉底河渡口出发向东通往"赛里斯"国的商路；公元1世纪至公元2世纪时，古希腊地理学家托勒密又把这条商道载入其创作的《地理学指南》中；明代前来中国的传教士利玛窦曾写道："我也毫不怀疑，这就是被称为丝绸之国的国度。"19世纪时，以研究《马

---

① Richthofen, F.V. China. Bd.1. Berlin，1877，454. 转引自国家开发银行，联合国开发计划署，北京大学. "一带一路"经济发展报告[M]. 北京：中国社会科学出版社，2017：5.

可·波罗游记》闻名的英国地理学家亨利·玉尔出版了《中国和通往中国之路——中世纪关于中国的记载汇编》一书。"丝绸之路"一名呼之欲出。

其实，丝绸之路名称的提出只不过是李希霍芬对中国七次考察中的一个小插曲。至于李希霍芬命名丝绸之路的基本出发点是什么和为了谁的问题，李希霍芬1869年第一次在中国考察时所说的话回答得很清楚，即德国应在那里①找个立足点，可取得类似香港或澳门的效果。对此，德国学者施丢科尔认为，李希霍芬对于自然社会的重大贡献是绝对无可争论的，是一个自觉的、有目的的代表外国资本，并且特别是代表德国在华资本利益的人，他将他的调查按照这个明确的目的去进行，使得外国资本容易侵入中国。某种程度上可以说，李希霍芬关于中国资源，包括丝绸之路的报告，为虎视眈眈的西方侵略者提供了信息，使得包括德国在内的西方国家给予李希霍芬很高的评价。鲁迅先生也曾评价李希霍芬道："毋曰一文弱之地质家，而眼光足迹间，实涵有无量刚劲善战之军队。"

总体上看，丝绸之路之命名并非李希霍芬一己之功。李希霍芬在运用"丝绸之路"一词时是比较谨慎的。李希霍芬之后的许多西方学者共同选择和确定了"丝绸之路"这一名称。李希霍芬之后的这些深入中国"探险"和"科研"的学者被鲁迅先生称为"是皆利忒何芬（即李希霍芬）之化身"。

这就是说，李希霍芬与李希霍芬之化身合力使"丝绸之路"这一名称稳固了下来。

---

① 指浙江舟山。

知识卡片 1-2

外人之地质调查者

一千八百七十一年，德人利忒何芬 Richthofen 者，受上海商业会议所之嘱托，由香港入广东，湖南（衡州，岳州），湖北（襄阳）遂达四川（重庆，叙州，雅州，成都，昭化）；入陕西（凤翔，西安，潼关），山西（平阳，太原）而之直隶（正定，保定，北京）。复下湖北（汉口，襄阳），往来山西间（泽州，南阳，平阳，太原），经河南之怀庆，以至上海，入杭州，登宁波之舟山岛，遍勘全浙。复溯江至芜湖，捡江西北部，折而之江苏（镇江，扬州，淮安），遂入山东（沂州，泰安，济南，莱州，芝罘）。碧眼炯炯，击节大诧若所悟。然其志未熄也；三涉山西（太原，大同），再至直隶（宣化，北京，三河，丰润），徘徊于开平炭山，入盛京（奉天，锦州），始由凤皇城而出营口。历时三年，其旅行线强于二万里，作报告书三册，于是世界第一石炭国之名，乃大噪于世界。其意曰：支那大陆均蓄石炭，而山西尤盛；然矿业盛衰，首关输运，惟扼胶州，则足制山西之矿业，故分割支那，以先得胶州为第一着。呜呼，今竟何如？毋曰一文弱之地质家，而眼光足迹间，实涵有无量刚劲善战之军队。盖自利氏游历以来，胶州早非我有矣。今也森林民族，复往来山西间，是皆利忒何芬之化身。

资料来源：鲁迅.鲁迅杂文全集[M].郑州：河南人民出版社，1994：990.

此外，1910年，德国历史学家赫尔曼（Herrmann）所著《中国与叙利亚间的古代丝绸之路》一书对李希霍芬的丝绸之路概念做了拓展和引申。赫尔曼指出，随着东西方关系史的不断演进，丝绸之路的概念相应扩大，由中国至中亚，再至叙利亚。赫尔曼的观点得到了很多学者的赞同。20世纪20年代时，法国和德国探险队在叙利亚巴尔米拉（Palmyra）[①]考古时挖掘出汉锦，李希霍芬所提出的丝绸之路名称以此为证才得以正式确立。

---

① 巴尔米拉位于叙利亚沙漠西部，系所罗门王所创建，是美索不达米亚与地中海东岸的贸易中继站。

第二节　丝绸之路开辟者

　　丝绸之路承载着无数人的幸福和希望，追忆和铭记丝绸之路的开辟者，永远不失其恒久的文化价值。然而，丝绸之路如此漫长，所经之处地貌、气候和社会环境复杂多变乃至恶劣，那么究竟是谁武功神勇开辟了丝绸之路呢？

　　一长串人名、物产名和动物名与丝绸之路的形成相连，很难说是谁以一己神勇的武功开辟了丝绸之路。不过，其中确实有值得为后世铭记和流传的名字。

一、丝绸之路的最初开辟者是一群无名英雄

　　丝绸之路地跨亚欧非三洲，穿越草原、荒漠、高山和大海，路途曲折遥远。谁也说不清有多少人曾经试探着走过某一条小路，而这条小路最终成为丝绸之路的一部分。无数试探着走过前丝路[①]上一段又一段小路的人们都是丝绸之路的开辟者。丝绸之路的最初开辟者虽然都是无名英雄，但也不是完全无迹可寻，因为前丝路是有方向和目的的，伸向人心所往之地。

　　前丝路作为玉石之路，离不开在偏远之地发现和开采玉石者。《穆天子传》中说，昆仑山上到处是玉矿，"寡草木而无鸟兽"。昆仑山虽有玉石，却不是人类理想的生存之地。那么，是谁发现了昆仑

————————

① 前丝路，指丝绸之路的前身。

山上有玉矿？又是谁率先找到上山开采和贩卖玉石的路呢？同样，和田玉抑或河西走廊玉料的产地也在中国西部的荒僻之地。青金石远在粟特和大夏，却向南出现在了印度，向西出现在了波斯，再然后出现在古埃及，离故土的产地越来越远。

和田玉

深受世人喜爱的蓝色宝石青金石向东经阿富汗，翻越帕米尔山脉，一路经沙漠到和田，最后到达了繁华的中原。因此，宝石的发现者、开采者和贩卖者居于丝绸之路开辟者的无名英雄之列。

前丝路上商贸物流的发端，离不开骆驼和马匹的最早驯服者。骆驼和马匹非经驯化，不能成为合适的交通运输工具。陆上丝绸之路贸易的起源可上溯至5000多年前。当时人们驯化了马，之后不久又驯化了骆驼。马匹和骆驼的使用解放了人，也降低了商旅的劳动强度。人们不再依赖稀缺又昂贵的人力充当长途搬运工，同时还可以携带更充足的水和粮食等生存必备品，运送更多商品。双峰驼的驯化尤其难得。双峰驼不畏严寒和酷暑，能长时间在缺少淡水的情况下生存，对于穿越沙漠戈壁和应对群山中极端气温的人们是不可或缺的。双峰驼以其拥有的关乎生死存亡的技能——预警沙暴与探测水源而声名远播。《北史》中记载道："风之所至，惟老驼预知之，即嗔而聚立，埋其口鼻于沙中。人每以为候，亦即将毡拥蔽鼻口。其风迅驶，斯须过尽，若不防者，必至危毙。"[1]找到地下水后，老驼会驻足刨地。因此，马匹和骆驼的最初驯化者也居于丝绸之路开

---

① 魏泓. 丝绸之路：十二种唐朝人生[M]. 王姝婧，莫嘉靖，译. 成都：四川人民出版社，2020：43.

辟者的无名英雄之列。

丝绸之路上的骆驼和马匹

　　前丝路上不幸倒下并长眠于荒漠中的商旅，以血肉之躯开辟了丝绸之路。与后世所知成功走完丝绸之路的人们不同，一些无名的商旅勇敢地踏上道路流变的荒漠。人在丝路之上的沙漠中穿行，会有漫长、沉闷、昼热夜寒、四周只有令人乏味的景观等不适感，还会遭遇强盗、沙尘暴和洪水突如其来的袭击等各种危险。途中，载物载人的骆驼可能会生病，带来种种麻烦；旅店稀少而破败。商旅在塔克拉玛干沙漠中因缺水、缺粮或在沙尘暴中迷失方向等危险丧生从来就不只是传说。沙漠之中的鸣沙也绝不是什么浪漫的事情，如幽灵般的叫声让人不断迷路。

　　不知多少商旅为了穿越沙漠变成了累累白骨。问题是"谁会愿意离开肉锅，而走进荒原中？没人会自愿选择'外面的黑暗'。"①因此，这些看到了前路光明的无名商旅为丝绸之路的开辟贡献了自己的力量。

　　丝绸之路默默无闻的开辟者还有很多，其中也包括当年守卫在

---

① 魏泓. 丝绸之路：十二种唐朝人生[M]. 王姝婧，莫嘉靖，译. 成都：四川人民出版社，2020：276.

丝绸之路沿途关隘的士兵们。这些不为人知的士兵保护往来的商旅，为商旅提供了基本的旅途安全和物资保障。

二、丝绸之路开辟者中有无数中国蚕农的身影

在古代，如果没有中国丝绸，也就不会有丝绸之路。人们通常认为西方所有的丝绸都是来自中国。西方人很迷茫的是："中国丝绸为何会比别处出产的好得多？"①

捣练图

古代西方人对中国丝绸爱极也恨极。丝绸炫目而迷人，"透着琉璃之光"，散发着"似干洋葱表皮般的光泽"，引领了罗马贵妇圈的时尚潮流。诗人也为之着迷。公元3世纪末，在罗马，丝绸的价值相当于同等重量的黄金。为此，罗马皇帝马库斯·奥勒留和希腊作家普鲁塔克对丝绸爱恨交加，半是威吓半是警告各自的妻子，千万不要把金钱浪费在这些（丝绸制品）华而不实的东西上。

可是，有什么用呢？正宗的中国丝绸实在奇妙，具有各种粗陋的或许源自印度的欧洲丝绸所没有的特质。中国丝绸还蕴含着不可言喻的战斗力。据说，在公元前53年爆发的卡雷战役中，丝绸就显示了自己独特的威力。战役伊始，帕提亚骑兵部队展开了数面巨大

---

① 乔纳森·克莱门茨. 丝绸之路的历史[M]. 彭建明，译. 北京：新世界出版社，2021：45.

的丝绸旗帜，在沙漠的炎炎烈日下闪闪发光地迎风招展，仿似有神仙之手高高挥舞着军旗，猎猎飞扬，魔幻而神奇。马可斯·克拉苏带领的罗马军团将士被惊得目瞪口呆，垂头丧气又恼恨地看着自己的旗帜沉重地紧紧贴附着旗杆，毫无生气和力量。

克莱门茨认为，这一切都要归功于古代中国的蚕农们。[①]

一是古代中国的蚕农有最好的已驯化的蚕种。这种名为鳞翅目昆虫蚕种（拉丁语为 bombyx mori）的原产地是中国北方。中国蚕农在专门的农场饲养已驯化的蚕，并精心地以独特方式用桑叶喂养。古代欧洲人没有自己驯化过蚕种，也不亲自喂养幼蚕，而是用从森林中采集的野生蛾茧抽丝织布。蚕种、饲养环境、食物必定会影响蚕丝和丝绸的品质。这是中国丝绸特质不同凡响的基础。

知识卡片 1-3

蚕　蛾

蚕蛾是一种奇怪的生物。人类数百年的干预造就了这种不

蚕蛾

会飞的生物，它们的翅膀只具备装饰性。它们是出了名的脆弱，极谨慎的蚕农担心这些蠕动的宝贝会被难闻的气味、恼人的噪声打扰，连狗吠的声音都不可以有。看起来在尺寸、生命周期或仅仅是食欲方面与正常情况有所不同的蚕宝宝就

---

① 乔纳森·克莱门茨. 丝绸之路的历史[M]. 彭建明，译. 北京：新世界出版社，2021：43-46.

会被迅速从托盘上挑出来喂鱼，这么做就是要维持一个同源基因库。几个世纪以来的迷信和家庭主妇们流传下来的故事造就了许多奇奇怪怪的做法，他们用鸡毛给新生的蚕宝宝挠痒痒，禁止养蚕人吃苦苣菜或大蒜。显然，蚕宝宝不喜欢那些气味。

不借助人类的力量，它们甚至不能繁殖。从桑皮纸上最微小的蚁蚕开始，中国的孩子就要一天天地培育它们，直到长成肥胖的蠕虫，要戳破蚕茧，然后拉成扁平的卡片形状，或者更传统的长方形。有些蠕虫甚至能吐出彩色的丝，尽管这通常是丝胶蛋白造成的结果，丝胶蛋白之后会被缫丝工人烫洗掉。每只成年蚕体内都有两个腺体，如果展开，长度可达38厘米。这两个腺体分泌出的液态丝由单一的蛋白质分子构成，暴露在空气中就会迅速韧化，变成丝线，连续拉伸长度可达1600多米。

资料来源：乔纳森·克莱门茨. 丝绸之路的历史[M]. 彭建明，译. 北京：新世界出版社，2021：43-44.

三、丝绸之路开辟者是命运相连的中外群英集合

除众多无名英雄外，青史留名的丝路开辟者是一个庞大的群英集合。不过，英名赫赫的人物开辟丝绸之路的过程，可谓是他们一心所求之梦想的副产品，并与世界各大洲不同文明之间从无到有、缓慢而渐进地交流的历史和现实紧密相关。

知识卡片 1-4

西方丝绸之路开辟者类比画像

——茨威格《不朽的逃亡者——太平洋的发现》节选

一五一三年九月二十五日

他不让任何一个人随在他后面，因为他不愿和任何人分享第一次看见这未知的大洋的殊荣。他要自己一个人、永远就他自己一个人，是横渡我们这个宇宙的浩瀚的大西洋之后又看见另一个未知的大洋——太平洋的第一个西班牙人，第一个欧洲人，第一个基督徒。他深刻感受到这一瞬间的历史意义，心怦怦跳，左手举旗，右手提剑，缓缓登山，广阔无垠的周遭只有他一个孤单的身影。他不慌不忙地慢慢走上山来，因为真正的事业已经完成。只要再走几步，越来越少的几步，便大功告成。的确，他一登上峰顶，眼前便展现出一派非凡的景色。郁郁葱葱的森林覆盖着的渐次低缓下去的山峦和丘陵后面，是一望无际波光粼粼的万顷碧波，这就是那个新的海洋，未知的海洋，迄今只有人梦想过而不曾有人见到的、哥伦布和他的所有后继者们年复一年徒然寻找的神奇的大洋，它的波涛拍打着美洲、印度和中国的海岸。巴尔博亚望了又望，自豪而幸福地意识到，自己是第一个把大洋无尽的碧波尽收眼底的欧洲人。

资料来源: 茨威格. 人类群星闪耀时[M]. 天津: 天津人民出版社, 2011: 15.

丝绸之路开辟之初，世界各地的文明呈点式散布，东方文明和西方文明对彼此的存在所知不多。塞缪尔·亨廷顿在《文明的冲突与世界秩序的重建》一书中认为，文明在地理上相互分离。分割文明的空间距离和有限的交通工具限制了交流和商业关系。在这样的情况下，只需看一下当时各个文明自制的世界地图，即可对各个文明体系下的社会对世界的普遍认知状况一目了然，即彼此相隔万水千山的文明均以自我为中心。英国著名历史学家彼得·弗兰科潘（Peter Frankopan）在少年时代对课堂上只关注西欧和美国 的有限地理知识发现很好地印证了这一点。毋庸置疑，世界上不同文明相互隔离并以自我为中心的初始状态，深刻地影响着青史有名的丝绸之路开辟者的思想和行为。青史有名的丝绸之路开辟者程度不同地有"既生瑜，何生亮"的心理，尊重、接纳和善待其他文明的思想准备参差不齐或者严重不足。在某种意义上，这与今天人们对待地外文明的心理如出一辙，只不过受人类行走太空的能力所限，地外文明似乎仍是缥缈虚无的，而世界不同地方的古代文明则真实存在。

人类对异域本能的好奇心、开拓和掌控地理生存空间的基本需求，都促使世界不同古代文明向原生地之外延展。在无数普普通通的无名英雄自发探路的基础上，世界各文明形态下的社会精英有着更为强烈的开疆拓土的梦想，或者为国家社稷寻找生路和求取真经的梦想。

对于丝绸之路的开辟，如果说众多无名英雄具有涓涓细流滴水穿石的功力，世界各文明古国的社会精英就有能够汇集涓流冲刷出新渠道或让河流改道的滔天洪水的伟力。东西方之间几乎无时无刻不涌动翻滚着塑造和再塑造丝绸之路的滔滔历史洪流。

公元前939年，周穆王驾八骏马向西直指群玉之山昆仑山，以

伊苏斯之战

说明：公元前333年11月，亚历山大大帝的马其顿军队与波斯王大流士三世精锐的近
卫骑兵在伊苏斯（Issus）开战。亚历山大东征客观上促进了东西方的交流。

张骞出使西域图敦煌壁画

铮铮铁蹄踏通了丝绸之路东半段；公元前545年，波斯帝国居鲁士王率大军东征至印度河和锡尔河流域；公元前480年，波斯王薛西斯一世率军亲征希腊半岛，与希腊人殊死搏斗近200年；公元前334年春，希腊亚历山大大帝东征波斯，远征至中亚地区的帕米尔高原和锡尔河一带；公元前139年，胸怀壮志的汉武帝悬赏天下，招募张骞到遥远未知的西域探路，为与大月氏人东西连横夹攻匈奴，实现他宏伟的外线破敌计划；成吉思汗、忽必烈等率领善战的蒙古人一路征战征服，使丝绸之路向北延展至草原，向西突进到中亚、西亚、东欧，将欧亚大陆的大部分地带整合成为丝绸之路带贸易圈。

东西方社会精英无共识地多点并进，彼此间从独立到步入相互交织、相互冲突的塑造丝绸之路的滔天洪流中，破坏力和建设力有时交替、有时并存地影响着世界。有学者将历史上发生在丝绸之路

成吉思汗率铁骑追杀敌人

开辟过程中的不同文明间的冲突称为人类历史变迁中的灾难性跨文化接触与交流。显然，对彼此命运相连共生认知尚浅的世界不同文明社会的精英，集体无意识地共同开辟了古代丝绸之路。

第三节　丝绸之路的中国始点

一条路的始点通常具有不同寻常的意义和价值。许多人经常会追问，神秘的丝绸之路的中国始点在哪里？然而，想要给出一个确切的令所有人满意的答案并不容易。

一、众说纷纭的丝绸之路中国始点

丝绸之路的定义和相关书籍中对于丝绸之路从何处出发延伸向西方，并没有统一的说法。按照时间序列叙述，关于丝绸之路中国始点，主要有以下七种代表性的观点：

洛阳始点说。作为丝绸之路的首命名者，1870年，李希霍芬考察河南洛阳后，在《关于河南及陕西的报告》等著作中提出，从洛阳至撒马尔罕有一条古商路，可称之为"丝绸之路"。也就是说，李希霍芬认为是以洛阳为起点。

双始点说。北京大学考古文博学院林梅村教授指出，丝绸之路考古形成了一定的共识，一般把罗马视为丝绸之路终点，把汉唐时期中国的古都长安与洛阳视作丝绸之路起点。[①]

中国始点说。2009年9月出版的《辞海》第六版彩绘本中，丝绸之路是指从古代中国出发向亚洲中部、西部以及非洲和欧洲等地运送以丝绸为代表的物品的交通要道的总称。

[①] 林梅村. 丝绸之路考古十五讲[M]. 北京：北京大学出版社，2006：3.

西安始点说。美国汉学家比尔·波特写道："我们前去大雁塔前烧香祭拜。……塔的四面都有通向外面的拱门，我们透过西面的拱门，从塔顶眺望，脚下便是丝绸之路的起点。"①

成都始点说。段渝在"南方丝绸之路"丛书的总序中指出，南丝路（即南方丝绸之路）的起点是成都，中国西南古代文明之重心。②

长安始点说。柯胜雨用其著作的书名《丝绸之路千年史：从长安到罗马》表明了自己的观点，丝绸之路在中国的始点是古都长安。③

蓬莱始点说。高洪雷则认为："蓬莱是古代海上丝绸之路的一个起点，也是陆上丝绸之路的东部起点。"④

这七种丝绸之路中国始点观都有几分道理。其实，马可·波罗当年回国时走海上丝绸之路，是从福建泉州启程的。一条路怎么可以有这么多个起点呢？丝绸之路的中国起点究竟是哪里呢？这个问题牵动着很多人的心。毕竟能够被称为丝绸之路中国起点尤其对于当地人来说是一件深为荣耀的事情。或许，笼罩在丝绸之路起点上的迷雾，也是神秘的丝绸之路令人心动和神往的原因之一。

二、丝绸之路中国始点——西安还是洛阳？

由于种种原因，人们对丝绸之路中国起点的观点不一，有多个城市竞相展示魅力，以争夺丝绸之路中国始点的美名。其中，陕西

① 比尔·波特. 丝绸之路[M]. 马宏伟，吕长清，译. 成都：四川文艺出版社，2018：14-15.

② 段渝，邹一清. 南方丝绸之路丛书：老路新观察[M]. 重庆：重庆大学出版社，2018：总序.

③ 柯胜雨. 丝绸之路千年史：从长安到罗马[M]. 西安：陕西师范大学出版总社，2018.

④ 高洪雷. 丝绸之路：从蓬莱到罗马[M]. 北京：人民文学出版社，2020：299.

省省会城市西安当仁不让，认为自己才是丝绸之路的中国始点。但是，史学上一直存在丝绸之路西安起点或洛阳起点的争论。那么，西安作为丝绸之路中国始点的理由有哪些呢？

就空间地域看，西安作为丝绸之路中国始点确实最为恰当，因为从丝绸之路中国始点的七种代表性观点来看，除了中国始点说认为中国处处皆是丝绸之路中国始点，其余六种观点中，长安始点说与西安始点说在地域上基本一致，而双始点说则明确指出古都长安是丝绸之路的起点之一。可见，不包括中国始点说，其余六种观点中，有三种观点将丝绸之路中国始点定位在了西安。

知识卡片 1-5

西安丝绸之路起点群雕

远离明城墙2.5公里的地铁开远门站并没有城门，附近的街心花园有一组丝绸之路起点群雕。开远门是历史上唐长安城的西北门。老西安人习惯管这里叫"大土门"。唐朝商人正是从这里告别长安、踏上丝绸之路的。西域胡商也喜欢就近在开远门一带下榻。当时，西市甚至比东市更繁华些。

资料来源：澳大利亚 Lonely Planet 公司. 丝绸之路[M]. 北京：中国地图出版社，2018：69.

洛阳、成都、蓬莱抑或泉州都无法与西安相比拟，即使曾称洛阳至撒马尔罕古商道为"丝绸之路"的李希霍芬，在其出版的著作《中国——亲身旅行和据此所作研究的成果》第一卷对丝绸之路概念的表述中也没有再具体指出洛阳，而是认为"从公元前114年至公元127年间，中国与河中（中亚阿姆河与锡尔河之间）以及中国与

印度，以丝绸之路贸易为媒介的西域交通路线"，并在地图上将长安标注为丝绸之路中国起点，终点是意大利罗马。

就推崇程度看，西安作为丝绸之路的中国始点也极具优势。丝绸之路的最早命名者李希霍芬提出过从中国洛阳至撒马尔罕的古商道可称作"丝绸之路"。然而，后来赞同李希霍芬观点的西方学者并没有更多地重申丝绸之路的中国始点是洛阳。相反，西方学者更多地认为，总体上丝绸之路的东方始点是中国，具体地点是闻名天下的汉唐古都长安。21世纪，比尔·波特更是直白地认定西安大雁塔下就是丝绸之路的中国始点。西安作为丝绸之路中国始点推崇程度更高的一个重要标志，是西安被国际性旅游指南定位为丝绸之路中国始点。澳大利亚 Lonely Planet 公司所编《丝绸之路》中，丝绸之路示意图明确标注西安是丝绸之路起点，并附有一句浪漫的引人遐想的诗句——"长安不见使人愁，这里寄托着中国人永恒的乡愁"。这本丝绸之路旅行指南还介绍了西安城的丝绸之路起点群雕。[1]在该丝绸之路旅行示意图上，洛阳似乎落寞地陪伴在西安东边，并没有做特别的标注和说明。

就丝绸之路开拓者看，西安作为丝绸之路中国始点具有独特的优势。世人通常认为，西汉张骞出使西域打通了丝绸之路。为此，西方后世之人还将张骞评为"中国哥伦布"。[2]张骞出使西域所走道路的始点自然而然就是丝绸之路的中国始点。

公元前138年，汉武帝刚一下令海选招募出使西域的官员，张骞就以郎官身份慨然应募。也是在这一年，张骞一行百余人从长安

① 澳大利亚 Lonely Planet 公司. 丝绸之路[M]. 北京：中国地图出版社，2018：69.
② 郑彭年. 丝绸之路全史[M]. 天津：天津人民出版社，2016：45.

出发，经陇西郡进入匈奴控制下的危险之地。张骞初次出使西域未果。公元前116年，张骞以中郎将身份率300之众再次出使西域，次年功成返回长安，开辟了丝绸之路。

此外，为丝绸之路始点西安著书立说者甚多。除了柯胜雨所著《丝绸之路千年史：从长安到罗马》一书之外，张燕所著"古都西安"丛书之《长安与丝绸之路》一书专门研究了古都长安（今西安）与丝绸之路的关系，并在第一章"丝绸之路概说"的第四节直接亮明了观点：西安——丝绸之路的起点。河南大学程遂营教授在其所著《丝绸之路上的古城》一书中，将西安放在了首章，题为"凿空西域话西安"，并指出汉唐以来上千年间，使节、商人，或是僧侣、诗人和旅行者，凡向西北去者，绝大多数都是从长安出发，跨过黄河进河西走廊，再出阳关和玉门关，自此去往遥远的西域，而这就是名闻天下的"丝绸之路"。书中也明确用了"西安这座丝路起点古城"的说法，还提出和回答了丝绸之路起点的问题："西安为什么被公认为陆上丝绸之路的起点？"

既然丝绸之路长安（西安）起点说为国内学界权威一致认同，是不是洛阳与丝绸之路中国始点就无缘了呢？情况并非如此。大量资料也显示，中国古代的洛阳也是丝绸之路的重要起点，它们支撑了洛阳始点说。

1992年，洛阳市地方志编委会办公室编、中州古籍出版社所出版的大型学术论集《洛阳——丝绸之路的起点》中，来自国内的30多位专家和学者以大量文献资料与考古资料为据，从中国古代政治、经济、文化、交通与人口等方面出发，系统地加以论证，认为洛阳是丝绸之路东端起点。而且季羡林先生也说："丝绸之路不应以长安

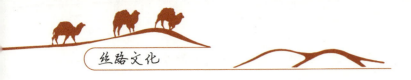

为起点，而应以洛阳为起点。"①还有专家认为，早在东汉时期洛阳就是首都，隋唐时以东都闻名，是当时的商贸中心，洛阳因而才是丝绸之路最东面的起点。也就是说，西汉时期丝绸之路中国始点一定是在西安；东汉定都洛阳后，商团和各国使节奔赴洛阳面见皇帝，使丝绸之路延伸至洛阳，洛阳此时成为丝绸之路起点也是无疑的。澳大利亚 Lonely Planet 公司所编中国旅行指南《丝绸之路》一书中，也说洛阳是丝绸之路起点的东方延伸。②另外，1994年，中国将丝绸之路中国段列入世界文化遗产预备名单。因西汉和东汉都城分别位于西安和洛阳，丝绸之路中国始点究竟在哪里争论已久，吐鲁番会议在《共同行动纲领》中明确提出，丝绸之路中国段始于公元前后的中国汉代东西两京（洛阳、长安），止于清末。③

当然，西安所在的宝地自古就是丝绸之路中国始点仍是公认不变的事实。但是，这并不妨碍古都洛阳和长安被称作中国前半部历史上的一对双子星，两个古都你方唱罢我登场，在丝绸之路上相映生辉。

三、丝绸之路中国始点之成都

成都以天府之国四川之首府美名远播。然而，知道成都是丝绸之路中国始点的人似乎不太多。段渝在"南方丝绸之路"丛书总序中指出，南方丝绸之路的起点是中国西南古代文明的重心所在成都。该丛书中的《贸易通天下》一书在开篇"南方丝绸之路概说"中鲜明地列示出了核心观点："成都：南方丝绸之路的起点。"

---

① 张燕. 古都西安·长安与丝绸之路[M]. 西安：西安出版社，2010：41.

② 澳大利亚 Lonely Planet 公司. 丝绸之路[M]. 北京：中国地图出版社，2018：88.

③ 张燕. 古都西安·长安与丝绸之路[M]. 西安：西安出版社，2010：43-44.

　　成都是南方丝绸之路起点的主张一改四川原本世外桃源一般的形象。熟读唐诗的中国人都知道李白《蜀道难》中对四川交通闭塞落后的咏叹："蜀道之难，难于上青天！蚕丛及鱼凫，开国何茫然！尔来四万八千岁，不与秦塞通人烟。"李贵平所著《穿越横断山的"南丝之路"》一书则提出并回答了一个问鼎丝绸之路中国始点的疑问——为什么"丝绸之路"最先肇始于古蜀国？还认为成都是南方丝绸之路的起点，一座蓉城勾连起万里浩荡商道。①

　　刘斌夫在《丝绸之路：中国与世界》一书中对《山海经·海内经》有关古蜀国的叙述——"西南黑水之间，有都广之野，后稷葬焉。爰有膏菽、膏稻、膏黍、膏稷，百谷自生，冬夏播琴。鸾鸟自歌，凤鸟自舞，灵寿实华，草木所聚。爰有百兽，相群爰处。此草也，冬夏不死"——做了细致解读，表明古蜀国有适合丝绸生产的得天独厚的自然条件。这是丝绸之路得以开发的基础。

　　以成都为中心的古蜀国更早地生产丝绸也为西汉使者张骞所证实。公元前122年，经历九死一生出使西域归来的张骞向汉武帝的报告证实，存在从中国西南通往印度的民间商道。张骞在中亚见到产自古蜀国的蜀布和邛竹杖，经过询问知道是蜀郡商人与身毒国（今印度）和中亚通商贩运到该地的。"蜀身毒道"就此进入了西汉国家视域。这就是说，南方丝绸之路在时间上比北方丝绸之路的开辟要早八九个世纪。以成都为始点的南丝绸之路据说可追溯至3000多年前的三星堆、金沙时期。三星堆出土有大量印度洋海贝，越南北部出土的领玉璧和玉璋等则和三星堆、金沙文物式样一致，古老的南丝路上更有四川特产——蜀锦。

---

① 李贵平.穿越横断山的"南丝之路"[M].北京：中国文史出版社，2021：（前言）4.

知识卡片 1-6

张骞向汉武帝报告南方丝绸之路

公元前122年，张骞出使西域返回至长安，向汉武帝汇报道："臣在大夏时，见邛竹杖、蜀布。问曰：'安得此？'大夏国人曰：'吾贾人往市之身毒。身毒在大夏东南可数千里。其俗土著，大与大夏同，而卑湿暑热云。其人民乘象以战。其国临大水焉。'以骞度之，大夏去汉万二千里，居汉西南。今身毒国又居大夏东南数千里，有蜀物，此其去蜀不远矣。今使大夏，从羌中，险，羌人恶之。少北，则为匈奴所得。从蜀宜径，又无寇。"

资料来源：司马迁撰. 史记（第四卷）[M]，上海：上海古籍出版社，2011：2387。

段渝和邹一清在"南方丝绸之路"丛书之《老路新观察》一书中，根据古四川地貌变化大势发现，自第四纪，即距今300万年或180万年以来，平原、丘陵、山地与高原就是四川四大主要地貌类型，看似四面闭塞，实则水陆交通皆备、四通八达。四川和重庆地区以长江水系为主。西北高原到四川盆地西南边缘有金沙江在高山峡谷间奔流，自西北向东南与由北向南平行注入其中的雅砻江、安宁河、大渡河、岷江，一起形成了"岭列东西、河贯南北"的平行水系。东部四川盆地内，有长江由西向东奔腾在平原、丘陵与群山间，岷江、沱江、涪江、嘉陵江则南北流入长江后汇成一体，一路向东穿越三峡，整体上形成了非对称的心形水系。古蜀国河流众多，通航便利。同时，在古蜀国的大河和高山峡谷的绝壁上，古人开凿了栈道，搭建了索桥，依靠栈道和索桥可以翻山过江。南方丝绸之路在内形成了古代西南、华南地区交通网，对外与中南半岛、南亚次大陆、中亚和西亚连成了更大的国际交通网络。[①]

另外，成都作为南北丝绸之路枢纽，与丝绸的关系更为直接。蜀字的古代写法形如蚕。《四川湖北水道图》对古代成都府布局特别标注为锦官城，即秦灭蜀后，修大城、南北二少城，在少城之西仍修有锦官城。锦官城就是制锦之所，政府设锦官主其事。成都锦官因蜀锦而闻名天下。[②]

由此，在中国历史上以成都为始点的南方丝绸之路始于先秦，兴盛于汉唐，比汉代打通的北方丝绸之路更早。南方丝绸之路是最早的对外商贸线路，是古代中国与西方进行商品和文化等交流的最早的陆上通道。西方最早正是经由始自成都的南方丝绸之路开始了解中国，中国也开始了解西方。

四、丝绸之路中国始点之蓬莱

2018年6月14日，新华社有一条新闻报道："13日上午，习近平冒雨来到位于山东半岛北端的蓬莱市，这里曾经是古代海上丝绸之路的一个起点。"

蓬莱，古代海上丝绸之路的起点？

西安或洛阳丝绸之路始点之争可谓众所周知。然而，很少有人知道仙气满满的蓬莱也介入了丝绸之路中国始点之争。

蓬莱之名源自神话。《列子》中有记载，在渤海以东本有"岱

---

① 段渝，邹一清.南方丝绸之路丛书：老路新观察[M].重庆：重庆大学出版社，2018：前言1–10.
② 李贵平.穿越横断山的"南丝之路"[M].北京：中国文史出版社，2021：4.

舆、员峤、方丈、瀛洲、蓬莱"五座仙山。天帝安排15只大龟分别驮着这五座仙山，可是龙伯巨人一口气钓走6只大乌龟，导致岱舆、员峤沉入了大海，结果只剩下方丈、瀛洲和蓬莱三座仙山。《山海经》中也记载道，"蓬莱山在海上"。秦王嬴政曾亲赴蓬莱寻求长生不老药，汉武帝也8次求仙问药驾临蓬莱。事实上，蓬莱位于东经120.75度、北纬37.8度。在蓬莱北部的海面上，常会出现虚幻而瑰丽的海市蜃楼，仙气氤氲、虚幻缥缈如人间仙境。唐代之前，蓬莱是一片宽阔水域，有西北部的山脉遮挡冬季西北季风、南部山脉遮挡夏季东南季风，又有伸向海中的田横山为海上航行提供坐标和观察海面形势的制高点，因而是难得的良港。[①]

古人把山东半岛蓬莱港、庙岛群岛和辽东半岛老铁山（旅顺口）一起构成的海上航道统称为登州道。登州道源于新石器时期，在秦汉之际形成，唐宋元代极为繁盛。最初，先有陶器和种子、后有瓷器，经由登州道贩运至东北亚。登州海道一度有"陶瓷之路"之称。到秦汉时，中国丝绸零零星星通过登州海道运往朝鲜和日本。唐朝开始，中国蚕丝和蚕茧通过这条黄金水道大规模输往朝鲜和日本。隋唐五代，登州与泉州、扬州、明州并称为中国四大古港。史料显示，登州港是古代中国北方最大的港口，是海上丝绸之路的起点。2005年，在蓬莱水域发现的两艘朝鲜、韩国大型双桅远洋古船，很好地为蓬莱作为丝绸之路中国起点做了注解。

问题是，既然蓬莱是海上丝绸之路的中国起点，那么，如何定位扬州、泉州等南方古港？高洪雷分析指出，中国古代的海上丝

---

① 高洪雷.丝绸之路：从蓬莱到罗马[M].北京：人民文学出版社，2020：7-10.

绸之路分为南北两条。在北方，登州道代表的是以东北亚为交往对象的东方海上丝绸之路；在南方，江浙闽粤等地港口是以东南亚、南亚、西亚和非洲为交往对象的南方海上丝绸之路。而且，登州道开辟于远古时代，在汉唐宋元时代就已名扬天下，南方海上丝绸之路则形成于晋代之后①，东晋时高僧法显从师子国（Sri Lanka，斯里兰卡）回国时侥幸走过一次，至明朝郑和下西洋时才为世人所关注。②

　　与成都相似，蓬莱成为海上丝绸之路中国始点有桑蚕基础。公元前5000年至公元前1300年，即仰韶文化至殷墟时代，黄河流域气候温暖潮湿，如同今天的亚热带气候。当时，山东东部沿海地带属海洋气候，温暖潮湿，中西部多河流湖泊，丘陵分布较多，适合种植桑树和蚕茧越冬。同时，这里的土壤条件好，肥沃的土壤略含碱性，适宜桑树生长。先有桑才可有蚕，才可能驯化野蚕和从事桑蚕业。山东东部古代居民有高超的丝绸纺织和印染技术。齐鲁古国重视并把桑蚕业作为重要的经济产业进行扶植和奖励。对此，古籍中多有记载。《史记》记载，"齐带山海，膏壤千里，宜桑麻；邹鲁滨洙泗，颇有桑麻之业"。《管子》称，"莱人善染练，尤其善于染紫"。《考工记》中则称，"齐鲁千里桑"。此外，考古发现证实，山东自古是丝绸的主要源头。在龙山文化遗址出土的纺轮、骨针、骨梭等都反映了齐国高超的丝织技术。当山东丝绸产量达到一定规模时，蓬莱自然而然就成了丝绸之路中国始点。③

---

① 关于丝绸之路的开通，一般认为是从汉武帝派人下南洋开始的。

② 高洪雷.丝绸之路：从蓬莱到罗马[M]. 北京：人民文学出版社，2020：10-11.

③ 高洪雷.丝绸之路：从蓬莱到罗马[M]. 北京：人民文学出版社，2020：13-16.

最后还有丝绸之路中国始点之山西大同说。时光似乎湮没了山西在丝绸之路上耀眼的地位。事实上，没有山西的丝绸之路是不完整的丝绸之路。[①]为此，杜学文将山西与丝绸之路的关系称作"被遮蔽的文明"。[②]历史上，山西地处中原农耕文明与草原游牧文明衔接地带，与草原丝绸之路天然交融。相传周王朝第五位统治者周穆王为中国丝绸之路首拓者。《穆天子传》中有周穆王濩泽观桑的山西阳城蚕桑文化早期记载。西汉武帝时山西人卫青和霍去病、东汉时山西人班超和班勇父子曾为赢得丝绸之路主动权征战、坚守西域。特别是，平城（今大同）作为北魏都城，一度雄踞北魏早期丝绸之路东端。明清时期晋商"万里茶道"则实质上是丝绸之路的新发展。

可见，丝绸之路并不只是一条由东至西的通道，而是连通中国与世界的复杂交通网。丝绸之路中国始点花落多家，无论西安、洛阳、大同，还是成都、蓬莱、泉州等，都有称为丝绸之路中国始点的资本。正是由于多始点驱动，中国古代丝绸之路上的物产和文化交流才繁荣发达得令人惊叹。

---

① 张利萍. 阳城蚕桑文化钩沉起的山西丝路文化遐想[EB/OL].（2022-01-12）阳城文学编辑部微信公众号.

② 杜学文.被遮蔽的文明：丝绸之路与山西及其文明流变[M].太原：三晋出版社，2019.

第二章
丝绸之路上国际交流
经历了几次浪潮？

丝绸之路是随着时间推移渐渐形成的将人类联结在一起的国际交流路网。在这片美丽辽阔的东西南北交织的路网之上，不同民族和不同国家的人们你来我往，上演着国家兴亡重生、朝代兴衰更替的人间戏剧，一次又一次地掀起了改变人类历史走向的国际交流浪潮。

第一节　第一次国际交流浪潮——细波微浪荡漾四起

从上古时期到15世纪前期郑和下西洋，东西方陆上丝绸之路上第一次国际交流呈现出细波微浪荡漾四起的局面。就中国而言，在第一次国际交流浪潮里出现了两个波峰，即汉唐陆上丝路国际交流高峰和宋元海上丝路国际交流高峰。期间，和平生存的梦想、时断时续的战争与政治外交诉求是交流浪潮的主要碰撞力。

一、汉唐国际交流高峰

在世界的东方，中国沿丝绸之路向西！向西！向西！东西方文化交流随之而来。

（一）前奏

自远古以来，中华民族就从东海之滨向西以黄河和长江流域为中心繁衍生息，并不断向周边扩展。

殷商、周朝至春秋时期，中原地区各国不时地进攻邻近部落，也不时地引发各民族人口向西向北向南逃生自保。[1]

公元前7世纪下半叶，秦穆公驱逐九州戎就是中国力量掀起的一波国际交流浪涛。这一波浪头拍向了中亚东部地区，迫使中亚民族向西南进行了一次大迁移。

九州戎可能是西方人所谓的由东北向西南迁徙的斯基泰人[2]或西戎。斯基泰人与粟特人、匈奴人等共同使欧亚之间熙来攘往的商路渐渐成形。

知识卡片 2-1

希罗多德笔下的斯基泰人

斯基泰人在希罗多德笔下是纯粹的游牧民：

我对斯基泰人的其他方面不以为意。唯有一事令人拍案叫绝，即凡入侵斯基泰的敌人，一个也别想逃脱。斯基泰人若是想退，就没有人能追得上他们。没有固定生活的城市和堡垒，斯基泰人用大车拉着居住的庐帐，随身携带必需的生活用品，过着走马骑射、依靠畜牧而不是种地的生活。斯基泰人的这种生活方式与其所处的地理环境的特点是相称的。那里地势平坦空旷，河道在原野上纵横流淌，水草丰盛。正因为如此，斯基泰人成长为了善战且所向披靡、令敌望尘莫及的族群。

资料来源：张国刚. 中西文化关系通史（上）[M]. 北京：北京大学出版社，2019：65.

---

[1] 白桂思. 丝绸之路上的帝国：青铜时代至今的中央欧亚史[M]. 付马，译. 北京：中信出版社，2020：58.

[2] 张国刚. 中西文化关系通史（上）[M].北京：北京大学出版社，2019：29.

（二）汉代兴起国际交流高峰

秦亡而汉兴，西汉雄起，以中原地区为政治中心建立了长期的统治。汉代延用秦朝的政治体制，却始终采取废苛政和休养生息的策略。公元前168年，文帝下诏派遣使者慰问孝悌、力田和三老等乡官、廉吏，采纳贾谊《论积贮疏》的重农抑商建议，举行亲耕仪式。景帝继续采取轻税赋劝农政策。"文景之治"为汉代打下了政治经济基础。西汉国家统一、农业复苏推动了手工业技术交流与综合发展，冶铁、煮盐、酿酒、纺织、造船、木器、制车和漆器等手工业和商业兴盛，纺织业最为繁荣。

到汉武帝时，汉朝国富民强。《汉书·食货志》记载：至武帝之初，七十年间，国家亡（无）事，非遇水旱，则民人给家足，都鄙廪庾尽满，而府库余财，京师之钱累百巨万，贯朽而不可校；太仓之粟，陈陈相因，充溢露积于外，腐败不可食。众庶街巷有马，阡陌之间成群。这意味着西汉资本积累到了一定程度，有了向西寻求国际交流的动力。

然而，汉朝西去之路并不太平，时有拦路虎，特别是匈奴。匈奴是剽悍的游牧民族。《史记·秦始皇本纪》记载：匈奴逐水草迁徙，毋城郭常处耕田之业；士力能弯弓，尽为甲骑。匈奴主要在蒙古高原和南到阴山、北至贝加尔湖的地带活动，最高首领为单于，常南下中原侵扰。汉代时，匈奴统治了天山南北各国的绝大部分领土，并征收田赋，还向贸易商人收取商税，阻碍了丝绸之路沿途贸易，令商人不敢擅自前行。西域36国不甘忍受匈奴繁重的赋税，渴望脱离其羁绊。

因此，汉武帝油然生出了与大月氏——匈奴的劲敌联合东西夹击,一扫汉朝对外商贸通道的雄心。公元前138年和公元前116年,张骞两次出使西域,为打通丝绸之路立下了赫赫之功,沟通了东西方经济与文化交往,标志着东西方国际交流一个新高峰的出现。张骞因而被称作"东方哥伦布"。显然,在时间上哥伦布要逊色很多。

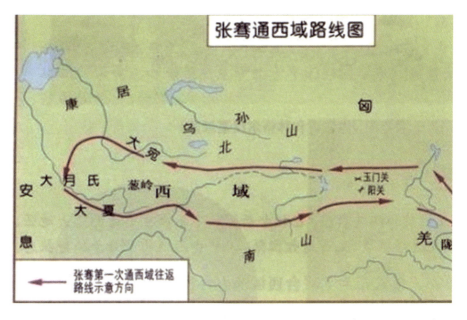

张骞通西域路线示意图

不过,受各种因素影响,东西方国际交流浪涛起起落落。公元1世纪初,王莽一改对西域各民族的优待政策,丝路沿线各种矛盾再度加剧,匈奴趁势卷土重来,切断东西方通道。丝绸之路历经"三通三绝",东西方国际交流相应地在波折中时而向前、时而后退。

汉朝之后,隋炀帝派裴矩驻守张掖,使互市贸易得以风生水起,并在大败吐谷浑后西巡,举行了万国博览会,再启丝绸之路商

贸与文化交往浪潮。

知识卡片2-2

吐谷浑

吐谷浑也被称为"吐浑",算是鲜卑族中的一支,大约在公元4世纪时举族来到甘肃与青海之间,与羌人杂居。吐谷浑向来靠畜牧为生,与水草为伴。吐谷浑由许多民族融合而成,语言复杂,属蒙古语族的鲜卑语是吐谷浑的主要语言。由于吐谷浑大量

吸收中原文化,国内汉语也十分流行。吐谷浑出土器物反映了唐时精湛的丝织水平,如图中慕容智墓出土翼兽纹、凤纹锦半臂。

武威发现的吐谷浑王族墓葬均是唐早中期墓,具有中原地区高等级墓葬的基本特征,以唐代葬制为主,兼有吐谷浑、吐蕃等

文化因素,显示了我国丝绸之路沿线多民族交流融合的历史进程,是中华民族多元一体格局的重要实证。

资料来源:张国才.唐代吐谷浑墓实证中华民族文化交融与历史自信 [J/OL].（2022-11-04）中国学派.

（三）唐代再现国际交流高峰

唐代丝绸之路国际交流的兴盛得益于隋朝时打下的基础。隋炀帝一场南巡开凿了大运河,为中国南北方之间搭起了稳定的运输渠道,联通了中国东部沿海各省份,某种意义上也丰富了丝绸之路网,

为唐代统治的稳定、强大和持久打下了坚实基础。

在既有基础上，唐代陆上丝绸之路国际交流颇有盛世之风。一是唐朝中央政府设立了安西和北庭都护府，并且大量设置羁縻府州以实现对陆上丝绸之路交流的经营与管理。二是在长安通向西域的主要交通要道设驿馆，有专门的官员负责，为过路的商人与官员提供住宿和马匹草料等，便利了商旅等的往来与交流。三是自河西走廊到凉州（甘肃武威）至天山南北的大道上，在称为军、镇、城和守捉的地方，一律有军队驻守，其目的是使交通顺畅、保护地方商旅和百姓安宁。四是唐朝政府在丝绸之路沿线各主要地区，包括安西、疏勒、焉耆、北庭、伊吾和高昌等组织了屯田，仅龟兹、疏勒、焉耆和北庭就屯田多达27万亩；而且，人口众多的屯田军人与官员家庭，和本地居民一道建起了一串珍珠般的繁华城镇。此外，唐朝政府对丝绸之路沿线的管理形成了严格的制度，按照这些制度，经过丝绸之路上的商旅等的姓名、年龄、随从与所携带之物，以及从哪里来、到哪里去、行程目的等，都有检查、签字和查验等程序，有利于维持丝绸之路上的良好秩序。

至于唐朝治下丝绸之路的繁荣，唐朝诗人有为数不少的诗歌描绘丝绸之路贸易的繁荣景象。

唐代丝绸之路上的贸易繁华还体现在大量出土文物上。新疆、中亚、西亚等地发现了大量唐代的丝绸和钱币等遗物，中原多地发现了波斯和东罗马钱币、金银器和玻璃制品等遗物，它们都证明了唐代丝路国际贸易和文化交流的繁荣。

知识卡片 2-3

盛世唐朝繁华丝路上的诗歌欣赏

听安万善吹觱篥歌

[唐]李颀

南山截竹为觱篥，此乐本自龟兹出。

流传汉地曲转奇，凉州胡人为我吹。

傍邻闻者多叹息，远客思乡皆泪垂。

世人解听不解赏，长飙风中自来往。

枯桑老柏寒飕飗，九雏鸣凤乱啾啾。

龙吟虎啸一时发，万籁百泉相与秋。

忽然更作渔阳掺，黄云萧条白日暗。

变调如闻杨柳春，上林繁花照眼新。

岁夜高堂列明烛，美酒一杯声一曲。

二、宋元国际交流高峰

安史之乱后，唐王朝失去了西域地区的控制力，丝绸之路陷入萧条。这一情形持续到五代与两宋。宋元时期，丝绸之路上东西方国际交流发生了显著变化：受中亚地缘政治格局恶化的影响，陆上丝路贸易递减；因航海技术提高，海上丝路贸易日渐活跃；瓷器在中国出口商品中的比重增加；中国进口商品中珠宝所占比重下降，香料比重增加并最终超过了珠宝。基于此，南海丝路在宋元国际交流中又有了"香瓷之路"的美称。

这一时期，丝绸之路变化的重要原因之一是中国内地对香料的巨大需求。《神农本草经》里有香料入药的记载；《海药本草》中则记载了50多种外来香药，绝大多数也是用来治病。香料与药材合称香药。唐宋以来，朝廷士大夫渐渐兴起了薰香的风气，究其根源，与香料用于医药及佛教的兴盛有关。

知识卡片2-4

香药来源地

在唐代，香药来源地有五源，包括大秦、波斯、天竺、昆仑、中亚。

在宋代，香药来源地则是三地，即阿拉伯、天竺、南海。

宋代的香药输入路线与中国、阿拉伯贸易路线一致，自阿拉伯、印度至广州的主要航程中，南海（东南亚地区）最关键。

资料来源：张国刚. 胡天汉月映西洋：丝路沧桑三千年[M]. 北京：生活·读书·新知三联书店，2019：127.

孟元老在《东京梦华录》里记载汴梁有香药果子，吴自牧在《梦粱录》中记载南宋临安有丁香馄饨，都是将香料用来佐餐。

宋代常用的香药主要有乳香、龙脑、没药、安息香、青木香、阿魏、荜茇、肉豆蔻、零陵香、丁香、胡椒、甲香、降真香、瓶香、蜜香等。这些香药在唐代时就有进口，到了宋代，香药进口的数量和价值远远超过了唐代。

《诸番志》中记载有47种外来物产，产自西亚和非洲的有22种，且绝大部分是香药，如乳香、金颜香、苏合香油、安息香、沉香、笺香、丁香、木香、龙涎香、蔷薇水、栀子花等。

丝路文化

知识卡片 2-5

宋朝香药盛行

北宋末年，宰相蔡京会客时，薰香自帘后飘出，云雾缭绕。客人们回到家后，会感觉到衣服上芳香馥郁，数日不绝。

又南宋诗人陆游曾说，贵妇乘车而过，香烟飘逸而出，数里不绝，就连路上的尘土也带着香气。

在宋代，香药不仅用于治病，还作为食物配料登上了餐桌。当时，香药成为盛会中标志着上档次的重要标配品。

苏东坡在《与章质夫帖》里提到，"会公宴，香药别桌为盛礼，私家亦用之"。

宋徽宗在宴请枢密院长官时，有侍姬在旁捧着香炉，焚白笃褥香。这种香的价钱极高，达到每两20万钱。

南宋大将军张俊曾用丰盛的香药宴席招待宋高宗。

皇室与高官贵胄使用香药的社会时尚引起民间争相效仿。

资料来源：张国才. 唐代吐谷浑墓实证中华民族文化交融与历史自信 [J/OL].（2022-11-04）中国学派.

宋代香药的进口约占全部海外进口商品数量的三分之一强。《宋会要辑稿》显示，与宋朝有朝贡关系的32个国家里，香药朝贡多达213次。[①]

元代在丝绸之路国际交流中的进出口情况与宋代大致类似。问题在于，宋元王朝拿什么来换取如此名贵又如此大量的香药呢？难道仅仅依靠丝绸吗？

---

① 张国刚. 胡天汉月映西洋：丝路沧桑三千年[M].北京：生活·读书·新知三联书店，2019：127.

知识卡片 2-6

宋朝的香料进口

1018年朝贡中,所辖之境主要在今印度尼西亚、马来西亚的三佛齐国,进贡的香药种类和数量分别是龙涎香(指抹香鲸肠内分泌物)36斤、乳香81 680斤、苏合香油278斤、木香117斤、丁香30斤、肉豆蔻2 674斤、檀香19 935斤、笺香(沉香的一种)364斤等。

宋代设有内香药库,为朝廷专设的香药储藏机构。宋真宗有诗为证:"每岁沉檀来远裔,累朝珠玉实皇居。"

资料来源:张国刚.胡天汉月映西洋:丝路沧桑三千年[M].北京:生活·读书·新知三联书店,2019:127.

答案显然不是只靠丝绸的出口,而是瓷器。

作为丝绸之路国际交流的重要元素,中国瓷器远销海外始于唐朝。随着航海业的发展,唐末五代,特别是到了宋朝,瓷器在国际交流中呈现出愈益繁荣的状态。一个很重要的原因是,瓷器适于载重量大的船舶水上运输,不适于运载量小的骆驼和马匹陆上运输。

在包括广州、宁波(古明州)、杭州、泉州(古刺桐)等沿海重要港口所在地,朝廷设立了专门的贸易机构——市舶司,负责管理对外商贸交流。中国所产大批外销瓷器就从这些港口城市装船出发,经南海水路运到西亚、北非。

宋元时代,经海上丝路出口外销的瓷器主要是越窑产青瓷精品、景德镇产青白瓷(青花瓷)。

越窑瓷之名气之盛始于唐代。这与唐代风行的饮茶习惯是紧密关联的。五代时,越窑主要是为吴越钱氏政权烧制秘色瓷。宋代兴

起的浙江龙泉窑青瓷从11世纪的北宋开始向海外销售，经过元代，直至15世纪明朝永乐、宣德年间，四百多年一直畅销不衰。

在外销瓷中，除浙江龙泉瓷外，还有江西景德镇与闽粤名窑所产青白瓷、白瓷。当时，中国瓷器在亚非各国受到普遍欢迎。在波斯湾巴士拉、红海南端亚丁港、东非海岸和地中海地区都发现了宋瓷残片。

到了元代，销往海外的瓷器以青花瓷为主。以钴矿为原料的青花瓷是釉下彩瓷器。钴是外来物，当时的叙利亚语里的汉语音译名为"苏麻离青"或"苏勃泥青"，它来到中国本身就是中国海外商贸和文化交流的体现。

知识卡片 2-7

釉下彩

釉下彩是瓷器烧制中的一道工序，在陶瓷坯体上描绘纹饰，再罩上一层透明釉，经高温还原而一次烧成。

青花瓷技术是逐渐成形的。早在唐代时就已有零星生产的原始青花瓷，且用于出口。

元代，青花瓷技术成熟，主要产地在景德镇。

资料来源：张国刚.胡天汉月映西洋：丝路沧桑三千年[M].北京：生活·读书·新知三联书店，2019：128.

此外，在装饰与造型上，元代青花瓷伊斯兰风格显著。伊斯兰风格浓烈的大罐、大瓶、大盘和大碗等器皿，是为了适应伊斯兰地区的穆斯林家庭习惯于席地而坐、多人一起吃饭的风俗。不少青花瓷器上摹写了《古兰经》、梵经与波斯铭文等。一些小型的小罐、小瓶、小壶等，是为了满足东南亚人用作陪葬之用的器皿，多数销往菲律宾等东南亚国家。

用现代商贸交流理念看，伊斯兰地区向中国出口苏麻离青优质钴原料，使得青花瓷器的生产模式可以称作"来料加工"。不仅如此，一部分使用伊斯兰地区纹饰图案的青花瓷器贸易还可以称为"来样加工"。[1]

中国造船技术的提升也促进了宋元香瓷丝路国际交流的发展。郑和七下西洋虽不是基于贸易目的，但在客观上却实实在在地促进了海上丝绸之路的国际交流。

几乎同一时间，在世界的西方，欧洲国家和民族向东！向东！向东！

中国和欧洲之间的各国则或东或西地在丝绸之路上以各种方式奔走交流。

总之，从东方到西方，丝绸之路沿线各地同时汇入第一次国际交流的浪潮之中。

---

[1] 张国刚.胡天汉月映西洋：丝路沧桑三千年[M].北京：生活·读书·新知三联书店，2019：129.

丝路文化

第二节　第二次国际交流浪潮——自西向东巨浪滔天

西方主导的大航海和地理大发现掀起了席卷全球的海上丝绸之路第二次国际交流的滔天巨浪。

一、动力：到富饶的东方去

与丝绸之路上第一次国际交流不同，中国不是第二次国际交流浪潮的动力发源地，而是重要的目的地；欧洲则是第二次国际交流浪潮的动力发源地。

中欧在第二次国际交流浪潮中动力差异的根源在于欧洲生产力的发展。14世纪到15世纪，欧洲工业发展迅猛，产生了与之相应的贸易需求，也需要更多货币作为交换手段。然而，在欧洲，德国虽出产白银，却无法满足如此大规模的需求。同时，欧洲工业和贸易的发展使欧洲社会上层阶级对豪华生活和积累财富的欲望不断膨胀，从国王、贵族，到市民、僧侣，个个渴望发财。

问题是到哪里去找白银或财富呢？

欧洲人想到了遥远东方的中国。这个灵感来自马可·波罗。虽说在马可·波罗生前和去世后的很长时期，其13世纪末所著《马可·波罗游记》的影响都极为有限，甚至因为《马可·波罗游记》内容太过传奇被世人视为无稽之谈，然而到了14世纪初，一些前往东方的欧洲传教士看好《马可·波罗游记》，并将其逐渐传播开来。1375年，参考

《马可·波罗游记》的《加泰罗尼亚地图》出版，让《马可·波罗游记》跃升信史之列。加上许多欧洲人确实因经营东方贸易而大富大贵，欧洲人终于看到了《马可·波罗游记》的价值，并从中发现了寻找财富的理想国。

有一种说法是，彼时欧洲人想归想，而到中国寻求财富却并不容易。即使一些欧洲人不乏马可·波罗当年东去中国孤绝果敢的勇气，这时的欧洲人也没有马可·波罗当年的好运气。因为没有一条路可以通向梦中的中国。自14世纪开始，奥斯曼土耳其帝国在崛起过程中强悍有力地控制了君士坦丁堡，扼住了欧洲人从南方传统商路去往东方中国的贸易通道。绕道向北去中国怎么样？不行！从冰天雪地的北方根本不可能去往中国。东辕西辙怎么样？也不行！西去虽有大西洋，却无法令梦想成真，因为当时欧洲的造船技术不高，所造船只十分简陋，航海技术也不行，难以穿越凶险的大西洋。

总之，一个时代的问题自由一个时代的人解决。为14世纪末和15世纪苦思冥想渴望去东方的欧洲人开辟新海上丝绸之路的救世主出现了，他就是诞生在大西洋岸边的葡萄牙航海王子亨利。后世研究表明，新航路其实是无意遵循正常商业秩序，意在避开既有商业路径直接掠夺财富的强盗之选。

二、主力：心怀悖论的欧洲航海家们

要在14世纪到15世纪打通穿越大西洋、太平洋到东方的海上丝路，离不开追求财富的野心、狂热的冒险精神，离不开航海科学。葡萄牙亨利王子奇妙地将这些元素糅合在了一起，是开拓新航海线路、进行地理大发现的欧洲航海家的代表。

作为一位航海技术专家，亨利王子并非要亲自漂洋过海到东方探险，而是采用了更高明的做法。或者说，亨利王子深知仅凭一己之力无法跨江蹈海顺利到达遥远的东方，需要依靠很多人的共同努力才行。

知识卡片 2-8

亨利王子

亨利王子（Henrique O.Navegador，1394—1460）自幼喜爱航

海事业，是一位航海技术专家。他在葡萄牙西南海边小镇萨格里什（Sagres）创建了地理研究院、航海学院、天文台以及收藏地图和手稿的图书档案馆。亨利王子收集地理、造船和航海等方面的文献资料。1428年，佩德罗，亨利王子的哥哥为亨利王子带回一张世界地图

和《马可·波罗游记》，为亨利王子绘制航海图提供了重要借鉴。特别关键的是，亨利王子亲自担任航海学院校长，将一批地理、天文、数学与制图等方面的专家学者网罗麾下，开设了地理、天文与航海课程，制订了航海探险计划，审查和挑选能力卓越的船长与船员加以训练和激励，并对航海远征的结果进行分析和阐释。

亨利校长关心和探讨的问题包括：我们能够向南沿非洲海岸航行到香料群岛吗？在终年炎热的赤道地区，人类能够长期居住吗？地球到底有多大？

资料来源：郑彭年. 丝绸之路全史[M]. 天津：天津人民出版社，2016：215-216.

亨利王子在皇家的资助下开展航海事业。此外，亨利王子还通过动用天主教僧侣骑士团资金、与富商合股创立贸易公司等方式筹措资金，一次次组织在西非海岸进行探险航海，收集航海资料，并改进造船、制图和航海技术。亨利王子在葡萄牙边陲苦苦研究航海科学、航海技术、海洋知识的热情和精神，被西方史学家称为"前科学的好奇"。

亨利王子要求航海探险队把每次新发现地区的地理概况和资源情况等做详细记录，具体到海潮、风向、鱼与海鸟活动等。将这些地区的资料收集起来后，他还会进行对比和深入研究，以提高对北大西洋风向和洋流的认识。1434年，亨利王子派出的探险队成功地越过了博哈多尔角，发现和了解到在大西洋上航船离开西非海岸向西北航行时，会有能把船只带回葡萄牙的西风，这一规律的发现增强了葡萄牙航海家穿过赤道、绕过非洲南端航行的勇气。新大陆的发现者哥伦布西行时，就曾得益于这些大西洋风向和洋流规律。

亨利王子的探险队航行到哪里，就把航海图绘制到哪里。在顺西非海岸向南航行的过程中，亨利王子精心指挥绘制了非洲海岸航海图，其中，弗拉·莫罗的《世界地图》最为有名，图中的非洲部分是在亨利王子所派的著名探险队长卡达莫斯托帮助下完成的。

亨利王子培养训练了大批富有经验的水手与海员，其中就有迪亚士等知名航海家。通向印度与美洲的蓝图也在亨利王子的航海学院酝酿成型。15世纪从事地理发现的人，几乎都曾受益于亨利王子所热心的航海事业。

更值得关注的是，继亨利王子之后，葡萄牙皇室在30多年间接续推进航海事业。

知识卡片 2-9

葡萄牙皇室接续推进航海事业

1460年亨利王子逝世后，航海事业并未终结，而是由若昂二世（John II，1455—1495）继承了下来。

若昂二世派遣卡恩（Diogo Cao）沿西非海岸南下，发现了刚果河。若昂二世确信卡恩已经到达非洲最南端。如果能从南非进入印度洋，葡萄牙人就有机会加入东方香料贸易，还能与传说中的长老约翰王国结盟，驱逐东西方商路的拦路虎——阿拉伯人。

1486年8月，若昂二世派巴尔托洛梅乌·迪亚士（Bartholmeu Dias，1450—1500）率探险船队远航。1487年2月，船队到达今南非莫塞尔湾，这里已是非洲东海岸，船队已经绕过了非洲南端海岬却没有意识到。返航途中，船队看到了一个大岬角，因为遭遇暴风雨无法继续探险，迪亚士就将这个岬角命名为"风暴角"。若昂二世认为这个位于非洲南端的大岬角表明存在一条能够通向东方的航路，并深信此行大有希望，遂将风暴角改为好望角。

1492年，克里斯托弗·哥伦布（Christopher Columbus，1451—1560）发现美洲的消息传到葡萄牙。若昂二世后悔自己当初拒绝了哥伦布的西行计划，以至于西班牙攫取了哥伦布发现的成果。葡萄牙人一面如痴如醉地向往着东方的黄金，一面沉痛反思失误，想要重振葡萄牙的航海事业。

1495年若昂二世病逝。曼努埃尔一世（Manuel I，1469—1521）即位后，继续亨利王子和若昂二世的航海计划。

资料来源：郑彭年. 丝绸之路全史[M]. 天津：天津人民出版社，2016：216.

1497年，曼努埃尔一世派达·伽马（Vasco Da Gama，1469—1524）率领探险队南下再次向东航行。探险队绕过好望角，于1498年3月到达东非莫桑比克的克利马尼海港，随后沿着东非海岸北上到达了肯尼亚的马林迪古城，又渡过印度洋，于1498年5月到达印度西南海岸的卡利库特。

自此，东西方海上新航路开通，掀起了丝绸之路第二次国际交流浪潮。

三、实力：科学武装的欧洲殖民者与传教士涌向东方

顺着新航路潮水般来到东方的是大批殖民者和传教士及其所携带的物产、思想和文化，归根结底，展现的是西方的实力。

第二次国际交流中最显眼的是殖民者浪潮。在航海技术实力的支撑下，紧跟达·伽马脚步来到东方的殖民者的行动紧锣密鼓地持续进行。

1516年，到达中国广东珠江口外的屯门和浙江宁波的葡萄牙人开始进行走私贸易。除了明火执仗地入侵外，在明朝政府实施海禁的情况下，仍有偷潜入境窥伺中国海防实力的商人。葡萄牙商人马斯卡林纳就潜入漳州、宁波沿海搜集情报，发觉浙闽海防多有疏漏、军事设施形同虚设等国防弊端。最重要的是，他发现当地商人是欢迎外商前来贸易的，富商巨贾尤甚，因为他们在朝中有后台，地方官吏无以应对。马斯卡林纳初次尝试贸易，竟将所带货物销售一空，还满载中国货物返回了马六甲。此后，马斯卡林纳等商人与浙闽当地不法商人和海盗勾结，漏税走私，行凶抢劫，亦盗亦商。

知识卡片2-10

第二次国际交流浪潮中殖民者的脚步

1510年，葡萄牙人占领印度西海岸城市果阿，并以此为据点开展东西方贸易。

1511年，葡萄牙人占领马来半岛马六甲（中国称满剌加），继而占领巽他群岛与摩鹿加群岛（今马鲁古，即香料群岛）。

1516年，葡萄牙人到达中国广东珠江口外的屯门和浙江宁波，开始进行走私贸易。

为了实现在东方在中国追逐财富之梦，最先到达中国的葡萄牙人先是在东莞县屯门与南头强行登陆，还盖房、设栅，企图用武力强行占领屯门和南头。广东当局与葡萄牙人两次进行战斗，于1521年夺回屯门，1522年夺回南头。但是，葡萄牙人并不死心，在广东一带继续袭扰。

为杜绝与葡萄牙人的持续缠斗，明朝政府下令海禁，断绝贸易。由于进贡变成了变相的贸易，所以明朝政府连进贡也一并加以限制，甚至规定诸蕃若不能按时进贡或勘合符失落，则悉数禁止。这一禁令使得南方沿海蕃舶几近绝迹。

资料来源：郑彭年. 丝绸之路全史[M]. 天津：天津人民出版社，2016：217-218.

沿新航路到中国的殖民式商人给中国的海防带来了挑战，明朝内部出现严禁派与弛禁派。主张弛禁的两广巡抚都御史林富陈述了开放海禁的利益，对"粤中公私诸费，多资商税，番舶不至，则公私皆窘"，嘉靖帝深有同感。考虑到继续海禁使国库空虚，饷银失去来源，嘉靖帝疏批"裁可"。开放海禁又为葡萄牙船乘机混入提供了条件，为澳门被葡萄牙人窃据提供了条件。

此后英国炮舰洞开中国国门只不过是葡萄牙殖民者的放大版，是第二次国际交流愈演愈烈，一波高过一波浪潮的终点和新的开端。

第二次国际交流中，伴随欧洲殖民者而来的还有传教士涌入浪潮。早在陆上丝绸之路畅通无阻时，欧洲传教士就前赴后继到东方传教；除单纯传教外，传教士涌入还意在打探信仰状况和国情军力。1245年4月至1246年，受教宗英诺森四世派遣到蒙古出使的传教士柏朗嘉宾在《柏朗嘉宾蒙古行纪》中，透露出其旨在摸清蒙古人战争实力、武器装备和作战特点等，重在军事意图，而非只是传教这一单一目的。

大航海时代新航路上殖民者商船上更加不乏欧洲传教士的身影。只不过，这时传教士们的思想更为成熟，实力也更加强大。特别是西班牙贵族弗朗西斯·波吉亚公爵，他在放弃财产和头衔成为耶稣会士之后，带领范礼安和利玛窦等在中国实行新的传教政策，掀起了科学传教的新浪潮。

为满足科学传教需要，负责面向中国传教的传教士都是博学多才的实力派人士。其中，范礼安1557年毕业于帕多瓦大学，获法学博士学位，后又获罗马学院哲学博士学位，富于文艺复兴开放思想，认为进入中国的方法要与目前耶稣会在其他有宣道团的国家所采用的方法完全不同，要求传教士们熟悉中国的文化和风俗习惯，要会读、写和讲中国话。利玛窦先从罗马大学法律系毕业，又在罗马学院攻读数学与哲学，对科学也很感兴趣，才能非凡，甚至被称为天主教在中国最有影响力的奠基人，是中西方文化交流的高层开拓者。

知识卡片 2-11

西方传教士利玛窦

利玛窦（1552—1610年），意大利人，字西泰，为天主教耶稣会传教士，被认为是沟通中西文化的重要桥梁，有"沟通中西文化第一人"的美名。

1582年（万历十年），利玛窦受命来到中国，曾任在华耶稣会会长。1583—1589年，他在广东肇庆传教，1590年被迫转至韶州传教。

1601年（万历二十九年），利玛窦到了北京。他将所带自鸣钟、《坤舆万国全图》等宝物呈献给了万历帝明神宗，入住四夷馆并与士大夫们来往交流，后购买宅院建了南堂供居住与传教。他主张将孔孟之道、宗法敬祖思想与天主教融合。在研读四书五经，并以拉丁文作释义和注释的同时，他向中国介绍了西方的自然科学知识，代表性著译有《几何原本》（与徐光启合译）、《天学实义》等。

利玛窦与金尼阁合著了《利玛窦中国札记》（*China in Sixteenth Century: The Journals of Mathew Ricci, 1583-1610*），共五卷。该书为利玛窦晚年根据其在中国传教的经历写成。第一卷介绍了中国的疆域、人口、物产、工艺、科技、人文学术、科举制度、政府机构、风俗礼仪和宗教状况等；第二至五卷记述了利玛窦在肇庆、南昌、南京和北京等地传教的情形及见闻，叙事真切，对中西交流史、耶稣会入华传教史、明史都有很高的史料价值。

资料来源：夏征农，陈至立.辞海（彩绘本）[M]. 6版.上海：上海辞书出版社，2009:1360.

四、效力：东西方文化双向潮流涌动

尽管西方在丝绸之路上第二次国际交流浪潮中明显主动，实力也很强劲，但东西方文化双向流动仍是基本态势，且效果显著。

就西方文化向中国输入看，始于沙勿略（Francisco de Xavier，1505—1552），继之以范礼安（Alessandro Valinan，1539—1607）与罗明坚（Michele Ruggieri，1543—1607），成形于利玛窦（Matteo Ricci，1552—1610）及其相关传教士在中国的科学传教，尽管其目的在宗教，但无心插柳柳成荫，客观上促进了西方文化向中国的流动。

天文历学传入中国，充实了中国的历书体系。中国历史悠久的天文历法由于依据的是月亮的运行，有需要修改和完善的地方。最为人所知的是自利玛窦开始传入中国的西方历法，即格里高利历，弥补了中国历法的不足。同时，利玛窦将自制浑天仪、天球仪和地球仪等向中国人展示，并于1607年翻译了《浑盖通宪图说》——第一部向中国介绍西方天文学的著作。

数学、物理学的传入为中国数理算术带来新的生机。最早把西方数学知识传介到中国的也是利玛窦。利玛窦在其所撰《乾坤体义》2卷本中谈到了数学，是近代数学传入中国的发端。最早把西方物理学近代机械工程学传入中国的是熊三拔。他在1612年（即万历四十年）著有《泰西水法》6卷，记述了取水与蓄水等力学机械。1620年，汤若望携新式望远镜而来，其1626年所撰《远镜说》是西方光学输入中国的先驱。

西方地理地图学的传入，为中国带来了一个不同系统的地理学知识。中国原本也有地理地图学，只是中国地图上所标注的位置不是天文观测的结果，图上的距离也不是实测距离，精确性不高。利

玛窦带来的地图经纬分明,《坤舆万国全图》还将中国置于世界地图的中央,为中国人打开了一个新世界。

此外,西方的军事技术、医药生理学、建筑、绘画、音乐和西方哲学也传入中国。西方用中国人发明的火药制成的先进火器日后也为中国人所掌握,西医与中医、西式建筑与中式建筑、西洋画技法与中国水墨画技法、西洋音乐与中国古典音乐、西方哲学与古老的东方哲学,各自譬如一枚硬币的两面,在中国有如同珠联璧合一般的效力,深刻影响着中国社会历史的发展。

反之,中国的东方文化也源源不断地流向西方。简言之,中国古老的东方哲学思想、中国四书五经等经典以及学术著作、中国文字和文学、中国工艺美术、中国绘画与园林建筑等传入了西方,也一样弥补和充实了西方的知识体系。

第三节　第三次国际交流浪潮——东来西往流入流失

以1840年鸦片战争为转折点，第三次国际交流浪潮来袭。中国在第三次国际交流浪潮中，由曾经的优越地位经东西方大致平衡之势转向了弱势地位。丝绸之路的职能已不再是贸易通商，而是西方文化单向强势流入或学习引进到中国，与中国历史文物遭受或抢或盗流失西方的路径。

一、重重压力下中国被动向西方学习浪潮涌现

中国历史上国力强盛繁荣。近代以来，丝绸之路上充满了西方列强坚船利炮的威慑阴影。

从1840年鸦片战争到第一次世界大战期间，中国事实上被纳入了资本主义世界市场体系之中。由此，大量洋货流入中国，洋字头商品，如洋油、洋火、洋布等，在人们生活消费中的数量和比重日益增加。中国曾经占优势的商品，如丝绸、瓷器和茶叶等的国外市场则日益萎缩，出现了巨大的贸易逆差。加上中国海关为洋人所把控，中国在国际交流中陷入困境且一时难以改变。在外敌侵入的危急时刻，中国进步人士掀起了学习西方思想和文化的浪潮。

（一）撰写书籍

向西方学习的浪潮的重要方面，是打开中国看世界的眼界。先前欧洲传教士翻译撰写介绍西方世界的书籍，初步打开了中国人向

西方学习的眼界。耶稣会士利玛窦《坤舆万国全图》与艾儒略《职方外纪》展示了地理大发现后的洲际布局，扩大了中国人眼中的世界。1637年（崇祯十年），艾儒略写下《西方答问》2卷，介绍西方各国风土人情；1669年（康熙八年），南怀仁撰写《御览西方要纪》，深入介绍西方地理、物产、科技、文字、医药、货币、风俗、教育、宗教与慈善等。继而出现了中国人撰写的世界地理著作，即1751年（乾隆十六年）澳门第一任同知印光任、第三任同知张汝霖合力撰写的《澳门纪略》，介绍海外各国和居住在澳门的西洋人的文化、风俗、贸易与宗教等，具有突破性意义，是中国人打开眼界的重大转折。这些重要的关于西方文化的著作，为1840年以后中国人向西方学习打下了基础。

知识卡片 2-12

《澳门纪略》

《澳门纪略》是中国第一部系统介绍澳门的方志，作者为澳门第一任同知印光任和第三任同知张汝霖。

1744年（乾隆九年），为了加强对澳门的主权管理和海防防务，清政府在香山县前山寨设"澳门海防军民同知"，简称"澳门同知"。印光任奉命出任首任澳门同知。与此同时，印光任发现澳门历史地理相关资料极度缺乏，萌生编撰澳门地方志的想法。在积累了一定资料后，印光任于次年编著完成了初稿。早在1741年，对澳门同样十分关注的张汝霖就开始了相关研究。

1751年（乾隆十六年），已是潮州知府的印光任和潮州盐运通判张汝霖以印光任的初稿为底本，一起编撰《澳门纪略》，并于同年底问世。

《澳门纪略》有多个版本。其中，据清道光《昭代丛书》沈氏世楷堂刊本《澳门纪略》，全书共五万余字，分上、下卷，共三篇，即形势篇、官守篇、澳蕃篇。又据民国《笔记小说大观》(石印本)《澳门纪略》，全书分为卷首、卷上、卷下、卷末四个部分。卷首包括作者张汝霖撰写的《序》、《香山县志列传》、《广西太平府知府印公传》、《赠中宪大夫翰林院侍读费公墓志铭并序》。卷上包括形势篇、官守篇。形势篇中有潮汐风候附，着重记述澳门地理形势、山海胜迹及潮汐风候等；官守篇中有政令附，记述澳门历史沿革，尤其是葡萄牙占据澳门之经过和明清两代中国政府在澳门设官置守，实施主权和治权的概况。卷下的澳蕃篇中有诸蕃附，着重记述驻澳葡人以及西方人的体态服饰、生活起居、习俗风尚、物产器具、船炮技艺、语言文字等，同时，也简介来澳通商的国家和地区。卷末为清代澳门同知印光任撰写的《后序》。书中附插图21幅，有海防属总图、议事亭图、男蕃、女蕃图、洋舶图……每幅附图绘制细腻，笔调工整。

《澳门纪略》主要从政治、经济、文化三个方面体现澳门历史、地理、社会、民情、风俗等地方特色，着重抓住海防要地和边防重镇两大特点，再现了明清时期澳门300多年的历史；字里行间浸透了澳门被葡国占领后的辛酸和泪水；展示了澳门位于祖国万里海疆南端所独具的优势地位与作用。

资料来源：根据《印光任、张汝霖与〈澳门纪略〉》（甄明）、《澳门纪略》（2018-09-17.来源：《方志百科全书》）、《从〈澳门纪略〉看明清时期的澳门》（张振英）整理。

林则徐拉开了中国人向西方学习睁眼看世界和解放陈旧思想的帷幕，从而涌现了许多介绍夷情、海国等向西方学习的著作。最有影响的莫过于魏源所著的《海国图志》。《海国图志》是1841年7月林则徐在被发配前往伊犁途中，托老友魏源编写的介绍真实世界的著作。1843年1月，《海国图志》50卷问世；1844年正式发行；1847年增订为60卷；1852年进一步增扩为100卷，合计80多万字。书中指出鸦片战争之所以发生，并非林则徐禁烟的缘故，而是由英国政府本质上唯利是图决定的；鸦片战争失败的原因是腐朽的闭关自守的封建体制造成的；并提出了师夷长技以制夷，即学习西方战舰、火器与养兵练兵法。因此，《海国图志》指出的是振兴中华的富国强兵路，是唤醒东亚乃至整个亚洲的强国御侮路。①

（二）培养人才

向西方学习浪潮的另一个方面是为中国培养急需的人才。没有人才，一切皆无从谈起。西方之所以能在不经意间在实力上远远超过中国，是因为西方教育体制在培养人才方面具有时代性优势。新航路的开拓就与葡萄牙航海家亨利王子在国家支持下所办的航海学院有莫大关系。中国曾经遥遥领先的科举取试教育模式已不能适应工业革命时代国家间相互平等交流的需要。

为此，清政府相继开办一系列新式学校。1862年8月20日，总理衙门首席大臣恭亲王奕䜣奏请设立同文馆，挑选资质优异的八旗少年重点学习外国语言文字。1862年至1885年，同文馆外国语言人才培育成绩显著。

---

① 郑彭年.丝绸之路全史[M].天津：天津人民出版社，2016：391-392.

相继设立的上海广方言馆，广州、福州、台湾、珲春新式学校，实业学堂与水师学堂，以及军医院等，为中国培养了一大批急需的新式人才。

（三）派遣留学生

向西方学习浪潮的第三个方面是向发达国家派遣留学生。清政府中有人认识到，要想得到具有竞争力的高级人才，还需要向发达国家派遣留学生，系统地学习原汁原味的先进科学技术知识。为此，清政府开始向海外派遣留学生。

幼童赴美求学是清政府派遣留学生的重要方面。1872年夏末，第一批30名学生横渡太平洋赴美。至1875年秋，共4批120名学生全部分送完毕。

派遣留欧学生是清政府派遣留学生的又一举措。在第一、二批赴美幼童出国后，清政府认识到派遣出国的幼童缺少外语和测算等必备的基础知识，不利于迅速进入所需学习领域；幼童出国学习的时间过长，所需经费过多；幼童出国也容易沾染西洋不良习气，反倒是派遣有一定外语和学科基础的成年人更有优势。于是在1875年（光绪元年）冬和1881年9月（光绪七年八月）分三批派遣留欧学生，为舰艇、造船等行业培养了急需的人才。

需要特别指出的是，1917年到1949年是西方文化流入中国的关键时期。1917年，俄国十月革命一声炮响，为中国送来了马克思列宁主义，中国向西方学习与交流进入一个艰辛却卓有成效的时期。此后，中国迅速走出了中西方交流困境，走上了独特的中国特色社会主义道路，并在21世纪为世界贡献着中国智慧、中国方案和中国力量。

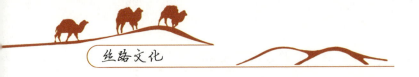

二、内忧外患下中国丝路文物资源流失潮涌现

1840年鸦片战争以来，中国陷入内忧外患的窘境。中国的文物珍宝文化资源大量流失到西方。究其原因，是丝绸之路中国段出现了一批宝物劫掠者。那么，丝绸之路上的江洋大盗是谁？又为什么会出现江洋大盗？

最根本的原因是清政府守卫国家珍宝的能力和见识不足。19世纪40年代之后，清朝国力衰微，政府腐败无能，西方各国恃强侵入，清政府被迫签下了一系列丧权辱国的条约，使国家失去了大量权益，甚至到了亡国灭种的可悲地步，无暇顾及远在西北地区的丝路文物保护各项事宜。

丝绸之路上出现江洋大盗的国际原因是，西方各国为追逐利益，在世界上掀起了深入亚洲腹地考察和探险的风潮。西方各国组建了各种名目的探险队和考察队，蜂拥而至中国西北广大地区，特别是丝绸之路沿线各处，任意搜寻历史宝物。欧洲探险家认为，丝绸之路所处的中国西北地区代表着世界地图上尚未被人类涉足的最后一块神秘之地，这意味着到丝绸之路中国境内西半段探险未知而诱人。同时，西方探险家抱着根深蒂固的欧洲殖民主义思想，认为中国人根本就配不上中国自己的文物，这些文物应放在欧洲或者美国博物馆，以得到最好的保护与研究。英国和俄国探险家则认为，这片地域虽在中国控制下，未来却有可能攫取为己所有。①

丝绸之路上出现江洋大盗的具体原因是，明清时期，中国政府对于至为重要的敦煌及其文物和文献并不重视。1524年，明帝国断然关闭嘉峪关，中断了东西方丝路交通。丝绸之路沿途商旅

---

① 乔纳森·克莱门茨.丝绸之路的历史[M].彭建明，译.北京：新世界出版社，2021：51、55.

陷入凋敝，敦煌亦不例外。位于敦煌城东的莫高窟贵为全世界最伟大的佛教艺术宝库，也未能逃脱衰败毁坏的命运，"（佛）龛亦为沙所埋"，再也没有了往昔兴盛的烟火，石窟中的雕塑和壁画少了僧侣的呵护，日渐残破不堪。同时，丝绸之路由陆上转至海上也加剧了这一结果。明清时期丝绸不再是中国外销的主要商品，取而代之的是茶叶和瓷器。此时，太平洋和大西洋上已开拓出了新航路，海上丝绸之路比途经大西北的陆上丝绸之路更加适合茶叶和瓷器的长途贩运。这也增加了敦煌莫高窟凋敝和遭抢盗的风险。

知识卡片 2-13

莫高窟

　　莫高窟位于敦煌之东，公元前2世纪始建。其时，汉朝军队把匈奴赶出了河西走廊，敦煌成为汉王朝在西北的前哨。

　　敦煌地处丝绸之路南北去路的交汇点，向西北方通向中亚各国，向西南方通向北印度王国。作为丝路上地区性最大的城市，敦煌因边贸而日益繁荣，公元2世纪时有常住人口约八千。此后，大批佛教僧侣或是躲避自己国家战争造成的动荡不安，或是胸怀传教激情，纷纷来到敦煌。为了宣扬佛教，人们在此开凿了几百个佛洞，史称莫高窟。

资料来源：比尔·波特. 丝绸之路[M]. 马宏伟，吕长清，译. 成都：四川文艺出版社，2018，83.

丝绸之路上出现江洋大盗的直接原因是，敦煌莫高窟藏经洞在不恰当的时机被发现了。疏于管理的莫高窟在被江洋大盗抢盗之前，处于道士王圆箓的管理之下，珍贵的丝路文物难以得到有效保护。

1899年5月的一天，在修缮莫高窟的过程中，王道士和雇来的民工们清理洞窟中的积沙。当积沙所剩不多时，轻推积沙承护的窟壁竟倾斜龟裂，现出背后藏着的用土坯垒砌的一个小门。小门里黑黢黢的小室中整齐有序码地放着许多白布包、佛像和法器等，这就是著名的"藏经洞"。

惴惴不安的王道士将几箱经卷运送到酒泉，献给时任安肃道道台廷栋，廷栋对此很是不以为然。王道士又向敦煌县令汪宗翰报告，几经波折，得到的官府处理意见是"原地保存，不得私自买卖与处理"，之后再无下文。然而，当地官员们还是从王道士那里得到过一些他们喜欢的经卷和绘画艺术品等。

当时国内学者对丝绸之路上有关文物的发现几乎一无所知。相反，西方考古界对中国段丝绸之路上的文物勘察深为关注，并采用各种手段，连哄带骗地抢盗走了大量不可再生的敦煌莫高窟贵重文

居延汉简

物珍品。在王道士发现敦煌藏经洞七年后，欧美考古学者和团队纷至沓来，藏经洞内的文献陷于流散的历程。

丝绸之路上江洋大盗众多，其中最有名的是瑞典人斯文·赫定。在敦煌莫高窟的王道士发现藏经洞之前，斯文·赫定就开始了对丝绸之路包括中国境内文物的考察。从1893年到1935年，斯文·赫定四次前往中亚考察，活动范围很广，获取了不少文献与文物，其收获远超同时代包括中国在内的其他各国探险家。瑞典人种学博物馆藏有斯文·赫定四次中亚考察所收集的大量文献和文物。

知识卡片 2-14

罗布泊与楼兰古城

8世纪，唐朝诗人王维在渭城写下送别友人的名句："劝君更尽一杯酒，西出阳关无故人。"丝绸之路上的阳关令人念念难忘，众人都以为这里标志着古代中国的西极之一。然而，情况并非如此。在阳关西边四百公里处，有为中国人谈之色变、同样名闻天下的罗布泊荒原。古代中国在此荒原腹地设立了楼兰重镇。

东晋高僧法显和唐代高僧玄奘在不同时期都曾经穿越过罗布泊。意大利旅行家马可·波罗也曾到此考察。在各自独立的时空中，三人都认为罗布泊是一片诡异神秘的地方。马可·波罗说，游人必须结队成行，以便相互保护。因罗布泊的地貌时时为流沙所袭而瞬息万变，晚上睡觉前，游人常要插指示牌标明方向，才能避免次日走错方向。罗布泊曾吞噬过无数想要穿越它的商旅。

资料来源：比尔·波特. 丝绸之路[M]. 马宏伟，吕长清，译. 成都：四川文艺出版社，2018：97.

知识卡片 2-15

敦煌、阳关和玉门关

阳关在敦煌以西75公里处，是丝绸之路上重要的两大关隘之一。

说起阳关，就要先说玉门关。几千年来，昆仑山脚的西域于阗国（和田）出产中国最好的玉石。运送玉石所需经过的那个重要关口就是"玉门关"。

汉朝时，为防止贩运玉石等的客商逃避过路关税，也为抵御入侵者围攻玉门关，汉朝政府又增设了一个关隘。新增关隘在玉门关的南面，取汉语里"阳"，即有阳光照耀的意思，也有阳面、南面的意思，得名"阳关"。

玉门关虽为美玉输入中原的渠道，事实上也可称作"丝门关"。因为玉门关曾是中国丝绸输出和运往世界各地的经关口，也是中国丝绸制作秘密传出中国的关口。但是，通过玉门关的路是丝绸之路最为险要的路段，也是大部分商旅都想刻意避开的路段。即使今天，大部分旅行者也会选择走北路，从敦煌穿过莫贺延碛去往绿洲哈密。

可见，阳关和玉门关都是丝绸之路上中国人西行的极远之地，曾经只有西去取经的佛教僧人和商人才有勇气迈过这两处关口，自此踏上远离故土的危险路途。

资料来源：[美]比尔·波特. 丝绸之路[M]. 马宏伟，吕长清，译. 成都：四川文艺出版社，2018：95-98.

丝绸之路上另一位有名的江洋大盗是斯坦因。继瑞典人斯文·赫定之后来到中国的英国探险家斯坦因，是第一个到敦煌和吐鲁番抢劫丝路宝物的外国探险家。1900年到1931年，在英属印度政府、英国博物馆等的支持和赞助下，斯坦因四次到亚洲广阔的腹地进行考察，重点是敦煌和吐鲁番两地区。

知识卡片2-16

英国探险家斯坦因

斯坦因（Marc Aurel Stein，1862—1943）生于匈牙利首都布达佩斯的一个犹太人家庭。斯坦因的父母是犹太教徒，为了前程让儿子接受了基督教洗礼。斯坦因的父母认为，接受基督教洗礼会成为开启犹太居住区大门的钥匙，可以为儿子开辟一条自由发展的道路。斯坦因父母精心做出的选择是很有远见的，对斯坦因的人生产了重大而深远的影响。

10岁时，斯坦因被送到德国学习，学会了德语和英语，精通希腊文、拉丁文；在莱比锡和维也纳上大学期间，又学会了梵文和波斯语。斯坦因21岁获得博士学位，25岁独自到印度、克什米尔探险。斯坦因对事业有执着的追求，不惧艰难险阻，为了追求事业终身未婚，将毕生精力都投入到了考古探险事业，其一生最好的年华用于亚洲腹地考古探险事业。

资料来源：樊锦诗.莫高窟史话[M].南京：江苏凤凰美术出版社，2009：153-154.

知识卡片 2-17

丝绸之路上的中亚古城为什么会遗失？

丝绸之路上曾经的古城大都遗失不再。这主要是由于气候不断变化所导致。

气候不断地变化，使得于阗所处的区域一直没有能稳定下来。同时，随着水源位置的迁移，于阗国都在不停地搬迁。因此，于阗至少有两个旧都遗址。一个在约特干，即今和田西边十公里处；另一个在买利克阿瓦提，即今和田南边二十五公里处，处在去机场的路途中。

同时，青藏高原地势不断抬升阻断了印度洋季风为中亚地区带来的降水。高原北部降雪日益减少，北部盆地日益干旱。河水一路流到丹丹乌里克时就已干涸，盆地变成了沙漠，各类生命的生存条件变得极其脆弱。这一带古城也就随之消失。

知识卡片 2-18

斯坦因的师爷蒋孝琬

斯坦因进行第二次中亚探险活动时，在喀什聘请了蒋孝琬担任汉语翻译和助手。蒋孝琬何许人也？

蒋孝琬，或称蒋资生，俗称为蒋师爷，湖南人，1889年（光绪十五年）以后一直在新疆莎车衙门中任职。蒋孝琬身体状况好，文化素质较高，思维敏捷又能言善辩，古文功底也相当不错，同

时，他对古物和考古颇有兴趣，很擅长鉴赏古物，是斯坦因最好的朋友之一，也是斯坦因在敦煌考察和获取藏经洞珍贵文物的关键人物。

资料来源：樊锦诗.莫高窟史话[M].南京：江苏凤凰美术出版社，2009：154.

此外，丝绸之路上还有众多以探险家之名行抢盗之实的江洋大盗，均各有特点和不菲的收获，包括法国著名东方学家伯希和、俄国科学院院士奥登堡、日本佛教净土真宗西本愿寺第21代宗主大光谷尊长子大谷光瑞、美国人华尔纳等。

事实上，今日丝绸之路上正激荡着第四次国际交流浪潮，几乎世界所有国家和所有人都席卷其中，亟待我们共同自省自识。

第三章

丝绸之路上文化交流的
结晶是什么？

　　一切尚在或已消失、可见或不可见、可用或不可用与可思或不可思的物态、形态和心态都是文化，共同构成了人们变化着的生活的全部。历经数千年风雨的丝绸之路上，不同民族和国家的文化在碰撞、聚散、离合与交融中凝结，形成了本色未失却更为绚烂夺目的文化形态。人们不禁要问，丝绸之路上世界文化交流的结晶到底是什么？

第一节　东西交融的文化生活

　　通过丝绸之路，处于世界东西方各地的人们追求着自己渴慕的一切，得到了许多梦寐以求的东西，也失去了很多无法再造的东西。东西方文化生活日益深刻地交融在一起。

一、东西方多彩的丝路人生

　　东西方交融的多彩丝路人生主要表现在三个方面。

　　（一）丝绸之路就是绚丽的世界人生舞台

　　与丝绸之路的生成变迁紧密相连的人物何其多，人们的文化生活因交流而千姿百态。

　　在丝绸之路上，叱咤风云者有之。东方的周穆王、秦始皇、汉武帝、忽必烈、成吉思汗、隋炀帝等，西方的居鲁士、大流士一世、亚历山大大帝、塞琉古、托勒密等，一生抱负齐天地挥洒豪情，共同开拓、打通和缔造了丝绸之路，也共同书写了丝路人生传奇。

作为同一枚硬币的另一面，丝绸之路上那些叱咤风云人物的背后，更多的是各行各业的芸芸众生。对于众多默默无闻的寻常百姓，丝绸之路也曾是一方人生舞台，彼此独立又相互交织，演绎了一段又一段错综复杂的人间连续剧。

即使丝绸之路主要被视为一条贸易之路，那些未曾涉足丝路贸易的人们的日常生活也深深打上了丝绸之路文化交流活动影响的烙印。

以丝绸之路兴盛时期的唐朝为鉴镜，丝绸之路上的人生闪耀着斑斓色彩。英人魏泓（Susan Whitfield）在《丝绸之路：十二种唐朝人生》中系统地刻画了唐代丝绸之路上的众生故事。十二种唐朝人生故事的主角均出自当时的历史文献。在这座精心还原的唐朝丝绸之路人生舞台上，各种角色的人生显而易见地奇妙地彼此相联结。

非洲的塔泽纳船长的丝绸之路人生很精彩。塔泽纳在旅行中听说波斯先知摩尼（Mani）认为阿克苏姆是和中国相并列的最重要的国家之一，便为阿克苏姆的国际地位而自豪。塔泽纳与罗马和波斯商人都保持着贸易交往。塔泽纳的船队运载过一些阿克苏姆王室商人，这些王室商人想要垄断塔普罗巴奈岛①上的中国丝绸贸易。因为中国商船只把丝绸运往塔普罗巴奈大港曼泰。塔泽纳在塔普罗巴奈岛遇上过中国商船，但从未在阿杜利斯看见过中国商船。塔泽纳意识到与中国人做贸易的重要性，遗憾自己不会说中文。中国人很珍爱玻璃器具，也常整船整船地购买象牙。塔泽纳常年跨海航行，生意顺风顺水，日渐富裕。

---

① Taprobane 是希腊人对斯里兰卡的称呼。

与塔泽纳船长相比，粟特商人诺槃陀的丝绸之路商旅人生更加多彩。吐蕃士兵赛格拉顿在8世纪80年代时，驻守在离家乡千里之外的塔里木南边城镇米兰附近的戍堡。

....

（二）丝绸之路上的物产交流丰富了百姓的文化生活

贯通东西方的丝绸之路上，有的不只是为西方上层社会所渴求的中国丝绸，还有其他因东西方商贸物产交流带来的琳琅满目的商品。

一是一些具有重要功能的动物沿着丝绸之路传入了中原。最典型的动物之一是马。"马者，国之武备。"在冷兵器时代，马是国家最重要的军事战略装备资源。广阔的大草原自古便是良马的故乡。经由丝绸之路贸易交换马匹日益成为各个王朝的军事要务。汉代崇尚的是龙颈上扬、体型细长的天马。北朝以来，健壮且负重能力强的战

鎏金铜马
（西汉，茂陵博物馆藏）

清郎世宁绘十骏图之大宛骝

说明：因大宛的汗血宝马比乌孙马更矫健，汉武帝就把"天马"之名转赐大宛马。为争夺大宛宝马，汉帝国与大宛国爆发了两次战争。

马成为主流选马标准。唐朝追崇骨大
丛粗、鬐高意阔、眼如悬镜、头若侧
砖的马，技艺绝伦、筋骨合度的突厥
马成了唐人最喜爱的战马。

　　此外，丝绸之路也为中原输送
了另一种重要的交通工具——骆驼。
骆驼不仅是商旅在漫长丝绸之路上
穿越沙漠和山地的重要驮运工具，
还因耐高温和严寒而成为西北一带
军事后勤运输的重要工具。

载物骆驼
（唐代，昭陵博物馆藏）

　　二是奇花佳木传入中原并汇集于长安上林苑。梵文中有一种念
作"玛丽卡"的花，传入中国后深受妇女喜爱，称其为"茉莉花"。
唐代妇女将"茉莉花"别在头上当作美妆发饰。后来，人们将茉莉
花泡在热水中当茶喝，茉莉花茶就这样诞生了。[①]作为喂养大宛国顶
级骏马的源自费尔干纳的紫花苜蓿种子也被大量引入中国。

　　三是世界各地的食材迁移流入。即使是日常食材，也有波澜壮
阔的迁移史。在汉代，异域风味食品就在中国留有深刻印记。中国
许多日常食品的名字中都曾带有"西"或者"胡"字，意味着它们
与丝绸之路的种种渊源。葡萄、菠菜、黄瓜、各类甜瓜、食用大黄、
蚕豆、蜂蜜、胡萝卜、芝麻、核桃、胡椒等沿着丝绸之路传入中国。
葡萄在古波斯语中叫"布达瓦"（budawa）。亚历山大大帝东征时，
希腊殖民者把葡萄带到了费尔干纳，后又沿着丝绸之路传到了中国。

---

① 乔纳森·克莱门茨.丝绸之路的历史[M].彭建明，译.北京：新世界出版社，2021：82.

波斯语念作"莱蒙"的水果传到中国后变成了"柠檬"。①经过贸易交流，无论在大唐西市还是在边塞巴扎，人们能接触到的食材品种越来越多样化。

四是西域药材传入中国。汉代时，古印度出产的象牙、犀角和玳瑁等名贵药材被作为国宝赠送给中国。汉代张骞出使西域，带回来安石榴、番红花等11种药材。在《神农本草经》这部中国最早的药学专著中，外来药物有薏苡仁、菌桂、胡麻和戎盐等。隋唐时期，印度医学随佛教传到中国，《新修本草》《胡本草》《海药本草》都记载了印度药物，胡椒、白豆蔻、荜茇、薰陆香、阿魏、质汗等纷纷传入中国。宋朝海上丝绸之路贸易进口了安息香、丁香、沉香、西香和檀香等37种气味芳香的香料和香药。②

五是青铜器和陶器等艺术品的双向流传。随着丝绸之路传入中国的还有草原文化风青铜器艺术品，具有代表性的是收藏于陕西历史博物馆的汉代金怪兽。这件金怪兽身形似马、长着鹰喙和鹿角，一双大角如蛇盘旋，其中隐现鸟头。这是草原牧民视自然万物为神灵、动植物崇拜的萨满文化民间信仰的生动体现。牧民们创作了大量融合不同动物特征的神兽，意在得到尽可能多的保护和庇佑。中原汉人工匠从草原文化艺术中发现了商机，制作出草原文化风格鲜明的青铜器，后经贸易传入北方。这类艺术品，如甘肃省博物馆藏的春秋时期的青铜鎏金虎噬羊形器座，就是西域集市和文明交流最早的见证者。

---

① 乔纳森·克莱门茨.丝绸之路的历史[M].彭建明，译.北京：新世界出版社，2021：82.

② 赵洋.我想去中国[M].北京：化学工业出版社，2020：31.

金怪兽

（汉代，陕西历史博物馆藏）

青铜鎏金虎噬羊形器座

（春秋，甘肃省博物馆藏）

（三）丝绸之路上最闪亮的是文明交流碰撞出的艺术火花

丝绸之路沿线各地域文化跟随商旅和征战队伍四处传播，发生在丝绸之路上大大小小的征战是人类历史上灾难性的跨文化接触，是血和泪凝结而成的文化苦旅，透着"零落成泥碾作尘""化作春泥更护花"的文明之光。从珍重历史出发，可以说丝绸之路上最闪亮的是不同文明相互交流碰撞出的那璀璨纷繁的艺术火花。

音乐是人们须臾不能离开的文化生活元素，是丝绸之路上无需翻译的世界通用语。说到中国音乐，不能不提及西域的民族音乐。古代中国人发明了乐器琴。然而，其他大部分乐器都是从中东传到中国的，包括扬琴、二胡和琵琶在内的今天我们熟知的中国古典乐器。汉代时，琵琶、箜篌、锣、钹、腰鼓、胡琴和唢呐等乐器从西域传到了中原，经过不断的融合和演变，成为中国民族乐器家庭中缺一不可的重要组成部分。

知识卡片 3-1

丝绸之路上的乐器

所有从西域传入中国的乐器中，琵琶具有最为深远和宽广的影响。原本琵和琶是两种不同的弹奏手法名称。琵，指右手向前弹；琶，指右手向后挑。

在中国，琵琶最早出现在秦朝，称为秦琵琶。魏晋时期，"竹林七贤"中阮咸尤为擅长弹奏秦琵琶。后来就以他的名字命名这种乐器为"阮咸"，简称为"阮"。琵琶这一名称转而让给了汉代由西域传入中国的胡琵琶。

胡琵琶分为两种，即五弦琵琶和曲项琵琶。曲项琵琶受到中原文化的影响，音箱逐渐变薄，曲项则逐渐伸直，从而变成了现代琵琶。

丝路乐器

资料来源：赵洋. 我想去中国[M]. 北京：化学工业出版社，2020：30.

许多具有特色的音乐风格也经由丝绸之路传到中国。据说，2000多年来用于祭奠孔子诞辰的乐舞可以追溯至大夏国，也即双峰驼的故乡，李白当年在长安听到的音乐就来自此处。一次皇家宴会上，新从吐鲁番进贡的、盛放在双耳细颈罐的葡萄美酒使李白诗兴大发，写就了不朽诗篇《对酒》。边塞诗人王翰也曾写下美酒胡音名诗《凉州词二首》，其中一首为：

葡萄美酒夜光杯，欲饮琵琶马上催。

醉卧沙场君莫笑，古来征战几人回？

有歌必有舞。来自西域粟特各国的胡旋舞甚为有名。白居易曾在《新乐府》之《胡旋女》一节生动描绘了胡旋舞女优美的舞姿。胡腾舞与胡旋舞虽都为健舞类，但动作上明显不同。胡腾舞是富有战斗色彩的舞蹈。[1]传入中原的胡旋舞和胡腾舞都为汉唐人所喜爱。

知识卡片 3-2

胡旋女（节选）

唐·白居易

胡旋女，胡旋女，心应弦，手应鼓。

弦鼓一声双袖举，回雪飘飖转蓬舞。

左旋右转不知疲，千匝万周无已时。

人间物类无可比，奔车轮缓旋风迟。

曲终再拜谢天子，天子为之微启齿。

胡旋女，出康居，徒劳东来万里余。

---

[1] 安森孝夫.丝绸之路与唐帝国[M].石晓军，译.北京：北京日报出版社，2020：189-195.

丝路文化

知识卡片 3-3

王中丞宅夜观舞胡腾（节选）

唐·刘言史

石国胡儿人见少，蹲舞尊前急如鸟。

织成蕃帽虚顶尖，细氎胡衫双袖小。

手中抛下蒲萄盏，西顾忽思乡路远。

跳身转毂宝带鸣，弄脚缤纷锦靴软。

四座无言皆瞪目，横笛琵琶遍头促。

    服饰文化同样是丝绸之路上不需要翻译的世界语言。来自中国的品质独特的丝绸深受欧洲上层社会的喜爱，风靡世界。欧洲上层社会的服装同样深受来自丝绸之路上其他因素的影响。自成吉思汗时起，蒙古人在一路向西征战的过程中，也将蒙古文化带到了欧洲并迅速流行。英格兰人将来自蒙古的250条用深蓝色鞑靼麻布制作而成的缎带，用于制造英国最为古老和最为伟大的骑士团，即嘉德骑士团（Knights of Garter）的勋章。1331年，在齐普赛街骑士比武赛（Cheapside Tournament）开幕式上，男子都身着缝制精致的鞑靼式制服，头戴形似蒙古武士风格的面罩。此后，文艺复兴时期风行全欧洲的汉宁帽（hennin）也深受东方风格影响。14世纪肖像画中颇受女性青睐的尖顶帽，无疑是在模仿当时流行的蒙古尖顶毡帽。[①]在唐代，胡服、胡帽和胡妆等深受朝野上下欢迎。《安禄山事迹》卷下记载："天宝（742—756年）初，贵游士庶好衣胡服，为豹皮帽，

---

① 彼得·弗兰科潘. 丝绸之路：一部全新的世界史[M]. 邵旭东，孙芳，译. 杭州：浙江大学出版社，2016：153–154.

妇人则簪步摇；钗衣之制度，衿袖窄小。"[1]

东西方文化在身份多元的丝绸之路上持续激荡交汇。

知识卡片 3-4

丝绸之路的多重身份面面观

伴随着贸易的往来，不同文明的文化艺术相互交流，科学技术亦循此传播，使丝绸之路不仅仅是东西方物品流通的商贸之路、财富之路，更成为各民族心灵沟通的智慧之路、友谊之路。

——赵洋《丝绸之路儿童历史百科绘本〈我想去中国〉》

丝绸之路：一部全新的世界史，两千年来始终主宰人类文明的世界十字路口。

——[英]彼得·弗兰科潘《丝绸之路：一部全新的世界史》封面语

信仰之路、基督之路、变革之路、和睦之路、皮毛之路、奴隶之路、天堂之路、铁蹄之路、重生之路、黄金之路、白银之路、西欧之路、帝国之路、危机之路、战争之路、黑金之路、妥协之路、小麦之路、纳粹之路、冷战之路、美国之路、霸权之路、中东之路、伊战之路、新丝绸之路。

——[英]彼得·弗兰科潘《丝绸之路：一部全新的世界史》

丝绸之路是一条文化之路、友谊之路、贸易之路。

——马大正"丝绸之路"丛书之《玄奘之路：玄奘看见的世界》序

---

[1] 安森孝夫.丝绸之路与唐帝国[M].石晓军，译.北京：北京日报出版社，2020：181.

二、丝绸之路终点西方生活劲吹中国风

从古代丝绸之路到大航海时代丝绸之路海上新航线，为西方人所喜爱的中国商品被源源不断地输往欧洲。中国商品的到来渐渐营造出富有中国情调的欧洲新生活，波及欧洲各国皇室与百姓的衣着服饰、室内装饰、家具风格、陶瓷样态、织物花纹、生活习惯与园林景观等。中国趣味（Chinoiserie）就专指欧洲社会流行中国风时尚生活。

（一）自古代起，欧洲就风行中国丝绸消费时尚

直到18世纪20年代，丝绸商品一直是欧洲诸国对华贸易中最具价值的物品。

早在罗马帝国时期，帝国上层社会贵族和名流就为中国丝绸所迷醉，不惜豪掷千金。东罗马帝国承袭了丝绸之爱。从查士丁尼一世（公元483年至565年在位）起，丝绸织品衣料在东罗马帝国已相当普遍。在西罗马帝国，蛮族继位后，同样对丝绸衣物喜爱不已。查理曼大帝（公元742年至814年在位）王朝的贵族自然喜爱丝绸衣着，神职人员不顾禁令也穿着非紫即红的华丽绸缎服装。神圣罗马帝国的骑士和贵妇们也不例外，丝绸服装是他们的最爱。到了文艺复兴时，宫廷服装既用普通丝绸，也用提花锦缎做面料。

欧洲人日常生活中的中国织锦

自16世纪中期开始，西班牙国王菲利普二世（公元1527年至1598年在位）及其继承人十分喜爱丝绸服装与饰品，并影响到整个欧洲对服装款式等的喜好。至16世纪末，欧洲贵族几乎都钟情于黑色花纹丝织衣料。

到了18世纪，在维也纳出现了时尚男装衣着的重要标配——锦缎无袖背心和丝质胸衣。至法国大革命前，法国宫廷和上流人士喜爱的向来是丝织外套、马甲与裤子。18世纪的英国同样出现了衣着的中国丝绸风。英国东印度公司运送到英国的中国丝绸引导了英国的衣品时尚。安妮女王（公元1665年至1714年在位）就喜欢穿中国丝绸与棉布服饰。

（二）大航海时代丝绸之路新航线为欧洲开启了饮茶和使用瓷器等生活新风尚

总体上，欧洲各国皇室和上流人士热衷于通过各自的东印度公司获取中国商品，尤其是中国瓷器和茶叶。

1. 中国茶叶在英国兴起了下午茶会新习俗。公元8至10世纪，中国茶一路西传。据推测，不晚于16世纪中叶，中国茶叶就由意大利人传到了西欧。

1659年，巴黎大学的医学系称茶叶有治愈疾病的功效。从此，中国茶叶成为巴黎最为高级和珍贵的饮料，巨豪富贵之人才有幸喝得起。从1610年起，荷兰东印度公司就开始采购中国茶叶。迟至1669年，英国才开始购买中国茶叶。在17世纪的后25年间，整个欧洲开始较多地采购中国茶叶。当然，虽然法国人更早开始饮茶，但英国才是中欧茶叶贸易的主导者。

英国王室是英国人饮茶的首倡力量。1661年，凯瑟琳王后从葡

萄牙把茶叶带到了英国宫廷。1664年、1666年,查理二世(公元1660年至1685年在位)得到英国东印度公司的茶叶礼物后,深为嘉许。相传,玛丽二世拥有各种茶具,而安妮女王经常在肯辛顿宫花园休闲饮茶。

银錾喜上眉梢山水人物诗文图竹节茶具套装(一套3件,分别为茶壶、糖缸、奶缸)
(清代 广州博物馆藏)

商业力量是英国社会饮茶的实力拥趸。1684年起,茶叶被列入重要进口商品名册。到了18世纪,饮茶已为英国各阶层的人们所推崇,品评和谈论茶饮成为一种时尚日常。

2.与欧洲人饮茶新风尚相伴的,是对中国瓷器的喜爱。中国瓷器成为欧洲社会具有收藏和象征地位的新宠。当年,马可·波罗从中国返回时带回了第一件中国瓷器——德化白瓷(现存于威尼斯圣马可教堂)。由此,德化窑瓷器被欧洲人称作"马可·波罗瓷器"。但欧洲人大量接触到中国瓷器始于葡萄牙人。

知识卡片 3–5

英国人的饮茶爱好

1704年，在英国肯特号（Kent）商船从中国广州运回的货物中，有470担价值14 000两白银的茶叶，占货物总值的11%。约在1720年，英国东印度公司进口的茶叶价值超过了丝织品价值。至1722年，进口的茶叶占到货物总值的56%。

18世纪时，茶叶已成为一种饮料而非神奇的药物。18世纪20年代，英国人开始养成喝下午茶的习惯。下午茶是一种广为英国家庭接受的社交和娱乐活动。1700年，英国诗人纳厄姆·泰特（Nahum Tate）在其发表的《饮茶颂》中称：

人们有了烦恼，

总去寻找酒神。

哪知多喝了几杯，

烦恼未去而神志不清了。

饮茶不同，

饮茶可以忘忧，

而头脑仍然清醒。

英国散文家艾迪生（Addison）在其主办的《观察家》（Spector）报第323号称：时髦女子会在上午的10点至11点时，喝一盏武夷茶；在晚间10点到11点时，又一次坐在茶桌旁。1712年6月9日的《观察家》报上，爱好品茶的艾迪生称，资深茶客是能够分辨各种名茶的，并能说出各种茶的名字。

资料来源：张国刚. 胡天汉月映西洋：丝路沧桑三千年[M]. 北京：生活·读书·新知三联书店，2019：274–276.

达·伽马绕过非洲好望角到达印度后，得到了卡利卡特国王所赠大瓷罐1只、小瓷碗6只、深腹瓷壶6个。达·伽马在回国后，将部分瓷器献给了国王曼努埃尔一世（Manuel I，公元1495年至1521年在位），后者从此喜欢上了中国瓷器，并使得整个葡萄牙的船长、贵族与教会长老都喜欢中国瓷器。至16世纪晚期，在葡萄牙，青花瓷已从曾经只供葡萄牙上层社会收藏享用的奢侈品变成了普通百姓的日用品。

然而，由于葡萄牙对欧洲瓷器贸易的影响有限，直到荷兰人开始瓷器贸易后，中国瓷器才开始为欧洲所关注。在17世纪的欧洲，中国瓷器是奢侈品，各国宫廷以中国瓷器作为财富和地位的象征。贵族群起效仿，纷纷收集中国瓷器，引起了"瓷器室"装潢热。在葡萄牙首都里斯本，桑托斯宫建有独领风骚的瓷器室。这间瓷器室的金字塔式拱顶有四个三角形斜面，其上覆盖有260多件中国青花瓷器。其中最早的瓷器大约产于公元1500年，最晚的则产于17世纪中叶，见

17世纪欧洲绘画中的中国瓷器

证了葡萄牙瓷器贸易史。同时，荷兰富裕的家庭常在壁架或是桌子上摆放中国青花瓷，是17世纪荷兰油画的重要主题。

到18世纪时，欧洲普通人家也开始想拥有几件中国瓷器，收集和鉴赏中国瓷器时风尚有增无减。在英国，作家约翰逊（Samnel Johnson）、斯威夫特（Jonathan Swift）、德拉尼夫人（Mary Delany）与坎特伯兰公爵等都几近疯狂地收藏中国青花瓷器。

知识卡片 3-6

中国瓷器的欧洲趣事——近卫花瓶

1713至1740年间，普鲁士国王为了给自己的婚礼添些情调，四处寻求中国瓷器。最后，通过外交谈判，普鲁士国王用魁梧健壮的600名御林军卫兵，与邻国君主交换得到一批中国瓷器。这被视为近代欧洲外交史上的一桩奇谈。交换得来的18只中国青花瓷瓶被戏称为"近卫花瓶"。

近卫花瓶

资料来源：张国刚. 胡天汉月映西洋：丝路沧桑三千年[M]. 北京：生活·读书·新知三联书店，2019：288.

此外，中国风玻璃画、家具和建筑也为欧美人的文化生活增色良多。

1680年萨里汉姆庄园椅子

18世纪60年代洛可可风格的中国风雕花装饰

20世纪20年代早期麦肯楼的中国室
说明：麦肯楼是美国的第一个专业的室
内设计师——亨利·戴维斯梦夏的家。

清代中国外销纹章瓷盘

第二节 淘沙留金的丝路精神

如果人们还记得《西游记》中唐僧师徒四人在西天取经路上百折千回历经九九八十一难的艰辛，就不难理解丝绸之路上丝路精神的可贵与神奇。事实上，丝绸之路自发端伊始就充满了未知和风险，也饱含着无限可能的财富、希望和未来。古今中外，无数走过丝绸之路的人共同锻造了吹尽黄沙始见金的丝路精神。

知识卡片 3-7

丝路精神

古丝绸之路绵亘万里，延续千年，积淀了以和平合作、开放包容、互学互鉴、互利共赢为核心的丝路精神。这是人类文明的宝贵遗产。

资料来源：习近平主席在"一带一路"国际合作高峰论坛开幕式上的演讲，2017年5月14日。

一、丝路精神之探险精神

对于渺小的人类而言，世界是一座巨大而危险的迷宫，丝绸之路则是人们走出世界迷宫的求生之路。然而，自然界的风霜雨雪、荒漠高山、峡谷湍流，以及各地区、各民族和各国家间的隔阂与敌视，都让踏上丝绸之路的人非有强大的探险精神不可。这种精神可

以简称为"丝路探险精神"，其精髓是勇于舍生忘死地去往未知之地成就梦想与愿望，或为国为民谋求繁荣和平安宁，或为了传播真理，或为了求取真经。人们应庆幸一直以来世间总有人前赴后继，为后世垂范和雕琢丝路探险精神。

西汉张骞和唐代玄奘是丝路探险精神的最高典范。整个世界都对张骞和玄奘并不感到陌生。张骞因于公元前138年和公元前116年两次出使西域的赫赫功绩，在西方史学界赢得了"东方哥伦布"的美称。至于唐代高僧玄奘在公元627年西行蕴含的丝路探险精神，早已随着《西游记》广泛传播得到升华而蜚声寰宇。不过，中国历代行走在丝绸之路上的富有丝路探险精神的不乏其人。除众所周知的张骞与玄奘之外，还有许多人同样为后世生动展示了丝路探险精神。

知识卡片 3-8

丝绸之路与《西游记》

公元750年，唐末悟空法师西行时还是一个21岁的小伙子。公元790年回到长安城时，他已是老迈的得道高僧，西行往返整40载。在这40年间，唐朝已是政坛更迭。悟空法师痛感物是人非的沧桑巨变，这一幕仿似齐天大圣在五行山下感受到的五百年沧桑巨变。

悟空法师与朱士行（法号八戒）、法显、宋云、惠生、玄奘等前辈一心向往和平，求取真经也追寻真理，在丝绸之路上挥洒岁月，不畏艰险辛劳，数十年如一日地奔波，将生命最好的年华奉献给了中外文化交流，谱写了一幕幕丝路传奇。

光阴荏苒，传奇变传说，传说又化作神话。西夏艺术家们以其天马行空的想象力，在莫高窟的石壁上创作出了无数瑰丽夺目的壁画。莫高窟的东千佛洞第2窟与榆林窟第2、3窟中各有一幅《玄奘取经图》。图中无一例外画的是一个雷公脸尖嘴毛猴用手牵着一匹马，紧跟在虔诚拜佛的玄奘法师的身后。

以上元素经民间文艺家数百年加工提炼后，明代吴承恩将其汇集撰写为一部神话经典小说《西游记》。在吴承恩笔下，玄奘法师的徒弟从莫高窟壁画中的猴子变成了猴子、猪和河中妖三个。猴子神通广大，法名悟空；那只贪吃贪睡的憨猪法名悟能，人称八戒。

由此，传奇的谜底都出现在丝绸之路上。

资料来源：张国刚. 胡天汉月映西洋：丝路沧桑三千年[M]. 北京：生活·读书·新知三联书店，2019：67-72.

东汉时，班超与班勇父子历险再通西域。公元73年3月开始，班超轻车简从，率领36名勇士出使西域，出其不意夜袭匈奴使臣，以少胜多，令鄯善国和于阗臣服东汉，让丝绸之路上的沙漠古道驼铃声再起，中断了65年的中原与西域再次相通。公元124年，班勇子承父业，也出使西域，令鄯善、龟兹、车师六国等地城郭皆安，丝路畅通。班超与班勇父子以孤绝善战的勇气再通西域，其意义不亚于张骞首通西域。班超留下了《西域传》，其下属甘英向西到达罗马边境，见识了前世闻所未闻的世界，极大地扩展了汉朝与西方交流的范围。

公元399年，法显孤险西行。东晋山西省襄坦宝峰寺高僧法显

在65岁高龄踏上陆上丝绸之路，穿越亚洲大陆到达印度，返回时经海上丝绸之路，完成了陆海丝绸之路探险旅行取经的壮举，留下享誉后世的《佛国记》这部世界地理史上的伟大著作。

宋云、惠生官方僧侣团历险出使西域。法显之后，中原僧侣西行者不计其数。不少人留下了珍贵的游记，如宝云《游覆外国传》、昙景《外国传》、慧叡和智猛《游行外国传》、法勇《历国传记》等。其中，宋云和惠生西行最值一叙。[①]公元518年12月，北魏胡太后垂帘听政，派遣宫中小吏敦煌人宋云率僧侣团西行求取真经。宋云僧侣团冒着凛冽寒风浩荡离开洛阳城，向西过赤岭，未走河西走廊，经青海境内不毛之地，绕敦煌附近沙漠，进入吐谷浑部等地，走出萨珊波斯继续向南，最后在乌苌国停留两年，瞻仰佛迹和抄写经书，于公元522年携带一百七十部大乘佛经返回洛阳。宋云、惠生一路艰险，是历史上第一个成功抵达异域的中国官方取经团。

此外，还有法号八戒的朱士行[②]、唐代高僧义净、唐代杜环、唐代高僧悟空[③]、唐代鉴真、郑和、范守义、容闳、王韬、严复、薛福成以及120名赴美留学的幼童[④]、三批留学欧洲的学生[⑤]等，都在不同时期以不同方式西行，彰显了丝路探险精神。

对西方人而言，同样有代表自己文化韵味的富有丝路探险精神的标杆人物。应当说，西方丝路探险精神标杆人物的名单很长。其中，闪闪发光的名字有：东征的亚历山大大帝，最早于公元68年

---

① 柯胜雨.丝绸之路千年史：从长安到罗马[M].西安：陕西师范大学出版总社，2018：203-206.

② 柯胜雨.丝绸之路千年史：从长安到罗马[M].西安：陕西师范大学出版总社，2018：178-180.

③ 柯胜雨.丝绸之路千年史：从长安到罗马[M].西安：陕西师范大学出版总社，2018：373-377.

④ 郑彭年.丝绸之路全史[M].天津：天津人民出版社，2016：396.

⑤ 郑彭年.丝绸之路全史[M].天津：天津人民出版社，2016：396-397.

（汉明帝时）来中原的天竺僧侣摄摩腾与竺法兰^①，公元约150年（汉桓帝初年）到达洛阳的安息学者安世高^②，安世高之后十多年到中原的贵霜王朝佛教学者支娄迦谶，公元约181年（汉灵帝末年）来华并在朝廷当官（都慰玄）的安息佛教学者安玄。安玄之后，多数佛教学者由海路来华，三国时天竺僧人维只难、康居学者康僧会、中天竺高僧昙柯迦罗等沿丝路历险来华。^③

公元838年（唐开成三年，日承和五年）六月十三日，日本佛教天台宗慈觉大师圆仁（794—864）到中国，停留9年2个月，并著有《入唐求法巡礼行记》。

意大利马可·波罗于公元1275年到达元上都，向忽必烈递交罗马教皇书信，1291年从泉州离开中国，著有《马可·波罗游记》。

摩洛哥旅行家伊本·拔图塔（Ibn Battutah，1304—1378年）于公元1325年在其22岁时开始旅行生涯，1346年由海路到达中国泉州，再至大都北京，28年里行程12万千米，无人超越。他于1356年完成的《伊本·拔图塔游记》（又名《异域奇游胜览》）反映了当时中国的社会与文化生活，具有持久的历史与地理价值。

意大利僧人马黎诺利（Marigolli，约1290—？）出使东方到元中国，元顺帝至正十三年（1353年）返回法国阿维尼翁教廷复命，向教皇英诺森六世（Innocent VI）呈递国书，有经人整理的《马黎诺利游记》存世。

16至18世纪，以意大利神父杜奥定和法国勒热纳霍姆传教士为

① 柯胜雨. 丝绸之路千年史：从长安到罗马[M]. 西安：陕西师范大学出版总社，2018：175.
② 柯胜雨. 丝绸之路千年史：从长安到罗马[M]. 西安：陕西师范大学出版总社，2018：175.
③ 柯胜雨. 丝绸之路千年史：从长安到罗马[M]. 西安：陕西师范大学出版总社，2018：176.

代表，众多欧洲传教士纷纷前往中国传教。由于海上丝路旅途艰险无比，真正到达中国的传教士数量并不多。①

元天正十年（1582年）正月二十八日，耶稣会东印度巡察使范礼安率少年使节团赴欧洲访问，亲历了海上丝路亚欧航线。因往返等风，该使节团有三分之一的时间是在中国澳门度过。这是东西方海上丝路国际文化交流的重要一页。范礼安是东西方文化交流过程中起过特殊作用的重要人物，于1578年9月6日首次抵达中国澳门，研究如何打开东方传教新局面。他前后共6次到达中国澳门，任命利玛窦负责对华传教事宜等，有力地影响了欧洲对中国传教事项。

罗明坚1579年7月20日到达澳门。他接受范礼安的建议，在澳门好好学习中文，为艰苦的工作做准备，因为只有如此，基督圣教才能在中国立足。

利玛窦于1582年8月7日到达中国澳门。他提出的面向中国传教的科学传教新政策取得了极大成功，以至于到明末时，基督教竟传入了宫廷。②

至于葡萄牙亨利王子为了打通到东方的海上丝绸之路终生偏居边陲小镇、哥伦布与达·伽马等航海家历尽艰险成就地理大发现，则开创了西方式丝路探险精神的新高峰。

二、丝路精神之苦旅精神

东西方文化交流中的丝路苦旅精神，其实质是以苦为乐，执着于梦想的坚守和坚持的百折不回的力量。

---

① 郑彭年. 丝绸之路全史[M]. 天津：天津人民出版社，2016：232-233.

② 郑彭年. 丝绸之路全史[M]. 天津：天津人民出版社，2016：257-285.

（一）东方的朱士行[①]和杜环是富于丝路苦旅精神的绝佳代表

公元260年，朱士行携弟子一路顺畅到达于阗，得到了思慕已久的《大品般若》梵文原本。孰料返回途中，朱士行等人却被于阗国王派兵堵截并抓了回去。原因是于阗国盛行小乘佛教，而《大品般若》属于大乘佛教经典。朱士行决然表示无意放弃所信奉的大乘圣经。因此，朱士行在于阗被拘押了20多年。其间，朱士行秘密抄写了《大品般若》，命弟子弗如檀等将其送回中原，自己则一直被滞留于阗国，80岁病逝异乡。朱士行首开中原僧侣西行取经先河，影响了西晋法显和唐代玄奘等的西行之旅，鲜活地谱写了丝路苦旅精神。

无独有偶，唐代杜环同样以其丝路苦旅精神照亮了后人。唐代杜环在公元751年至公元762年间，环游西亚、欧洲、非洲，是西汉张骞以后西行最远的中国探险家。杜环是一名被大食所俘获的大唐败兵，却与数千名唐军俘虏一起，将唐帝国先进的科技文化传播到了中亚、西亚乃至欧洲和非洲，对东西方历史进程构成了极大影响。杜环的《经行记》记下了此次丝路苦旅历程，是法显《佛国记》与玄奘《大唐西域记》之外另一部价值连城的地理著作。[②]

（二）西方的杜奥定与勒热纳霍姆[③]是富于丝路苦旅精神的绝佳代表

1617年到1618年，金尼阁组织的传教团共22人，其中只有8人真正到达中国。[④]这些统计数字后面蕴含着丝路苦旅精神。

① 柯胜雨.丝绸之路千年史：从长安到罗马[M].西安：陕西师范大学出版总社，2018：178-180.

② 柯胜雨.丝绸之路千年史：从长安到罗马[M].西安：陕西师范大学出版总社，2018：358-363.

③ 郑彭年.丝绸之路全史[M].天津：天津人民出版社，2016：232-234.

④ 狄斯尼.耶稣会士东行记，《澳门圣保禄学院四百周年论文特辑》，澳门文化司署，1994，216.转引自：郑彭年.丝绸之路全史[M].天津：天津人民出版社，2016：232.

公元1626年，意大利神父杜奥定（中国名，原名奥古斯丁·图蒂斯基尼）自罗马出发踏上漫长的东方中国之旅。他和2名意大利教友到热那亚与4位神父汇合同行。一行人搭大帆船前往马赛，因风暴和逆风影响，途中耗时近1个月，而船上一天要支付1个埃居，到法国时路费几乎用完了。杜奥定一行在法国遇到一些教友，勒热纳霍姆是其中一位。勒热纳霍姆写道，杜奥定一行瑟瑟发抖，憔悴又消瘦，惨不忍睹。

杜奥定与勒热纳霍姆等人汇合后，原想在马赛坐船直接到里斯本。两次起航出发，都因遇上逆风而折返回港口，不得已在马赛驻留了整1个月。其间，另有7名同样计划到东方传教的意大利教士也从热那亚来到马赛。勒热纳霍姆考虑到意大利传教士已无力支付船费，就提议壮大后的传教士队伍步行去里斯本。

1627年1月31日，这支传教士队伍终于到了里斯本，并等候3月底开往印度的船队。他们整整等候了一年，直到1628年初才等到多姆·佛朗西斯科船队。4月20日起航，因无法在巴西伯南布哥靠岸，4个月后又被迫折返里斯本。1629年初，他们才得以登上前往印度的圣地亚哥号。

圣地亚哥号在海上的航行无比艰辛。杜奥定、勒热纳霍姆立即投入对船友的心理生活服务工作中。在穿越赤道地区无风带时，圣地亚哥号受到了坏血病侵袭。起初有5位病患，此后船上患者激增，情况愈益糟糕。两位神父日夜奔忙，在船舱中、甲板上照顾病人，力求不让任何病人未做忏悔就升上天堂。

海面上长时间仅吹着微风甚至是逆风，圣地亚哥号行走得极慢。绕好望角北上后，一路顺风驶进莫桑比克海峡，这时突然改变方向的大风袭击了船队，两位神父搭乘的船队被吹回到了9天前的航路上。更糟糕的是，1629年9月7日晚上10时，圣地亚哥号又意外地撞上水下暗礁，船体破裂如雷鸣一般。船上所有人员即刻陷入恐慌和混乱中，各人只顾逃命，无人负责指挥逃生撤离。两位神父则坚守在受到重创的船上维护秩序。幸运的是，脱险者们在海岛上找到的食物不少。莫桑比克大陆慈善机构派出救生大舢板，把流落岛上的落难者全部接到安全的地方。两位神父停留半年后，杜奥定乘上了去果阿的船，勒热纳霍姆则被当地教会派往马达加斯加岛上的萨达去工作。一心只念着去东方传教的勒热纳霍姆逃离萨达，搭船到了印度的葡萄牙殖民地勃生。然而，勃生瘟疫流行，勒热纳霍姆不幸染疾身亡，倒在了去中国的路上。

杜奥定到果阿后，当地教会也要其在当地工作1年。第7个月时，杜奥定毅然提出辞职，并要求去中国传教。教长答应后，杜奥定即刻乘船到澳门。1631年11月，杜奥定进入了中国内地，并给自己取了中国名字杜奥定，在上海、长沙、西安与福州传教，颇有成绩。

历经冒险和传教活动后，1643年，45岁的杜奥定死于海难。杜奥定在中国的教徒找到他的遗体，将其埋葬在了福州海滨。

海上帆船时代交通工具落后，如果没有丝路苦旅精神，是不可能踏上丝绸之路这一文化交流之路的。据统计，1581年至1712年，有249名耶稣会士由欧洲到中国去，其中至少127人死在了路上。[①]

---

① 狄斯尼. 耶稣会士东行记，《澳门圣保禄学院四百周年论文特辑》，澳门文化司署，1994：216. 转引自郑彭年. 丝绸之路全史[M]. 天津：天津人民出版社，2016：232.

第三节　丝路家国共同命运

　　丝绸之路是命运与共之路，丝绸之路上的公主们很好地诠释了丝路家国共同命运。从众所周知的文成公主到寂寞无名的公主，丝绸之路上曾经有许多公主走过。公主贵为金枝玉叶，为什么也要踏上神秘浪漫却曲折漫长又危机四伏的丝绸之路呢？

一、丝路公主哀而志远谁知？

　　丝绸之路上的公主可不是去远方旅行，而是和亲远嫁到异国他乡。古代公主远嫁是一次几乎再无回乡回家希望的旅程，难免会时时为留恋故土和亲人流泪。丝绸之路上的公主心中有多么哀愁，细君公主就是其中最具代表性的一位。

　　丝绸之路上最早远嫁和亲的公主是细君公主。公元前109年，汉武帝组织了讨伐军武力扫清西域通道障碍。汉军生擒楼兰王、大败姑师。乌孙王猎骄靡经打探和权衡后，向汉武帝表示了愿娶汉室公主、与汉帝国结为兄弟的愿望。在猎骄靡答应了"必先内聘，然后遣女"的条件后，汉武帝册封汉室16岁的侄孙女刘细君为公主，和亲远嫁乌孙，赐以乘舆服御物，组建了一支超乎规格的陪嫁队伍。随侍的太监和奴仆达数百人之多，琳琅满目的嫁妆不可胜数。

　　细君公主到达赤谷城后，被猎骄靡封立为右夫人。细君公主就此成了汉王朝将哈萨克人和汉人祖先联结起来的第一人。

然而好景不长，细君公主在乌孙国的地位很快就受到了威胁。匈奴乌维单于眼见乌孙国与汉王朝联结姻亲，不甘孤立，也把女儿嫁给了猎骄靡。考虑到汉王朝水远山高，而匈奴近在咫尺，猎骄靡更加忌惮匈奴，特意立单于之女为左夫人，其位高于细君公主。其中况味，细君公主怎能不知?

不适应异乡生活的细君公主被迫独居。在中原时，细君公主过着豪门闺秀安闲自在的日子；来到乌孙国后，细君公主不习惯迁徙的庐帐生活，并不怎么喜欢自己的新家。无奈之下，细君公主"自治宫室居，岁时一再与昆莫会，置酒饮食，以币帛赐王左右贵人"，即细君公主在他处搭建了一座木屋，独自居住，但是每年都会举行好多次酒宴和猎骄靡相会，同时，为了维护汉乌联盟，还会赏赐陪侍在猎骄靡身旁的达官贵人以金银和锦帛。

独居中的细君公主每每因思乡寂寞难耐，在思念中原心切时，细君公主就常在马背上拨弦弄鼗、轻吟浅唱。琵琶大约就自此滥觞。然而，乌孙王猎骄靡时年七十多岁，且言语不通，令细君公主加倍孤独。细君公主常常以泪洗面，还在自己的毡房创作了流传后世的《黄鹄歌》(也称《悲秋歌》)，时时独自吟唱这首凄凉的思乡曲。

细君公主这首催人泪下的思乡曲传到长安城，汉武帝也深受触动。因而每隔一年，汉武帝就遣使者为细君公主送去锦绣帷帐，解其思乡之苦。

细君公主更大的痛苦是需要承受政治婚姻之重。依照乌孙习俗，老国王死后，年轻的王后需嫁与后继君王。细君公主就面临这

样的难题，于是从万里外给汉武帝上书表明心意，得到的却是一道严格遵从乌孙习俗的旨意，"从其国俗，欲与乌孙共灭胡"。细君公主自此决意为汉王朝大业牺牲一切，为汉帝国统一西域立下了不朽之功。[①]

知识卡片 3-9

细君公主与思乡曲

公元前121年，细君公主之父江都王刘建，汉景帝之孙，图谋造反，事泄畏罪自缢而亡。身为罪臣之女，原本孱弱的细君公主却展现了中原巾帼之姿，忍辱而坚毅，足以令七尺男儿黯然自惭。细君公主在异乡写就的思乡曲《黄鹄歌》至今为人们感叹传唱。

黄鹄歌

吾家嫁我兮天一方，

远托异国兮乌孙王。

穹庐为室兮旃为墙，

以肉为食兮酪为浆。

居常土思兮心内伤，

愿为黄鹄兮归故乡。

资料来源：比尔·波特. 丝绸之路[M]. 马宏伟，吕长清，译. 成都：四川文艺出版社，2018：146.

---

① 柯胜雨. 丝绸之路千年史：从长安到罗马[M]. 西安：陕西师范大学出版总社，2018：70-73.

知识卡片 3–10

细君公主为什么要远嫁和亲？

公元前109年，为武力扫清西域通道障碍，汉武帝组织了讨伐军，任命有对匈奴作战经验的赵破奴为统帅，王恢为副手。赵破奴亲率七百轻骑由阳关出兵，向西奔袭1600里，骤然陈兵楼兰城池下，打了楼兰王一个猝不及防。楼兰王束手就擒后，赵破奴趁势北上，大败姑师，极大地震慑了西域乌孙、大宛等国。汉军据点顺势沿河西走廊推进，一步步修筑到了玉门关。汉武帝在长安城闻讯大喜，即刻下诏赐封赵破奴浞野侯、王恢浩侯。

姑师地理位置关键，是匈奴人出入西域的门户。姑师兵败，意味着匈奴人贪婪地伸向西域的魔爪被斩断了。楼兰和姑师双双被击败，令西域震动。乌孙国特派遣使者窥探汉王朝实力。使者给猎骄靡的报告是，汉帝国疆域辽阔、国力强盛。加上亲眼见到与汉帝国对抗的楼兰和姑师惨败的下场，又见大宛、大月氏等国相继与汉王朝修好，想到匈奴人抢走了自己最好的牧场，乌孙王猎骄靡便不再顾及匈奴施压，向汉武帝表示愿娶汉室公主、与汉帝国结为兄弟的愿望。汉武帝君臣商议后，就通婚提出了条件："必先内聘，然后遣女。"为此，猎骄靡不含糊，派到汉王朝的迎亲队伍可谓盛大，聘礼为1000匹良驹。

汉武帝君臣商议后，决定送汉室公主到乌孙国和亲。这位担起汉朝与乌孙国命运的公主就是细君公主。

资料来源：柯胜雨. 丝绸之路千年史：从长安到罗马[M]. 西安：陕西师范大学出版总社，2018：70–72.

二、丝路公主命运飘摇谁怜？

丝绸之路上来来往往的人群之中，公主是最常被忽略的。历代丝绸之路上的公主如果有机会走到一起，将会聚集成一个为数不小的群体。单单在唐朝，就有20多位公主因和亲而远走他乡。[①]事实上，这种草原民族和定居民族间通过婚姻结成联盟的情形并不局限于东方，在7至8世纪的欧洲也常出现这种情况，可萨突厥与拜占庭帝国就是一例。虽然贵为皇家千金，这些踏上丝绸之路的公主也常感身不由已而命运飘摇。

就唐朝远嫁和亲的公主看，起伏飘摇的太和公主的命运，代表了丝绸之路上公主们的命运。

太和公主和亲的命运是被仓促决定的。依照唐与回鹘已有的协定，需有公主和亲嫁给新回鹘可汗。唐王决定太和公主代替出家的永安公主和亲。821年7月1日，太和公主和亲事宜昭告于天下，8月末，太和公主由长安东北门出城，踏上了丝绸之路和亲之旅。当朝皇帝作为兄长，与文武百官列仪仗送行，声势浩大，引得长安百姓纷纷前来观看。只见回鹘骑兵、太和公主、随从、大唐官员，以及载着赐给回鹘可汗赠礼的骆驼，人马逶迤而行了好几小时才全部出城而去。和亲路上，公主一行还遭到吐蕃劫匪袭击，好在回鹘护卫军赶来增强了守护能力才免于身陷危难。

太和公主并不向往将要去的回鹘王宫殿。虽说太和公主将要入住的回鹘王宫殿富丽堂皇，丝毫不亚于唐王皇宫，太和公主却觉得将要到达的是蛮荒之地。一路曲折向西北而行，公主得用好几个月

---

① 魏泓. 丝绸之路：十二种唐朝人生[M]. 王姝婧，莫嘉靖，译. 成都：四川人民出版社，2020：
107.

知识卡片 3-11

丝路文化与大唐太和公主

太和公主是唐穆宗的同父妹妹，被选为了和亲公主，远嫁回鹘可汗以巩固唐与回鹘邦交。

太和公主自幼在大唐都城长安皇宫长大，衣饰着装风格却有西方风，即遥远中亚大草原上的服饰。太和公主头戴来自于阗河床玉石雕琢的白玉簪，金项链上的珍珠和宝石是中亚西部地区工匠倾心打造之作，佛珠由波罗的海琥珀制作，产自印度的香料令公主吐气如兰。

太和公主学会了新式舞蹈——胡旋舞，尤其爱好龟兹音乐。后来，太和公主和亲到了回鹘可汗宫中，继续享受龟兹音乐的乐趣，还会奏镶有黄金的筝。因为西域音乐在唐朝都市极为流行，胡人乐队常到皇宫演奏。

太和公主会打波罗球——一种来自西域的球类，还是一名技术高超的女骑手。

资料来源：魏泓. 丝绸之路：十二种唐朝人生[M]. 王姝婧, 莫嘉靖, 译. 成都：四川人民出版社, 2020：101-103.

时间穿越沙漠戈壁。夏欲尽，秋将来，天气一天比一天凉，白昼渐短，和亲队伍每日行进缓慢。关键是一步步远离唐朝故土，一步步深入回鹘疆域，眼前渐渐只有一片荒芜和雪野，四下灰蒙蒙的，与故乡优美的雨打芭蕉、竹林花鸟、红叶河谷难以相比。路途漫长而风景单调，太和公主不由想起800年前也去和亲的细君公主的思乡曲，"吾家嫁我兮天一方，愿为黄鹄兮归故乡"，太和公主厌倦了这场似乎没有终点的旅程。

和亲后的太和公主命运跌宕多艰。太和公主和亲象征着回鹘与唐王朝联盟。作为可敦，太和公主手中有一定权力，然而，太和公主所嫁的回鹘王在和亲两年后辞世。新可汗登基，太和公主却并没有离开回鹘，原因不得而知。后来，回鹘朝中分歧和斗争不断，势力渐弱，还时常受到西北森林中的黠戛斯军队频频袭扰。840年，回鹘都城被黠戛斯人攻破，新可汗被杀，都城被烧，太和公主被俘。黠戛斯人派卫士护送太和公主返乡，却被回鹘残部劫持到新回鹘可汗营帐，自此被回鹘人所挟持。至843年春，唐远征军成功偷袭回鹘营地，太和公主藏在唐朝探子车中，在唐军护送下得以南归。这年春天将尽时，太和公主抵达唐都长安城门外。唐王力排众议，派禁军护送太和公主从东北城门外章敬寺回宫，为远嫁和亲画上了句号。

太和公主其实算得上不幸中的万幸，毕竟回到了唐朝宫廷。更多远嫁和亲的公主，命运同样跌宕飘摇，终究没有机会再回到故土。①

三、丝路家国共同命运谁解？

和亲国双方承诺"彼此不为寇敌，不举兵革，不相侵谋"②，因此，和亲公主与丝绸之路上的王朝和百姓命运紧密相连。但是，谁又真的明白古代丝绸之路上公主、王朝和百姓共同命运应有的归宿呢？

---

① 魏泓. 丝绸之路：十二种唐朝人生[M]. 王姝婧，莫嘉靖，译. 成都：四川人民出版社，2020：104–118.

② 魏泓. 丝绸之路：十二种唐朝人生[M]. 王姝婧，莫嘉靖，译. 成都：四川人民出版社，2020：105.

（一）公主和亲并不等于一劳永逸地赢得持久和平

文成公主和亲吐蕃对唐王朝的和平贡献巨大，却也有时限。公元634年，唐王朝夺青海湖后，与吐蕃之间的缓冲地带不复存在。双方就此短兵相接，反复开战议和，消耗国力财力而不甚疲倦。641年，文成公主和亲远嫁吐蕃松赞干布，消弭了双方的战斗。吐蕃贵族子弟争相到大唐造访求学。然而，这位远嫁吐蕃和亲的公主只具有皇族血统，并非皇室直系，却担当起了解救国家于沉重战事的重任。不过，这也并非长久之计。唐朝与吐蕃在8世纪30年代再次陷入交战状态，青海湖一带战事最为激烈。①

（二）丝绸之路上皇子和亲无果的情况

公元7世纪，一位突厥可汗提出唐王朝派一位皇子迎娶其女儿的要求。有官员上奏道，"自古未有中国亲王娶夷狄之女者"。女皇武则天排除异议，派一位侄孙前往草原和亲。然而，这次皇子和亲并不奏效。因武则天所选派侄孙不是皇位继承人，突厥可汗不接受其为和亲对象，和亲失败。这位皇侄孙在突厥待了好多年，返回唐都时身穿突厥服装，并在708年迎娶了一位唐王公主为妻。②

（三）丝绸之路上有些公主未能有效地与国共命运

和亲远嫁救国的可能并不是真正意义上的公主。长期以来，派去遥远异国和亲的并不是帝王自己的亲生女儿，而是帝王远亲或低级妃嫔之女。在迎娶和亲公主的一方看来，不足以代表对方平息战火和滋扰的诚意。就唐王朝而言，直至与回鹘签下和约，双方立意

---

① 魏泓. 丝绸之路：十二种唐朝人生[M]. 王姝婧，莫嘉靖，译. 成都：四川人民出版社，2020：61–62.

② 魏泓. 丝绸之路：十二种唐朝人生[M]. 王姝婧，莫嘉靖，译. 成都：四川人民出版社，2020：107.

长久联姻时，唐朝才开始选派真正的公主远嫁和亲。[1]

（四）丝绸之路上更为悲剧性的公主命运飘摇，更不用说与国共命运了

723年夏去世的年方25岁的突厥可汗女儿（公主），其墓志铭就揭示了这样一位悲剧公主。这位突厥公主是阿波干可汗默啜之女，原本生活安逸。不料，716年默啜骤然离世，其直系后裔在争夺继位的激烈斗争中失利。默啜留下的家人不得已流亡到了唐王朝。公主兄长墨特勤成了唐朝活跃的蕃将，公主丈夫则在投奔唐朝后犯下重罪，公主受株连进宫为奴。

718年，唐朝新的对突厥作战计划是于720年以30万大军从西南东三面围攻毗伽可汗，默啜之子墨特勤作为唐朝将军参战。事与愿违，唐朝作战计划失败，突厥大举反攻唐朝西域据点北庭，回师河西，在甘州和凉州击退唐朝军队。不料，突厥毗伽可汗竟请求做玄宗之子，并迎娶唐朝公主下嫁突厥。

战场上大获全胜的突厥可汗向战败方请求和亲，无异于强制令。唐玄宗回应以出乎意料的政治联姻计划，即赐进宫为奴的默啜之女贤力毗伽公主以唐朝公主身份，再令其和亲于突厥毗伽可汗——后者实则为公主堂兄，还是杀死公主长兄的仇人。就要前去突厥和亲的25岁的年轻公主却在哥哥家中去世了。公主可能出于悲愤，死于自尽。丝绸之路上少了一位和亲拯救国难的悲情公主。[2]

① 魏泓. 丝绸之路：十二种唐朝人生[M]. 王姝婧，莫嘉靖，译. 成都：四川人民出版社，2020：107.
② 森安孝夫. 丝绸之路与唐帝国[M]. 石晓军，译. 北京：北京日报出版社，2020：267–272.

知识卡片 3-12

一方公主墓志铭——唐故三十姓可汗贵女贤力毗伽公主

云中郡夫人阿那氏之墓志并序

漠北大国有三十姓可汗，爱女建冉贤力毗伽公主，比汉公主焉。自入汉，封云中郡夫人。父天上得果报天男突厥圣天骨咄禄默啜大可汗，天授奇姿，灵降英德。君临右地，九姓畏其神明；霸居左衽，十二部忻承美化。

贵主斯诞，天垂织女之星；雄渠作配，日在牵牛之野。顷属家国丧乱，蕃落分崩，委命南奔，归诚北阙。家婿犯法，身入官闱。圣渥曲流，齿妃嫔之俦女。

住天恩载被，礼秦晋于家兄。家兄即三十姓天上得毗伽然可汗也。因承睿泽，特许归亲兄右贤王墨特勤私第，兼锡绢帛衣服，以充糜用。荆枝再合，望花萼之相辉；棠棣未华，遽风霜之凋坠。春秋廿有五，以大唐开元十一年岁次癸亥六月十一日，薨于右贤王京师怀德坊之第。以其年十月癸巳朔十日壬寅，葬于长安县龙首原，礼也。

天汉月销，无复妆楼之影；星河婺散，空余锦帐之魂。男怀恩、兄右贤王，手足斯断，雁行之痛于深；膝下长违，乌哺之情永绝。虽送终之礼，已启松茔；而推改之俗，虑为芜没。抚贞石以作固，凿斯文以为凭，庶海变可知，田移物或。

其词曰：倏辞画阁，永卧荒坟。人生至此，天道宁论。日催薤露，风急松门。千秋万古，寂寞孤魂。

资料来源：森安孝夫. 丝绸之路与唐帝国[M]. 石晓军，译. 北京：北京日报出版社，2020：267-268.

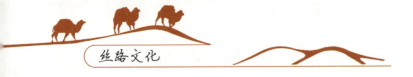

（五）海上丝绸之路上也有一位和亲的悲情公主

1291年，意大利旅行家马可·波罗在中国度过了17年，返乡前，奉忽必烈之命走水路护送阔阔真公主嫁给伊尔汗国阿鲁浑当王妃。[①] 暴风骤雨时常袭击阔阔真公主所乘船只，几位水手被海水卷走，送亲船队不得已停靠苏门答腊岛躲避海上风暴。阔阔真公主在岛上一住五个月，还要忍耐瘴气和蚊虫的叮咬，时有生病危险。不少水手就因在岛上生病而失去了性命。船队到印度东南岸时必须修理船只，因为只剩下7条船能航行。阔阔真公主不得不耐心等待。海上时有海盗出没，护送阔阔真公主的船队中有两艘船被海盗包围了，再也没有见到。所幸阔阔真公主乘坐的船冲出了海盗包围圈。最后，阔阔真公主的侍女都死在了大海上，船员只剩下了18位，个个筋疲力尽。更令阔阔真公主吃惊悲伤的是，使臣告诉阔阔真公主"阿鲁浑王去世了"。新摄政下令把阔阔真公主送到了波斯北部，交给了合赞汗。[②]

（六）和亲公主改变了丝绸之路上两个国家的命运

这位公主被后世称为传丝公主。古代于阗国出产的美玉深得中国人的喜爱，于阗国王很是担心：如果有一天再也没有玉石可以开采，到时候拿什么交换中国的丝绸？

于阗国王先向东汉朝廷提出和亲的要求，得到和亲恩准后，于阗国王派人给和亲公主秘密捎去口信，请她一定把蚕卵与桑树种子带到自己的第二故乡，否则嫁到于阗就再无丝绸衣服可穿。然而，丝绸生产事关汉朝大业，在跨越国境边关时，守关卫兵会仔细检查

---

① 赵洋.海上历险记[M].北京：化学工业出版社，2020：2.

② 赵洋.海上历险记[M].北京：化学工业出版社，2020：18—35.

知识卡片 3-13

蚕种西传

《蚕种西传版画》描绘了中国丝绸技术西传的情景。于阗王为了获得中原的丝绸技术，派人向亲汉的鄯善求娶公主。"传丝公主"巧妙地躲避检查，将中原蚕种秘密带到了于阗。20世纪初，这幅版画为英国探险家斯坦因在丹丹乌里克（和田境内）遗址发现。

蚕种西传版画

资料来源：比尔·波特. 丝绸之路[M]. 马宏伟，吕长清，译. 成都：四川文艺出版社，2018：98.

商旅的行李和衣物。和亲的公主也不例外，公主的随从人员也要接受严格的检查。和亲公主到达于阗后，于阗国王问起是否遵其所托带了蚕卵和桑树种。公主点头。于阗国王惊讶地问公主是如何顺利出关的，公主就解开了发辫，秘密就在公主的发辫里。丝绸的秘密就这样传出了中国的国门。[1]

　　此外，影视剧中也不乏对丝绸之路公主与家国共命运关系的展现。电视连续剧《康熙王朝》中被迫舍弃心上人而和亲远嫁噶尔丹的蓝齐儿格格就是其中一个代表。

---

[1]　比尔·波特. 丝绸之路[M]. 马宏伟，吕长清，译. 成都：四川文艺出版社，2018：98。

除上文所述，丝绸之路文化交流中不可忽视的是蚕文化：

一是蚕生文化，或者说原始蚕重生崇拜文化。蚕可能作茧自缚，却又能破茧成蛾仿似重生，中国上古先民于是希望通过驯养野蚕获得复活生命和让灵魂升天的神秘力量。新石器文化遗址发现的茧形器、蛾（蝶）形器，以及用丝绸包裹身体等，都寄托着如蚕破茧般死而复生、灵魂升天的希冀。

二是蚕丝文化。战国之后，中国原始蚕崇拜文化随着生产力的发展渐趋理性，而由蚕丝织就的丝绸的实用性更为世人所关注。"遍身罗绮者，不是养蚕人"，丝绸由此成为上等阶层的标志性服饰，并沿丝绸之路成为世界性时尚与奢华兼具的服饰。

三是蚕丝文字。甲骨文中，丝字形如两束蚕丝。以"纟"为偏旁部首的汉字约200个。这些字最初的古意或许已为人们淡忘，而其为人所知的含义往往富有宏大之气，含"纟"的词语更是如此。

茧形壶

说明：张利萍摄于山西博物院"从地中海到中国：平山郁夫丝绸之路美术馆藏文物展"。

比如，经天纬地、一统江山、纲纪准绳、纲举目张、心思缜密、绝唱、绝响、绝色等。同时，蚕字本身也有虽细小却不容忽视之力，如蚕食。总之，自蚕而丝，再至丝绸和丝绸纺织业，蚕文化在中国体现出一种"天人合一"的古老理想和生生不息的农耕文明。[①]

丝绸之路文化交流中，同样不可忽视中国文化随书籍西行的现象。

一方面，中国古书籍西传外译。普鲁士国王腓特烈一世（1657—1713）为了发展东方贸易，曾通过有17世纪"海上马车夫"之称的荷兰人弄到一批中文图书，包括1615年，即明神宗万历四十三年出版的汉字字典《字汇》。法国耶稣会士杜哈德编纂《中华国全志》，其中第4卷收录有中国文学作品，《赵氏孤儿》即由传教士（法）马若瑟于1685年发表于该卷。

另一方面，西方人编译并在西方出版中国史籍。1703年来到中国的（法）冯秉正（J. de. Moyriac de Mailla，1669—1748）编译了《中国通史》。冯秉正法文版《中国通史》所述上至周穆王之前的中国古史，下至清朝顺治、乾隆年间，是马克思所生活的19世纪乃至20世纪初西方关于中国史最完备和最重要的读本，影响深远。此外，中国学者王韬与西方学者合作译介了中国四书（《大学》《中庸》《论语》《孟子》）、五经（《易》《书》《诗》《礼》《春秋》）等儒家经典。

---

① 冯源. 你知道"丝绸起源于中国"是如何证明的吗？[OL/N].（2021-12-03）新华每日电讯微信公众号.

第四章

丝绸之路上经济交流的
风采有几何?

丝绸之路最传奇的功能，是联通了东西方各国和各民族间的经济生产和商贸交流。归根结底，丝绸之路的神秘浪漫也正是依存于东西方各国和各民族间经济交流的风采。

第一节　丝绸就是一切

丝绸之路本质上是奢侈品之路。虽然不能说在丝绸之路上只有丝绸，但是很长一段时间里，丝绸之路上的重要物品就是丝绸，而丝绸就是一切也是无疑的。考虑到当时只能依靠运力低下的驼马长途运输，情况更是如此。

丝绸之路上的丝绸织物
说明：营盘15号墓墓主人红地显黄花锦袍复原。

一、丝绸是丝绸之路上最好的货币

古代社会没有通用的货币，更没有像美元一样的国际货币。那么，古代中国和西域各国是怎样你来我往地做生意呢？也就是说，拿什么当作各国商人公认的货币呢？虽说物物贸易也曾一度兴盛过，比方说用你的粮换我的布，但是完全靠这种方式可没有办法进行大规模的跨国贸易。

事实上，丝绸之路上的商人找到了可在各国通行的货币。

近代以来，考古人员在中国境内发现了不少西方货币。19世纪末20世纪初，俄国和英国等国都有人在新疆和田、吐鲁番等地发现了存在于公元395年至1453年的东罗马金币、公元224年至651年的萨珊波斯银币。20世纪后半叶以来发现的散落在中国境内的西方金币和银币的数量更多。其中，东罗马金币较少，不足百枚，萨珊银币多达2180枚，公元632年至1258年的阿拉伯帝国（大食国）金银币上百枚。

萨珊波斯金币的仿制品中国境内首次发现

（唐代，宁夏固原出土）

这与中国史书上的记载是一致的。《隋书·食货志》（魏征）指出，在北朝末期的中国河西地区，东罗马金币、萨珊波斯银币是获得官方认可而在民间流通的货币。

唐代高僧玄奘取经途中，在凉州（甘肃武威）见闻中说西域胡商络绎不绝，佛教法会在散场之后，前来听法会的众位施主捐赠"金钱、银钱、口马无数"，极为丰厚。

《大唐六典》（李林甫）中记录，公元737年（唐明皇开元二十五年），政府赋役令有规定，西域胡人凡移民到内地入籍，又暂时没有土地收入者，可按银钱缴纳赋税。雍州（陕西关中地区）当

时的纳税标准是富者每丁10文、次者5文、穷者免交。

考古出土的吐鲁番地区民间借贷文书记录了大量银钱交易。其中，公元692年，武则天称帝后第3年，高昌县（新疆吐鲁番市）名叫史玄左的居民以64文铜钱支付了马脚银钱2文，这意味着国际货币的转换。史玄左极可能是中亚史国人，系昭武九姓之胡人。

知识卡片 4-1

马脚钱

马脚钱，租金的一种，是指使用马匹进行运输所支付的租金。32文铜钱等价于1枚银钱，2枚银钱就相当于64文铜钱。

资料来源：张国刚. 胡天汉月映西洋：丝路沧桑三千年[M]. 北京：生活·读书·新知三联书店，2019：46.

知识卡片 4-2

昭武九姓

《新唐书》（欧阳修等撰）中称康、安、曹、石、米、何、火寻、戊地、史为昭武九姓。这九姓之人居住在今乌兹别克斯坦撒马尔罕一带，唐朝时称为九姓胡人，西方人则称之为粟特人。

资料来源：夏征农，陈至立. 辞海（彩图本）[M]. 上海：6版.上海辞书出版社，2009：2893.

《唐律疏议》（长孙无忌等撰）有明确规定，民间之人不可私自铸造金银货币。由此，在西域流通使用的金银币应该只是由胡商带到中国境内的。1959年，新疆西部克孜乐苏（今柯尔克孜族自治州）发现窖藏银币947枚、金条13根，是一大笔财产。

唐朝民间不可私铸金银货币，而西域诸国却流行金银钱。《史记·大宛列传》记载，安息（伊朗，即古波斯帝国）"以银为钱，钱如其王面"。如此一来，古代中国怎么与西方各国交易呢？

《穆天子传》记载，周穆王为西王母所奉礼品为精美丝绸。丝绸是当时中国与西方各国交往中的国家级礼品。《史记·大宛列传》中则记载，张骞第二次出使西域携带的物品有：马各二匹，牛羊以万数，赍金币帛直数千巨万。这些物品各自都有自己的功用。马是骑乘的工具；牛羊则主要用做沿途食品，部分可用于交换主食或蔬菜等。据《说文解字》巾部，"币，帛也"，币帛就是丝绸。张骞虽也带有黄金，而丝绸才可谓是与西域交往中的硬通货。《汉书·张骞传》中说，张骞携带的是币帛，并无黄金。[①]

古代丝绸之路上丝绸作为奢侈品拥有多种角色。在西亚、中亚和新疆等地，罗马金币、波斯金币与中国丝绸是并行通用的国际货币。由此，丝绸就是一切。

二、丝绸贸易主导权事关国运

丝绸贸易主导权事关国运，是丝绸之路沿线众多帝国竞相争夺的权力。其中，丝绸之路西段罗马帝国和萨珊波斯帝国为之发动了四个世纪的丝路主导权争夺战。

罗马上层社会崇尚奢侈古已有名，特别是对东方丝绸钟爱有加。各国商人成功将丝绸运抵罗马，满足罗马社会对丝绸的无尽需

---

① 张国刚.胡天汉月映西洋：丝路沧桑三千年[M].北京：生活·读书·新知三联书店，2019：46–47.

求。古罗马地理学家马利努斯在《地理学知识》中称，马其顿商人梅斯·蒂蒂安努斯（Maes Titianos）曾与中国保持了常态化贸易关系。梅斯本人虽未来过中国，其代理人却常组建商团，自地中海经万里跋涉到达东方赛里斯的首都，从中国运回了罗马人爱之不竭的中国丝绸。

考古出土资料见证了罗马商人活跃于丝绸之路上的足迹。新疆尼雅、楼兰的东汉时期墓葬里，不止一处发现有罗马人制作的搅胎玻璃珠；洛阳东汉墓中出土的搅胎玻璃瓶，在形制与风格上和公元1世纪大月氏、埃及出土的罗马制搅胎玻璃瓶极为相似，表明罗马商人或其代理人曾来到东方。反过来，楼兰城郊一座东汉古墓里，考古发现织有佉卢文的丝绸残片、汉代五铢钱、漆器，而同一墓穴中曾出土希腊彩色毛织物残片，上有希腊神话中的赫尔墨斯的头像，手持信物的使者神。① 这些文物如无声的语言，说明丝绸之于罗马何等重要。

"五星出东方利中国"织锦——汉代织锦技术的最高水平
（汉晋，新疆民丰尼雅出土）

---

① 张国刚.胡天汉月映西洋：丝路沧桑三千年[M].北京：生活·读书·新知三联书店，2019：48–49。

西方商人活跃在丝绸之路上，在欧洲营造出了丝绸时尚。但是，罗马毕竟远在最西方，中国丝绸一路向西，所经之国安息、波斯等通过种种手段，肆意抬高运往罗马帝国的丝织品的价格，几乎掏尽了罗马人的钱袋子。公元1世纪后半叶，老普林尼（Pliny the Elder）写下了自己对价格高昂的丝绸盛行的感受，说自己反对使用这种成本极高的奢侈品，还悲叹"这比实际成本竟高出100倍！"罗马每年为东方奢侈品丝绸花费掉巨额资金。仅仅是为了与东方进行丝绸贸易，一年竟有多达1亿塞斯特斯（古罗马货币单位sesterce）流出罗马帝国。

老普林尼并没有夸张。已发现的莎草纸文献记录的红海某港口，一份从印度穆泽里斯（Muziris）到罗马的货运合同证明，至公元2世纪，大规模商业交流已是寻常事。该合同规定有双方职责，货物交接时间与地点，以及逾期收不到货款应受的惩罚等。

需要注意的是，罗马商人除用钱币支付货款外，也可用精致的玻璃、银器、黄金、红海珊瑚和黄玉、阿拉伯乳香精等支付货款。这与中国境内考古发现物的作用是一致的。

争得丝绸贸易主导权、掌控丝织品定价权，对丝路沿线各国无疑至为重要。公元216年，罗马帝国皇帝卡勒卡拉在安息衰落之时，发兵强占幼发拉底河上游犹太教圣城埃德萨。然而，萨珊波斯取代了安息。雄心勃勃的萨珊波斯王阿尔达尔试图夺回对丝绸贸易的主导权，志在必得埃德萨与小亚细亚，甚至写信要罗马帝国新掌权者亚历山大·塞维鲁退出亚洲。僵持之下，双方最终兵戈相向。自此，罗马和波斯为丝绸贸易一战四百年。[①]丝绸之路西段长时间战乱不

---

① 柯胜雨.丝绸之路千年史：从长安到罗马[M].西安：陕西师范大学出版总社，2018：178-180.

休，各国国运深受牵连。

在丝绸之路东段，同样因为丝绸贸易事关国运，争夺丝绸之路主导权的战乱也不曾停息过。汉朝张骞出使通西域后，历经丝绸贸易三通三绝；唐朝与吐蕃、突厥各部落同样纠缠在丝绸贸易主导权的争斗中。

第二节　丝路商人举足轻重

　　中国丝绸是西方各国人们的心头所好。然而，只有为数不多的人能够胜任东西方之间漫长艰险道路上的丝绸贸易。以粟特商人为代表的西域丝绸商人就是其中的佼佼者，在丝绸贸易中发挥了举足轻重的作用。

一、从娃娃抓起的粟特商人

　　传统史学家将昭武九姓胡人与粟特人画等号，认为昭武九姓就是粟特人。就种族看，粟特人属东伊朗部落。约在春秋时期，早期粟特人生活在中亚阿姆河和锡尔河之间泽拉夫善河流域，并开始修建有坚固防御功能工事的城市。后来，绿洲上人工灌溉农业也发展起来。

　　西汉张骞通西域后，丝绸之路开通。公元30年至公元300年，贵霜帝国控制着丝绸之路主干道的南北两端。粟特地区作为丝路贸易主干道要冲，成了东西方的交通枢纽，是丝绸和黄金贸易运转中心，其境内无数商道纵横交织。由于所处地理位置优越、交通便捷，粟特地区物流商贸高度发达。

一个骑着巴克特里亚双峰骆驼的
唐代粟特商人陶塑

自然而然地，大多数粟特人都有机会浸润于商海，练成经商的行家里手。

粟特人特别注重对小孩子们的经商教育。据唐朝史籍记载，粟特人"生儿以石蜜啖之，置胶于掌，欲长而甘言，持宝若黏云。习旁行书。善商贾，好利，丈夫年二十，去傍国，利所在无不至"，"男年五岁则令学书，少解，则遣学贾，以得利多为善"。[①]粟特人有培养孩子经商本领的独特教育方法，即婴儿刚一生下来就让其口含冰糖（石蜜），手握胶泥，希望婴儿长大成人以后会说甜言蜜语，能够招揽生意，把钱财紧紧地抓在手中。五岁时，粟特人开始接受读书写字教育；稍大些就学习经商，标准是获得利益越多越好。至二十岁成年，粟特男子就要离家远行，独自行动，到周边各国去寻求商机，哪里有利益就到哪里去。

知识卡片 4-3

粟特人与兴衰起落的丝路帝国

粟特地区昭武九姓与丝绸之路上各帝国关系密切。在大唐帝国雄踞中亚、保护丝绸之路的事业中，粟特人站在最前沿。

粟特人属东伊朗部落。约在中国春秋时期，粟特人在中亚阿姆河、锡尔河之间的泽拉夫善河流域生活，修建有防御工事坚固的城市。后发展了绿洲灌溉农业。因地处要冲，粟特人历经大大小小许多帝国的侵入和主导。

约公元前570年，琐罗亚斯德，祆教创始人，从西北向花剌子模一带来到泽拉夫善河流域，向粟特人传授火神崇拜。朴实的

---

① 柯胜雨.丝绸之路千年史：从长安到罗马[M].西安：陕西师范大学出版总社，2018：234.

粟特农民立刻为之着迷，变成了祆教忠实信徒，并持续了1300年。

　　不久，波斯人剽悍袭来。约公元前549年，居鲁士大帝率铁骑打破粟特人的安宁。粟特人沦落为波斯臣民。居鲁士向东渡过锡尔河想要进攻北部塞种人，却在战斗中猝然殒命。粟特成了波斯最偏远的行省。

　　200多年后，欧洲人闯入粟特人家园。公元前328年，亚历山大大帝在消灭波斯帝国后，率马其顿军队征服粟特等中亚地区。一部分粟特人为了躲避战乱，翻越葱岭逃到东边的塔里木盆地。自此，粟特人接触到了中原人，知道中原有一个秦国，称秦帝都咸阳为胡姆丹（Khumdan）。

　　亚历山大帝国很快陷入分裂。粟特人迎来新主人，条支（塞琉西王国）。约公元前255年，大夏王国，即希腊—巴克特里亚王国成为粟特人的新主宰。100多年后，大月氏自河西走廊辗转万里来袭，征服了大夏王国。同时，锡尔河北岸游牧民族康居人南下占据粟特地区。粟特由此成了附庸于康居人的五小王，即奥鞬、罽城、附墨、苏薤、窳匿。

　　再后来，张骞东来，丝绸之路开通。一条贯通东西文明贸易主干道穿越粟特南部向北翻越葱岭，进入塔里木盆地与中国相通；向南则途经大夏，翻过兴都库什山与印度相通。

资料来源：柯胜雨. 丝绸之路千年史：从长安到罗马[M]. 西安：陕西师范大学出版总社，2018：233.

　　显然，粟特人多数自幼耳濡目染地接受着经商的家庭教育。粟特人从娃娃抓起，父母几乎一直在灌输商业意识和传承经商经验。

有了自幼培养的经商本领，粟特人不辞辛劳地奔走在丝绸之路上，成群结队地长途跋涉，往来穿梭各地买进卖出。为了提高商队的效率，以免在沙漠中迷路或受游牧民族袭击和抢掠，每个粟特商队都有自己的领队人，称为萨宝（Sabo）。丝绸之路上的粟特商队规模通常很大，以30多岁的青壮年居多。有史书记载，公元553年，西魏凉州刺史史宁截获了一支240名粟特商贩、600头骆驼、携带数以万计杂彩丝绢的商队。

敦煌莫高窟隋窟商旅图

片治肯特遗址考古发现的壁画
——粟特商人从横跨亚洲的贸易
活动中获取丰厚回报的证明

公元30年，也就是从贵霜帝国统治时开始，粟特商队成为丝绸之路上的重要商贩。粟特商队多从事东西双向贸易，把体积虽小却价值昂贵的珍珠、玛瑙和美玉等西域珠宝不远万里地贩运到中原，出售给追求富贵豪华的官员与富户之家；返程时，则带回在中原采购的大量丝绸。

大约公元350年，红匈奴（寄多罗人）将粟特从贵霜人手中抢夺走。又过了二三十年，阿尔泰山上南下的白匈奴（嚈哒人）赶走了寄多罗人，占领了粟特。就在这一时期，大量粟特人沿丝绸之路迁入中原，并在河西走廊等地停留，形成许多大规模的粟特人聚落。

之后，萨珊波斯势力向东扩张。嚈哒人南下朝吐火罗扩张，泽拉夫善河流域的粟特遭受的压力有所减轻，兴起了前所未有的一次农业扩张。粟特人口增长迅速，城镇和商业中心如雨后春笋般出现，绿洲灌溉网络日益扩大，向沙漠地带延伸。与此同时，粟特地区也诞生了许多新的绿洲政权，西方人称之为公国。其中，约在公元457年，出现了最为著名的米国。粟特地区公国众多，形成了昭武九姓，以康国为诸国宗主。

粟特人起初只是以商人形象活跃在丝绸之路上。渐渐地，粟特人不再局限于丝路贸易经济领域，而是涉足政治、外交、军事、文化与宗教等领域，其地位也更加复杂而重要。

这一点可以从多方面得到体现。《新唐书》记载称，何国"即康居小王附墨城故地。城左有重楼，北绘中华古帝，东突厥、婆罗门、西波斯、拂菻等诸王，其君旦诣拜则退"，意思是何国都城南边的重楼东、西、北三面墙绘有壁画。北面画的是中原王朝的古代皇帝，东面画的是突厥、天竺的君主，西面画的是萨珊波斯、拜占庭帝国君主。何国王每天清晨都会上重楼叩拜各国君主。何国王如此繁复的叩拜礼仪，反映了粟特昭武九姓已置身于复杂的国际关系体系之中，也印证了粟特处于的东西方交通枢纽位置。

粟特商人摩尼亚赫拓展丝绸贸易，也反映了粟特人地位的复杂性和重要性。公元555年，突厥人和嚈哒人在安国激斗血战了8天。最后，嚈哒人大败，突厥成了粟特地区的新主宰。粟特人又迎来历

史新阶段，即实现突厥与粟特真正融合。为了继续开拓丝绸贸易，粟特商人摩尼亚赫经突厥西面室点密可汗授权，率粟特丝绸商贩代表团前往出使萨珊波斯。在波斯王库思老一世断然拒绝后，摩尼亚赫于是建议室点密可汗和拜占庭帝国修好。

公元568年，摩尼亚赫再率突厥商贸代表团出使到君士坦丁堡，谒见拜占庭皇帝查士丁尼二世。经摩尼亚赫居中牵线和撮合，突厥最终与拜占庭结盟，建立起了反萨珊波斯的联合阵线。在突厥帝国分裂为东、西突厥后，昭武九姓归属西突厥，得心应手地在丝绸之路上进行着商业等各种活动。^①

进入中国的粟特商人同样呈现出商人与武人的双面性，频繁活跃在唐帝国的外交与政治舞台，最终以安史之乱画上句号。

二、总揽元朝商业财政的色目商人

继罗马商人、粟特商人之后，丝绸之路上举足轻重的商人群体是活跃于元朝的色目商人。

元王朝是中国历史上一个颇富传奇色彩的朝代。公元13世纪初，成吉思汗与其后裔催动铁骑开疆拓土，使元朝疆域日渐辽阔，地跨欧亚。问题随之而来，"只识弯弓射大雕"的草原英雄们管理庞大帝国财政的能力捉襟见肘，怎么办？由此出现了色目商人当家总揽元朝商业财政的局面。

"色目"二字中，"色"是种类，"目"是名目，色目即各色名目、种类繁多之意。元末陶宗仪在《南村辍耕录》中记载，色目人有几十种，包括钦察、唐兀、阿速、秃八、康里、维吾儿、乃蛮等。也

---

① 柯胜雨.丝绸之路千年史：从长安到罗马[M].西安：陕西师范大学出版总社，2018：233–237.

色目人

图源: 纪录片《中国通史》截图。转引自: 郭晔旻.大元王朝的财政"草台班子": 色目商人当家的后果是什么? [EB/OL].(2021-12-01) 国家人文历史.

就是说, 在元代, 包括其前身大蒙古国, 色目人是对除蒙古以外西北各族和欧洲各族人的统称。

色目人中, 不少来自中亚的回回商人早已沿丝绸之路来到大漠各地做生意。到元蒙古国时, 作为记录蒙古早期历史的第一手史料,《蒙古秘史》就记载了从汪古部阿剌忽失的吉惕忽里那里来的回回商人阿三骑着白骆驼、赶着一千只羯羊, 盘算着顺额儿古涅河而下去收购貂鼠和灰鼠。对于阿三这样的商人, 蒙古人极为欢迎。因为蒙古是游牧民族, 除马乳、羊肉及围猎所得食物和皮毛等外, 其他手工业品均极为缺乏, 必须通过对外交换才能满足生活需要。同时, 蒙古贵族也需要通过交换获得织金衣料等奢侈品。为此, 成

吉思汗曾发布札撒（即法令），规定凡进入国土内的商人，一律发给凭照。值得汗受纳的货物，应连同物主一起遣送给汗。随着西域、中亚广大地区在蒙古铁骑西征中被纳入版图，越来越多的色目商人流动到东方经商，日益与蒙古贵族形成了生活和贸易上的各种交集。

最关键的是，色目商人和蒙古贵族们在能力上形成了一种奇妙的互补关系。蒙古贵族虽剽悍勇猛，却并不懂得如何高超地管理和剥削纳入疆域的定居地的人们。游走四方、见多识广的色目商人反倒深谙搜刮财富之道，并深得蒙古贵族重用，最后竟成为元朝经济事务中起重要作用的群体。其中，最知名的是花剌子模人牙老瓦赤在窝阔台汗时期出任中州断事官，主管燕京行尚书省。断事官在蒙古国初期总揽军国机务，位高权重类同宰相。无独有偶，另一位中亚色目人阿合马在元世祖忽必烈时期，总揽理财大权长达二十年之久。

忽必烈时期宰相阿合马

图源：《法律讲堂（文史版）》。转引自：郭晔旻. 大元王朝的财政"草台班子"：色目商人当家的后果是什么？[EB/OL].（2021-12-01）国家人文历史.

随着色目商人在元朝深受重用，出现了一种引人注目的新现象。中国历代王朝原本重农抑商，商人们大都没有什么政治地位。然而，在元朝情况并非如此。色目商人在元朝当了皇朝的家，使得元朝的商业和税收都发展了起来。

在元朝时沿丝绸之路东来中国的意大利商人马可·波罗恰好见证

了这一切。马可对元朝的商业和税收留下了深刻印象，并在游记中做了描述。在成都，马可注意到"城内有一座大桥横跨其中的一条大河……整个桥面上有许多别致的小屋和铺子，买卖众多的商品，其中有一个较大的建筑物是收税官的居所。所有经过这座桥的人都要缴纳一种通行税，据说大汗每天仅从这座桥上的收入就有一百金币"，这是在对商贾运销的商品征税。对于元朝商业税税率，马可·波罗道："我们曾经说过那些拥有上千工场的十二种工匠，以及在京师和内地往来买卖的商人，或海外商旅也同样要支付百分之三又三分之一的税。"对于元朝商业税税率，汉文史料有与马可所说相一致的记载，即至元七年（1270年），遂定三十分取一之制。

元朝通过税收制度的标准化和规范化，避免地方官员盘剥和压榨商人，有利于商业发展。同时，元朝政府规定，商人必须按月纳税，才可进入城乡市场贸易。无纳税凭证或不出示凭证，则视为匿税。匿税者的"物资一半没官"，且"于没官物内一半付告人充赏"。由此，从官员和商人双管齐下的结果是元朝时期的商税收入非常可观。资料显示，从1270年到马可·波罗离开中国前的1289年近20年间，元朝政府商业税收入增长了10倍，达到45万锭。沿丝绸之路且行且贸易的色目商人的重要性由此可见一斑。

然而，这只是色目商人重要性的一面。色目商人的另一面同样重要却并不阳光，反而显示出过度倚重色目商人对于元朝国家稳定也是极为不利的。简言之，蒙古统治集团对于赋税所知甚少，无限度倚重色目商人危及其政权的长治久安。

忽必烈在灭亡南宋后，并没有及时将南北方赋税制度统一起来。问题的关键是，元朝采用了便于色目商人从中牟利的税收"扑

买"制。所谓税收"扑买"制，就是朝廷不设税收征管人员，而由商人通过招标投标的方式，承包一个地区或税种并预先向国家支付一定钱财以取得征税权，少收自担，多收留成。其中"贪利之徒，罔上虐下，为害甚大"的弊端一目了然，而在"财政智商为负"的蒙古统治者眼中，商人包税便于攫取社会财富，无异于天降馅饼。

1237年，刘忽笃马等西域商人向窝阔台提出包税请求，用140万两白银包买全国课税。1239年，色目商人奥都剌合蛮以220万两白银的价码又向窝阔台提出包买天下税收的请求。这是相当于全年2倍税收的价码，大汗无力拒绝。如此一来，即使是才智出众的耶律楚材，也未能阻止奥都剌合蛮获得"扑买"权。于是，1240年，奥都剌合蛮被任命为诸路课税使，统管国家十路课税所。奥都剌合蛮为了尽快收回220万两白银投资并赚取更大利润，又将征税权明码标价且层层转包。商人只要出钱就能买到赋税征收权，朝廷则听之任之，任其肆意巧取豪夺。"扑买"制成了色目商人的看家本领。忽必烈统治时期善于理财的阿合马的手段之一也是任由各地包税。

显然，"扑买"制不利于税收收入提高，也不利于百姓负担减轻。从"扑买"制中渔利的有色目商人和地主。无论色目商人把"扑买"金定得多高，也影响不了地主的利益，一切税赋最终都压在自耕农的身上。这就出现了色目商人坐收渔利，地主则享受"无爵邑而有封君之贵、无印节而有官府之权"的土皇帝待遇。

1328—1330年天历年间，苛捐杂税竟比忽必烈时代增加了20倍，走投无路的百姓只得铤而走险，出现了中国历史上少有的王朝初建之时民众蜂起的局面。[①]

　　元之后，明清两朝动辄闭关锁国，传统重农抑商的情形回归主导地位，正常的丝路商人再难扰动沉寂的丝绸之路。

---

① 郭晔旻. 大元王朝的财政"草台班子"：色目商人当家的后果是什么？[J/OL].（2021-12-01）.
国家人文历史.

第三节　丝路贸易安天下

回望历史，任何一个国家要想发展得好，都需要与外界联通，并从外界获得自身短缺的发展能量。贸易是各个国家获得发展能量的最有效途径，丝路贸易安天下自古以来就确有其事。

一、绢马贸易安天下

陆上丝绸之路时期，丝绸就是货币。汉代之后的1000多年间，在对外贸易中，奔跑在蒙古高原至天山山脉草原带的游牧国家的良马与中国丝绸交易（即绢马贸易），蕴含了推动前近代中央欧亚历史的原动力。[1]

到了唐朝，丝绸对突厥和回鹘帝国而言尤为重要。这与之前的汉代和之后的宋朝都有明显不同。汉朝给匈奴的岁币主要是丝织品，此外还有谷物。宋朝给辽、金、西夏的岁币有丝织品，外加比重不亚于丝织品的银子。这就是说，在突厥和回鹘，丝织品才是国际通用货币，而不是银子。金子则是传统游牧民族用来作为身份地位象征的财宝和金器，并不能流通。[2]

大唐帝国自有其不同于突厥和回鹘的需求。隋末中原大乱，隋炀帝费尽苦心经营的西域事业顷刻之间化为乌有，丝绸之路沿线形

---

① 森安孝夫. 丝绸之路与唐帝国[M]. 石晓军，译. 北京：北京日报出版社，2020：336.
② 森安孝夫. 丝绸之路与唐帝国[M]. 石晓军，译. 北京：北京日报出版社，2020：337.

势逆转。到唐帝国建立初期，隋炀帝当年焉支朝会后出现的四方来朝盛况不再，包括西域绿洲城邦诸国在内的周边各国面目反转，开始藐视中原，唐帝国一时之间竟成了人人争相染指的香饽饽，其中，突厥的势力最令大唐忧虑。

面对如此形势，大唐当务之急是加强军备。冷兵器时代，马匹对于军队尤为重要。唐朝装备强大的军队需要大量优良的马匹，那么，拿什么向盛产良马的西域诸国换取良马呢？答案自然是丝绸。由此，绢马贸易就具有了坚实的基础。突厥和回鹘等西域各国通过绢马贸易得到了自己钟情的中原丝绸，唐帝国则得到战备重器——良马。可谓是绢马贸易安天下。

然而，绢马贸易也未必总能安天下。唐末安史之乱中，在生死存亡关头，唐朝向回鹘请求军事援助，并因此渡过了难关。根据唐与回鹘的协议，作为回报，唐朝在之后的时间里要定期或不定期地将大量丝绸织品送到回鹘。其中一部分丝绸织品是岁币，需定期送往回鹘，其余大部分则是不定期的、作为唐朝向回鹘买马的货款送往回鹘。后者也称作绢马贸易。这种绢马交易一直持续到东回鹘末期。

安史之乱后的绢马贸易不是一种正常状态的公平贸易。有史料记载称，这一时期的绢马贸易中，回鹘会把不要的马匹强制性地卖给唐朝。显然，唐朝希望在绢马贸易中得到基本的军事力量马匹，却事与愿违。

绢马贸易的后果在回鹘方则是另一种情形。唐朝支付的马价绢经年累积，在蒙古高原上积蓄起了数量惊人的丝绸织品。回鹘人将得到的丝绸织品转卖给粟特商人。丝绸织品经过粟特商人倒手后，

有的变成了轻巧却高价的商品，有的作为货币被运到西方的中亚、西亚、东罗马等地。回鹘人以丝绸为货币得到了更丰富的东西，包括金银器、玻璃制品、玉石、琥珀、珍珠、珊瑚与其他宝石，以及各种香料、药品。当然还有来自粟特、印度、波斯和西亚等地出产的绒毯、壁挂、织锦与棉布，以及其他织物等奢侈品。

这里值得一提的是，所谓马价绢，是指具有一定规格的平绢，而不是锦、绫、罗、金襕等高级绢织物。绢马的行情是1匹马相当于25匹绢。此外，平绢是计价基准，平绢与高级绢的换算同样是固定的。实际上，支付马价绢时，不仅有平绢，也可能包括大量高级绢织物。

回鹘人用马价绢做货币可以换回各种各样的商品。其中，最受追捧的是金银器。因为突厥和回鹘等草原国度的王公贵族十分喜爱金银器。对此有许多相关记载，正史《突厥传》《回鹘传》等汉籍史料中可以见到，在希腊语东罗马使者的报告中同样也能见到。蒙古、图瓦、南西伯利亚和天山等地考古出土的实物也能证实这一情况。①

二、贡纳贸易安天下

天然朴素的商业贸易可谓丝绸之路的本真源起。然而，在古代中国帝王看来，基于边疆稳定诉求的特殊贸易模式，即贡纳体系，才是丝绸之路的生命力所在。

汉代史籍对开通丝绸之路的目的有明确表述。张骞凿空西域固然有经贸目的——汉朝政府把越来越多的丝绸运到匈奴和中亚其他

---

① 森安孝夫.丝绸之路与唐帝国[M].石晓军，译.北京：北京日报出版社，2020：338-339.

地区[①]，而长期占据汉与西方之间通商要道的匈奴影响了汉朝的对外贸易——更是出于汉朝军事、外交与政治安全需要的目的，即阻止匈奴人的入侵，"断其右臂"，夺取匈奴人在西部地区的基地。[②] 张骞开通丝绸之路后，各国使臣纷纷前来与汉朝建立联系，"使者相望于道，一辈大者数百人，少者百余人"，"一岁中使者多者十余辈，少者五六辈，远者八九岁，近者数岁而返"。[③]

知识卡片 4-4

汉朝维持贡纳体系

乌孙使既见汉人众富厚，归根其国，其国乃以重汉。其后岁余，骞所遣使通大夏之属者皆颇与其人俱来，于是西北国始通于汉矣。

——《史记·大宛列传》

元康年间，龟兹王遂来贺……赐以车骑旗鼓，歌吹数十人，绮绣杂缯琦珍凡数千万。

——《汉书·西域传》

元寿二年，乌珠留若鞮单于，汉政府赐衣三百七十袭，锦绣缯帛三万匹，絮三万斤。

——《汉书·匈奴传》

不过，汉代为维护边贸稳定，在丝绸之路沿线推行贡纳体系，并为之付出了巨额经济代价。这些代价之中就包括西域各国视如珍

[①] 胡四维. 汉代丝绸贸易考[J]. 中国史研究动态，1980（11）. 转引自国家开发银行，联合国开发计划署，北京大学."一带一路"经济发展报告[M]. 北京：中国社会科学出版社，2017：9.

[②] 郑彭年. 丝绸之路全史[M]. 天津：天津人民出版社，2016：42.

[③] 郑彭年. 丝绸之路全史[M].天津：天津人民出版社，2016：45.

宝的中国丝绸。具体而言，余英时研究认为，汉代中国为维持贡纳体系所支出的费用约为政府年度工资总额的三分之一，又或是汉王朝年总收入的7%。这一估算并未考虑汉朝政府为维护贡纳体系运转而必须付出的军事与行政管理开支。①

考虑到汉武帝时期国家对商业实行严加抑制之策，汉朝百姓很难有积极性从事外向贸易。事实上，当时汉朝沿丝绸之路进行的丝绸贸易在具体形式上与今天的国际贸易全然不同。一是丝绸不是商品。汉朝政府运送到匈奴和中亚等地的丝绸系没收大地主与富商所得的财产，归根结底是百姓以丝绸缴纳的赋税，并非真正意义上的外贸商品。二是丝绸贸易并非汉朝商人经营的对外贸易业务。汉朝丝绸不是商人运送出境的，而是先由政府代理人运送至边境，再由西方和西域商人转手运送，目的地可能远至罗马。②这就是丝绸之路上源于汉代的贡纳体系的主要特点。某种意义上，汉代贡纳体系在西域各国产生了较好的响应，实现了汉代开辟丝绸之路的政治和军事初衷，并确有成效。

汉代之后，几乎历代王朝都借鉴贡纳制以维护对外关系。李唐盛世亦不例外。明朝政府也执着于贡纳礼仪，规定"有贡舶即有互市，非入贡即不许其互市"③。

① 余英时. 汉代贸易与扩张——汉胡经济关系结构研究[M]. 上海：上海古籍出版社，2005：59. 转引自国家开发银行，联合国开发计划署，北京大学. "一带一路"经济发展报告[M]. 北京：中国社会科学出版社，2017：9.

② 胡四维. 汉代丝绸贸易考[J]. 中国史研究动态，1980（11）. 转引自国家开发银行，联合国开发计划署，北京大学. "一带一路"经济发展报告[M]. 北京：中国社会科学出版社，2017：9.

③ 王圻. 续文献通考（卷三十一），《市籴考》. 转引自国家开发银行，联合国开发计划署，北京大学. "一带一路"经济发展报告[M]. 北京：中国社会科学出版社，2017：11.

知识卡片 4-5

汉朝贡纳贸易的成效

汉世张骞怀致远之略，班超奋封侯之志，终能立功西遐，羁服外域。自兵威之所肃服，财赂之所怀诱，莫不献方奇，纳爱质，露顶肘行，东向而朝天子。故设戊己之官，分任其事；建都护之帅，总领其权。先驯则赏籝金以赐龟绶，后服则系头颡而衅北阙。立屯田于膏腴之野，列邮置于要害之路。驰命走驿，不绝于时月；商胡贩客，日款于塞下。

——《后汉书·西域传》

然而，丝绸之路上的贡纳体系式贸易更多的时候是单向度的、不合乎经济规律的。贡纳体系并不能真的保护各国长治久安。即使在汉代，贡纳体系也是一种沉重的负担。为此，公元前3年，因经济原因，王莽果断拒绝匈奴单于朝觐。同样的原因，公元45年，刘秀削减回贡供给，拒绝扩大贡纳体系。显然，贡纳体系于历代王朝都是债务而非资产，其经济价值远低于政治价值。这也就解释了以贡纳体系维持的国家间关系何其脆弱，在新兴西方世界冲击下很快就分崩离析。

第四节　陆海丝路变迁与丝路贸易

　　丝绸之路不是一成不变的，它随着时间和变化了的世界形势不断延展，时断时续，修正着自己的路线网。除了陆上丝绸之路受沿线帝国兴衰更替影响而时断时续地开通或受阻外，丝绸之路最根本的变化是陆上丝绸之路向海上丝绸之路的转移。相应地，丝路贸易也发生了变化。

一、第一次陆海丝路变迁与丝路贸易

　　丝绸之路最早是以陆路为主，但早在唐宋之后就发生了陆上丝绸之路向海上丝绸之路的转移。

　　日本学者长泽和俊主张丝绸之路在宋代之后由陆路转向海路。长泽和俊在进行学术史检索后发现，早期草原丝绸之路是东西方之间倚重度较高的通道，近代（内藤湖南所说的宋代之后的近世）之后，海上丝绸之路则成为东西方之间倚重度较高的通道，即：古代史上丝绸之路以草原路为中心，古代后期至中世纪以绿洲路为中心，近代以后以南海路为中心。①

　　对此，季羡林先生的看法在时间上和道路路线上都略有不同。

---

① 长泽和俊. 丝绸之路史研究[M]. 天津：天津古籍出版社，1990：（序言）9. 转引自国家开发银行，联合国开发计划署，北京大学. "一带一路"经济发展报告[M]. 北京：中国社会科学出版社，2017：11.

1955年，季羡林在《中国蚕丝输入印度问题的初步研究》一文中较早提出，中国蚕丝通过5条道路传向印度，即南海道、西域道、西藏道、缅甸道、安南道。这5条道路又以西域道、南海道的开拓最早，且利用时间也最长，利用率又最高。时间上，约在唐以前的丝路贸易中西域道为主；唐以后就多走海路了。至宋元，海路就占据了垄断地位。[①]

那么，唐或宋以来为什么会出现丝绸之路由陆路转海路的现象？这需要从长远的历史视角来考察。

原因之一是宋代陆上丝绸之路被人为割裂。贡纳体系与丝绸之路是相叠加、相伴生的，在二者叠加和伴生的过程中，汉唐中国的地理疆域得以向西延展。然而，至宋朝，西北民族中的辽和西夏等政权成为中原商品经陆上丝绸之路外销的障碍，中原商品因而被迫局限于边境互换贸易。

到了蒙元时期，丝绸之路则出现了由断至通又至断的曲折经历。先是蒙古铁骑所到之处战乱湮没了一切，丝绸之路陷于瘫痪。战乱之后，在蒙古国治下，丝绸之路上出现了经贸稳定局面的最后一抹灿烂夕阳，欧洲西北部至中国有8条繁荣重合的贸易路线。[②]马可·波罗在忽必烈时期目睹泉州海外贸易的繁华景象则说明了元朝时期陆上丝绸之路转为海上丝绸之路且兴盛活跃。中亚地区各国不久再次陷入战乱，前罗马和萨珊曾经的土地上，伊斯兰崛起，使陆

---

① 季羡林. 中国蚕丝输入印度问题的初步研究[J]. 历史研究，1955（4）. 转引自国家开发银行，联合国开发计划署，北京大学. "一带一路"经济发展报告[M]. 北京：中国社会科学出版社，2017：11–12.

② Robert Skidelsky. Will the 13th century pax mogolica return with China's new silk road?[J]. The Huffington Post，2015–06–22. 转引自国家开发银行，联合国开发计划署，北京大学. "一带一路"经济发展报告[M]. 北京：中国社会科学出版社，2017：13.

上丝绸之路再次中断衰退。

知识卡片 4-6

《剑桥欧洲经济史》关于元朝时陆上丝路转海上丝路的分析

珍妮特·阿布-路高德（Janet Abu-Lughod）认为，蒙古国治下的13至14世纪，欧洲西北部至中国有8条重合且繁荣的贸易路线。这8条中欧间的贸易通道不久后因中亚各国陷入战乱而受阻。

对此，《剑桥欧洲经济史》第2卷做了分析："从地中海到达远东的两条路线——陆地经过中亚、海上绕过印度——在不同时期都繁荣过，而且这两条路线很少直接竞争……相应地，西亚、东南欧和俄罗斯大草原上蒙古国人的征杀导致了远东古代陆上贸易路线的破坏与转向。大体而言，当中国（或蒙古国人）的政治控制扩张到西方——突厥斯坦——时，当波斯、近东和地中海东部较为安宁时，陆地路线的确开始繁荣。……拜占庭丝绸工业的发展是以东方手艺人披露的工艺秘密为基础的，伊斯兰在前罗马和萨珊土地上的崛起导致了陆地贸易路线的衰退。"

资料来源：波斯坦等. 剑桥欧洲经济史[M]. 2卷. 北京：经济科学出版社，2004：371.

原因之二是宋代之后国家经济重心南移，陶瓷业中心亦南移。丝绸自然仍是丝路贸易的主角。同时，瓷器和茶叶在海外贸易中的地位上升。瓷器笨重且易碎，而茶叶为大宗商品，在海外贸易中都适宜于海路运输，或者也可以说，包含中国丝绸在内的各种特色商品经由沿海港口输出更为方便。因此，在对外贸易中，海上丝绸之路的重要性开始远超陆上丝绸之路。

原因之三是宋代航海技术有了明显进步。罗盘导航在航海中得以运用,中国造船业迅速发展。(南宋)吴自牧的《梦粱录》卷12记载,宋时海船大者载重达五千料(一料约合60公斤),载五六百人。《全球通史》作者斯塔夫里阿诺斯(Leften Stavros Stavrianos)指出,宋朝时中国人在造船业、航海业方面进步巨大,比如指南针、可调中心垂直升降板的平底船和布帆的使用。[①]

最后却并非不重要的原因是,宋朝时中国人开始大规模地从事海外贸易,而非主要依凭外国中间商。这时的中国在朝着海上强国的方向发展。[②]

此外,还存在陆上丝绸之路与海上丝绸之路早在唐宋之前就已并存而有别之说。1903年,法国汉学家沙畹(Edouard Chavannes)指出:陆上丝路从北道出康居,南道为通印度诸港之海上丝路,以婆庐羯泚(Broach)为要港;罗马Justin不经由波斯与印度诸港通商,在公元531年遣使前往阿拉伯西南 Yemen与Himyarites去印度购丝,而后转售给罗马人。因为罗马常有舟航至印度[③],而印度的丝织品则来自中国。

二、第二次陆海丝路变迁与丝路贸易

在以亚欧非为依托形成欧亚大陆的世界史时代(即旧世界时代),丝绸之路是连接世界上各个文明圈最重要的纽带。相应地,之

---

① 斯塔夫里阿诺斯. 全球通史(上)[M]. 北京:北京大学出版社,2005:260.

② 斯塔夫里阿诺斯. 全球通史(上)[M]. 北京:北京大学出版社,2005:261.

③ 沙畹. 西突厥史料汇编[M]. 冯承钧,译. 北京:中华书局,1958:167. 转引自国家开发银行,联合国开发计划署,北京大学著.“一带一路”经济发展报告[M]. 北京:中国社会科学出版社,2017:5.

后丝绸之路发展史上还出现了全球化世界史时代（即大航海时代），世界史从此开始步入包含新大陆在内的以全球性规模变动为主导的时代。

在世界大时代变动趋势下，出现了陆上丝绸之路向海上丝绸之路的第二次转移。

大航海时代推动丝绸之路由陆上向海上转移的力量来自欧洲。曾经一度被亚洲文明耀眼的光辉与繁荣遮蔽的中世纪欧洲潜在的各种力量，仿佛骤然之间悄无声息地改良升级了来自中国的火药、罗盘针等技术。更为重大的变化是，葡萄牙、西班牙等欧洲极西地带的海洋民族表现出对航海科学和技术知识的狂热追求，并坚持不懈地进行航海探险。由葡萄牙、西班牙、荷兰、英国等皇家资助的航海探险事业，集宗教信仰狂热、经济利益渴求和痴迷海洋探险于一体，有着源源不竭的个人、群体和国家动力，展示出了十年磨一剑和不断摸索试错的耐心、好奇心与自信心。

葡萄牙和西班牙率先而为。在航海科技达到一定水平后，欧洲这两个小国的航海探险家携带铁制刀剑、马匹和火枪，乘着大型远洋船只驶出大西洋东海岸，开启了称霸海上、在世界范围内仗剑经商的强迫贸易历程。西班牙与葡萄牙划洋而治，将全球一分为二各自收入囊中。西班牙掠夺和积累源于新大陆的以白银为主的财富；葡萄牙人则抵达亚洲，闯入中国抢占沿海岛屿，并长期占有和窃居中国澳门。与此同时，行走世界的欧洲人向欧洲大量移植土豆、玉米等耐寒作物，并大规模促进农业发展，进而推动完成产业革命。最终，欧洲在各方面都凌驾于亚洲之上了。

这就是说，西欧各国在上升期生产力与军事力量并重。基于此，作为世界史发展原动力的丝绸之路贸易流通以大航海时代为界线，再次发生了巨大转换。具体地说，到了全球化世界史海洋时代，那些分量沉重且体积庞大的商品，包括粮食、原材料与生活必需品等，大量地进行海上长距离运输变得不仅可能，而且更加快捷。很长时期内，东西方海上丝绸之路在欧洲海洋强国的控制下，贸易商品仍以丝绸、瓷器与茶叶等为主。

反观欧亚大陆世界史内陆时代，丝绸之路贸易尽管会因时间和地点而有所不同，也有过一些短距离运输食盐和谷物等生活必需品的情形，但总体而言，陆上丝绸之路仍是以中长距离运输那些轻巧却贵重的商品，即奢侈品与嗜好品为主流。

陆上丝绸之路时期，商人们在长距离或中长距离贩运奢侈品的过程中，有的也会从事短距离交易。那种情形之下所贩运的不仅有马、骆驼等价格高又跑得快的家畜，也有价格低廉、行动迟缓的家畜，如绵羊、山羊、牛等。这些丝绸之路贸易商人中，以阿拉伯商人、印度商人、巴格达商人、粟特商人、波斯商人、叙利亚商人、犹太商人、亚美尼亚商人、回鹘商人等最著名。

令人遗憾的是，有关陆海丝路变迁中的贸易情况记录并不多。商人的商业行为以及与贸易相关的公开记录少之又少，传于后世的也就更为少见。但是，透过保留至今的建筑遗址与壁画中的物品，还是可以窥见丝绸之路上贸易发达、繁荣的情形。有一个秘籍，从留传下来的壁画看，壁画画面越大费用就越高，因为壁画常会用到一些称为宝石的高价颜料，比如青金石、绿松石、金泥和银泥等，壁画因而就成为一种财富的象征。

敦煌壁画

说明：莫高窟第57窟《佛说法图》
右侧的菩萨。初唐时期作品，菩萨
身上佩戴着华丽的装饰品。

片治肯特遗址壁画

（8世纪作品，塔吉克斯坦考古博物馆藏）

说明：一般认为该图描绘了粟特贵族宴会场面。

　　与第一次陆海丝绸之路转移相比，陆上丝绸之路向海上丝绸之路的第二次转移具有鲜明的特点。这个特点就是：陆海丝绸之路第二次转移之前，传统丝绸之路所连通的国家通常不会冲击到历代中国王朝的安定；然而，陆海丝绸之路第二次转移以来，中国实际上成为西欧海洋强国的猎物，这些海洋强国不仅掌控了中国的丝绸贸易，还入侵了封建中国的国家机体。①总之，陆海丝绸之路第二次转移深刻揭示了西欧海洋文明与中国大陆文明的差异。

---

① 国家开发银行，联合国开发计划署，北京大学.“一带一路”经济发展报告[M]. 北京：中国社会科学出版社，2017：13.

第五章

丝绸之路上思想交流的
先锋知多少?

那些相继踏上充满未知的西去东来之路的人们，为后世探出的这条通天坦途——丝绸之路，也是东西方思想交流之路。那些已随时光走远的探路者，是值得人们永远铭记的丝绸之路思想交流先锋。

第一节　东来西往的马可·波罗们

为东西方打开第一扇思想交流大门的先锋首推马可·波罗。无论东方还是西方，都有人加入他的行列，一起组成了马可·波罗丝绸之路思想交流团队。

一、名闻天下的马可·波罗来过中国吗?

1271年马可·波罗在威尼斯告别家人

长期以来，欧洲各国的人们对《马可·波罗游记》的真实性持怀疑态度。越来越多的人则认为马可确实来过中国。马可·波罗生活的时代，东西方之间陆上丝绸之路早已开通，他有条件到中国，因此，《马可·波罗游记》并非天方夜谭。

知识卡片 5-1

马可·波罗到访元朝中国

他们（马可·波罗父亲和叔父）兄弟二人携带马可到此大城以后，遂赴宫廷觐见君主。时其左右侍臣甚众，他们三人跪见，执礼甚卑。大汗命他们起立，待遇优渥。询问他们安好及别后之事。他们答复沿途无恙，于是呈递其所赍之教皇书状，大汗甚喜。已而进呈圣墓灯油，大汗亦甚欢欣。及见马可在侧，询为何人。其父尼古拉答曰："是为我子，汗之臣仆。"大汗曰："他来甚好。"……马可嗣后熟习鞑靼的风俗语言，以及他们的书法，同他们的战术，精练至不可思议。他甚聪明，凡事皆能理会，大汗欲重用之……其后马可·波罗（当时才二十岁左右）仕于大汗所垂十七年，常奉使往来于各地。他人既聪明，又能揣知大汗之一切嗜好，于是他颇习知大汗乐闻之事。每次奉使归来，报告详明，所以大汗颇受宠爱之。凡有大命，常派之前往远地，他每次皆能尽职。所以大汗尤宠之，待遇优渥，置之左右。

资料来源：郑彭年.丝绸之路全史[M].天津：天津人民出版社，2016：139.

（一）马可·波罗眼中的中国是什么模样？

《马可·波罗游记》对丝绸之路和中国都有相当篇幅的描述，代表了世界看中国的一种视角，在西方社会留下了中国美妙的身影。

在元朝的17年间，马可曾到访中国南北许多名城。马可的兴趣主要在于经济、商业、地形和道路走向等，重点记述了忽必烈治下

元朝各地风土人情见闻。元朝大都城（汗八里）有如棋盘一般整齐的街道，市场上有南来北往的印度和中亚等地商贾，丝绸、瓷器、金银珠宝、盐、谷物、稻米、香料、姜、糖等世界上任何珍稀物品都能在大都的市场上买到。每天驮运生丝进城的车不下千辆。树皮制造的纸币在全国通行，可像金银一样充作军饷。元朝的交通运输、驿站制度、关津道路和物价管理，还有蛮子（即原南宁地区）居民高超的工艺和经商的才能，美丽的城市和港口，舟楫往来的广阔水域交通，都令人叹为观止。①

马可眼中的中国喀什。游记将喀什称作喀什噶尔（Kashcar）。"喀什"意为玉石，"噶尔"即集中，二词相合就是玉石集中之地。这表明宋末元初城市名喀什噶尔替代了旧名疏勒，后人则简称喀什。

马可的回忆里，"他们有美丽的花园、果园、葡萄园。……国中的商人遍布世界各地。（They have handsome gardens, orchards, and vineyards. ...merchants from this country travel to all parts of the world.）"②马可看到繁荣的喀什市场上有不同肤色和语言各异的商人在从事贸易；同时，马可亲自从丝绸之路东来，了解到喀什当地有商人沿丝绸之路到世界各地经商。马可对喀什的回忆得到了后世人的印证。清朝时有一位名叫萧雄的文人学班超投笔从戎到新疆从军，他经过喀什时曾题诗一首：

---

① 张国刚. 胡天汉月映西洋：丝路沧桑三千年[M]. 北京：生活·读书·新知三联书店，2019：154–155.

② Marco Polo. The travels of Marco Polo[M]. Hertfordshire: Wordsworth Classics of World Literature, 1997：49–50.

喀什噶尔

迢遥疏勒峙边雄，据水凭山物产丰。

天使墓门千载在，海邦商旅一途通。

马可眼中的中国泉州。《马可·波罗游记》中记载，泉州瓷器物美价廉，只需一威尼斯银币就能买8个瓷杯。元朝时的"中国制造"，包括用中国精美的瓷器品中国香茶、穿中国丝绸刺桐缎，用铜壶铜盘铜火锅、铁锅铁铲铁火炉，一度引领全球流行风潮；泉州还是进口商品聚集地，有商船从海外运到泉州行销全国的药材、香料、布帛和珠翠等名品蓄货。[①]

马可·波罗感叹泉州不愧为东方第一大港，竟比埃及亚历山大港还壮观宏伟。泉州拥有漫长的海岸线，水域宽阔，航道幽深，有适合停靠大型船舶的得天独厚的地理条件。港口熙熙攘攘一派繁忙景象令人吃惊。一百艘大船停泊港口，小船则不计其数。世界各地都有商人在泉州做生意，把世界各地的精美物品运到这里，也把世界各地的人们喜爱的丝绸和瓷器等中国商品装满大船后驶向异国他乡。就要离开中国时，马可一行也加紧购买了瓷器、丝绸和药材等精美贵重的中国商品，把船舱装了个满满当当才启航离去。

马可·波罗注意到，自己船队的十四艘大船是在泉州港加工打造的。泉州港是当时世界最大的造船基地之一。中国大船比在霍尔木兹港见到的那些船要强得多。[②]

---

① 吴剑锋，周义，陈颖艳.马可波罗都来"碰瓷"的城市究竟有何魅力？[N/OL].（2021-07-27）.新华社微信公众号.

② 赵洋.海上历险记[M].北京：化学工业出版社，2020：4-7.

知识卡片 5-2

泉州和马可·波罗罐

意大利圣马可教堂中有一件特殊的瓷器藏品。七百多年前，它跟随主人、意大利旅行家马可·波罗跨越大半个地球，一路从泉州来到意大利，这就是"马可·波罗罐"。

一个在西方，一个在东方；一个是环游世界的背包客，一个是万国来商的国际港，是什么吸引马可·波罗来到泉州的呢？

只需看一眼泉州在地理版图中的位置就明白了。泉州，身居东南，依山面海。泉州人很早就开始向海讨生活。七百多年前，在大多数中国人还盯着内需时，聪明的泉州人就拉起马车去港口，叽里呱啦地跟洋人做开了大生意，还一跃成为和亚历山大港比肩的东方第一大港。

马可·波罗返回家乡时就是从泉州启程离开中国的。泉州在《马可·波罗游记》里留下了精彩的篇章。

资料来源：吴剑锋，周义，陈颖艳.马可波罗都来"碰瓷"的城市究竟有何魅力？[N/OL].（2021-07-27）新华社微信公众号.

知识卡片 5-3

中国古代海船

中国古船仿蹼足水鸟而建造，船只最宽处位于船体中部靠后部分。西方人则是按照鱼的体形外观造船，船只最宽处位于船体靠前部分。中国古代海船主要包括四种，即福船、鸟船、广船和沙船。

中国古代海船

　　福船在宋代出现，流行于福建、浙江沿海地区，是一种尖底海船。福船吃水可达4米，主要行驶在南洋和远海。福船外形高大，底部尖而上部阔，首尾高昂上翘，船体两侧有护板。船上甲板平坦，龙骨厚实，因采用水密舱技术而具有优越的安全性能。

　　鸟船起源于宋代，在浙江沿海一带使用较广。该船因船头形如鸟嘴而得名，船身长而直，船头尖而细，船上有桅、蓬（帆），船体两侧有橹。有风可扬帆，无风可摇橹，鸟船行驶快速灵活。

　　广船产于广东，是中国古代南海航线上的重要船型。广船的基本特点在于头尖而体长，船身吃水较深，梁拱小，甲板脊弧不高。广船船体横向结构采用紧密的肋骨与隔舱板构成，纵向强度则依靠龙骨和肋骨一起作用维持。广船的特点是结构坚固，适航性能与续航能力较好。

　　沙船源于唐代，是大型平底运输船，因适用于水浅而沙多航道而得名。沙船头尾皆方，甲板宽敞，船上容积大，船舷较低。沙船的船体采用了大梁拱，桅杆与帆都很多，在强风大浪中也能够快速航行。沙船船舵面积大，能升降，可以抗击七级风浪，适航性较强。

资料来源：赵洋. 海上历险记[M]. 北京：化学工业出版社，2020：6-7.

（二）马可·波罗对丝绸之路的思想影响

一部《马可·波罗游记》影响了西方数位航海家，影响了丝绸之路，影响了世界[①]，某种程度上也反映了中国对世界的影响。

14世纪时，一些前往东方的传教士使得《马可·波罗游记》逐渐流传开来。14世纪50年代，一部欧洲编年史著作记录了马可·波罗的远东行记。1375年《加泰罗尼亚地图》参考了马可·波罗亚洲行记录，《马可·波罗游记》开始进入信史之列，不断指引西方人踏上发现新世界之旅。

此前，西方乃至整个世界对于远东所知不多。古典时代欧洲最知名地理学家托勒密的《地理学指南》认为，只有经陆路才能到达丝国（中国）。《马可·波罗游记》则表明，在亚洲大陆的最东部是海岸边缘，其水域不是封闭的。行在（即今杭州）城距离海洋只有25里，可乘船经海路到达。西方史家有评价认为，《马可·波罗游记》对亚洲东海岸的描述，对排除前往远东海路的困难具有极大价值。

在《马可·波罗游记》的忠实读者中，最值得一提的是航海家哥伦布（1451—1506）、地理学及地图学家托斯堪内里（1397—1482）、新大陆命名人亚美利哥（1454—1512）、首次环球航行者麦哲伦（1480—1521）以及达·伽马（1469—1524）等地理大发现重量级人物。马可·波罗由此深刻地影响了海上丝绸之路的连通。

哥伦布是热那亚人，经常阅读1485年出版的拉丁文《马可·波罗游记》，在书上加批边注264处，共475行。

---

① 张国刚. 胡天汉月映西洋：丝路沧桑三千年[M]. 北京：生活·读书·新知三联书店，2019：152–158.

依据《马可·波罗游记》，托斯堪内里坚信，与托勒密的设想相比，亚洲大陆还要向东延伸出更长，并提出了许多西行去寻找东方的具体设想。托斯堪内里与哥伦布多次互相通信问答和咨询，并把新绘制的世界地图给了哥伦布，促使哥伦布下决心西航。

1492年进行首航时，哥伦布携带了一部《马可·波罗游记》、西班牙国王的一封正式致蒙古大汗国书、两份空白备用国书。到达美洲东海岸后，哥伦布着手寻找行在（杭州），并以为古巴是《马可·波罗游记》中的吉潘各（Cipango，日本国）。

达·伽马也是《马可·波罗游记》的忠实粉丝。在率舰队出发前，达·伽马准备工作中重要的一项就是再一次详细通读《马可·波罗游记》。

马可还有力地影响了葡萄牙航海家亨利王子。亨利王子率领的探险队沿西非海岸探索向南航行的路线时，也在摸索着绘制非洲海岸航海图。佩德罗（亨利王子的哥哥）于1428年自威尼斯带回了一张世界地图和《马可·波罗游记》，对亨利王子绘制航海图很有助益。[①]

二、同样名闻天下的马可·波罗们

在马可·波罗之后，东方和西方都有被视为马可般的思想交流先锋。

（一）中国第一位"马可·波罗"范守义

范守义是第一位西行欧洲的中国人，他著有《审鉴录》。

---

① 张国刚.胡天汉月映西洋：丝路沧桑三千年[M].北京：生活·读书·新知三联书店，2019：163.

知识卡片 5-4

第一位西行欧洲的中国人范守义

范守义，生于1682年6月13日，山西省平阳府人，年轻时以仆从身份投靠在山西传教的意大利人艾若瑟（Antinio Francesco Giuseppe Provana，1662—1720）门下。

我国文献学家王仲明在罗马维多利亚·埃曼努尔图书馆发现了18世纪初范守义所写《审鉴录》手稿。1977年，方豪将范守义的《审鉴录》发表在其《中西交通史文集》第4册。

资料来源：郑彭年.丝绸之路全史[M].天津：天津人民出版社，2016：235-236.

1705年3月，作为天文生的范守义陪同艾若瑟去北京。康熙帝与罗马教皇使节铎罗（Charies Thomas Mailard de Tournon）因礼仪问题有争执，于是任命艾若瑟去谒见教皇。范守义则陪同艾若瑟奔赴欧洲，并成为中西"礼仪之争"见证人。1720年10月11日，范守义回到帝都谒见康熙帝。从欧洲回来后，范守义写下了《审鉴录》，记录了其在欧洲的见闻，为后人留存下了欧洲当时的一些情况，极为珍贵。

范守义在《审鉴录》开头介绍了自己远赴欧洲的艰辛和风险。

1707年10月，范守义与艾若瑟离开北京一路南下。1708年1月14日，二人登上大船耶稣基督号。二人乘船所走航线不同寻常，从澳门经印尼巴达维亚（雅加达）、古巴巴希亚港，再到欧洲里斯本，最后抵达罗马。

知识卡片 5-5

范守义《审鉴录》节选欣赏（1）

我姓范，名字叫守义，生长于山西的平阳，从小大人就教育我尊敬真正的老爷，好好地侍候他。如果我记得不错的话，1707年冬末，著名的西方学者艾若瑟受命出使西方，我作为他的同伴随他同行。我们跋山涉水，经过很多城市和地区，并且历经千辛万苦，遇到狂风巨浪带来的危险，这些危险远比我们所描述的大很多。一个人只是听见别人谈到这些危险而没有亲眼看见这些危险，他怎能理解呢？

资料来源：郑彭年. 丝绸之路全史[M]. 天津：天津人民出版社，2016：236.

知识卡片 5-6

范守义《审鉴录》节选欣赏（2）

我们登上一艘载满着货物和供应品的巨大战舰离开澳门。战舰在无边无际的大海上毫不费力地航行，日日夜夜朝着西南方向前进。我们在海上航行了两个月，经过很多各不相同的国家，如巴拉基亚、马尼拉、马六甲、邦加、苏门答腊和很多小岛。天气越来越热，植物长得又高又大，人口稠密，物产丰富，不少植物发出芬芳的气味；黑胡椒，干果皮，一种可提取红色染料的木材苏方，檀香木；一年四季盛产的水果。当地人的皮肤黑色，他们性情温和。

在马六甲王国有一座叫巴达维亚的大城市，那里荷兰商人云集，有二百多艘远洋船只停靠在港内，步兵和骑兵日日夜夜不间断地守卫着各处炮台。城墙之内是街道和郊区，它们被流经城中央的一条河流分开，河岸旁树木成行。在所有的商店

中，无论是大商店或小商店，摆满了各式各样西方和中国的商品，在那里可以找到你想买的任何东西。官员们的带有花园的住宅都建在城外。

资料来源：郑彭年. 丝绸之路全史[M]. 天津：天津人民出版社，2016：236-237.

绕过好望角之后，耶稣基督号大船沿着曲曲折折的航线横跨大西洋，又沿巴西到里斯本航线前进。

知识卡片 5-7

范守义《审鉴录》节选欣赏（3）

因为船上缺少淡水，我们开进了美洲的巴希亚城（在巴西）。城外的港口有一个平静的锚地，内有一百多艘大船，特别是有一些非常长、非常大、舷壁非常厚的战舰，舰上装有大炮。这个地方土地肥沃，四季气候宜人，出产香油树，可提炼愈合伤口的香油，还有鼻烟、桂皮、白糖、丰富的谷物、牛羊，金矿银矿的蕴藏量很丰富，并且很容易开采。葡萄牙占领了这个靠近大海的地方。城中建造了一座天主教堂，即万圣堂，以及一所进行宗教教育的学院，这两座建筑物既高大又坚固；学校里有各式各样的工具。那里有一所大学和一所中学。这两所学校都建造得很好，很漂亮，很多人进进出出；学生们都很聪明、颖悟。城中的管理人员像是以前的高级官员，监督完成各种行政事务和军事事务。山顶上有一所耶稣会的寄宿学校，校内共有一百多名学习宗教的学生。这些学生具有制造机器所需的一切东西，他们很快就能造出一台机器，这表明他们富于独创性。因为这一地区没有可以用来建造巨大建筑物的石头，所以他们派人去欧洲购买现成的石材，用来建筑巨大的建筑物。有一座大厦非常大，里面保存着珍贵的物品。大厦的上层是一座图书馆，共有五六十个书柜。书柜内装满了几万册图书。

资料来源：郑彭年.丝绸之路全史[M].天津：天津人民出版社，2016：237.

　　1708年9月，范守义、艾若瑟二人到达里斯本。

知识卡片 5-8

范守义《审鉴录》节选欣赏（4）

　　我们乘坐的船只开进了港口。港口内建造了很多堡垒，用来保卫港口。所有从海上来的船只必须在堡垒旁停泊，有关官员下令进行检查，并且根据检查结果决定是否准许该船进港。在航行五里之后，我们看见城墙被一条从城内流入海的大河所环绕，港口内停泊着三四百艘远洋船只。那一天我们离船上岸，并且到耶稣会的学校住宿。艾若瑟神父像他通常处处都留心的那样，仔细地环顾四周，并且让我们也朝四周看看，向我指出，所有的金属制品全是白银做的。我们所看到的景象，比在其他任何地方所能看到的更为壮观，这是一座极其富裕的城市，不缺少人们所需要的任何东西。这里有很多喷泉，房子都是三四层楼。贵族和国王的宫殿非常漂亮，天主教堂也非常漂亮，它们是为供奉圣母玛利亚和圣者建造的，全部用石头建成，建造得十分巧妙，并且上面还常以金银制成的还愿雕像装

饰。这里有为数甚多的宗教学校，每所学校的学生人数通常达到100人。学校分为以下的年级：小学有四个年级，中学有两个年级，高等学校有三个年级。另外，这里还有一些慈善机构，收留了很多人，还有很多美丽的花园。

资料来源：郑彭年. 丝绸之路全史[M]. 天津：天津人民出版社，2016：237-238.

艾若瑟和范守义在里斯本受到葡萄牙王若昂五世召见。

知识卡片 5-9

范守义《审鉴录》节选欣赏（5）

在第三天，国王召见我们，他的王宫比我从前所见过的任何王宫都要漂亮得多。在外面，有一支卫队；在里面，有很多仆人。国王同他的三个弟弟住在一起。他大约有二十岁，举止端庄，和蔼可亲。过了一天，我们又见到国王，他下令让我们在宫中到处参观。我们看到挂在墙上的帘子，其中一些是织有金银丝浮花的锦缎，上面绣上或画上各种图样。他们在夏天用精美的窗板来遮挡阳光，宫内安装了玻璃窗，还有绣满花纹的靠垫，用黄金镶饰的凳子，令人眼花缭乱的水晶桌子。宫内也有一座教堂，国王经常到那里去做弥撒。第二天，国王和王后到教堂去做感恩祈祷。他们的马车是如此漂亮，简直难以用笔墨形容。宫廷中的人全都向国王表示敬意。当国王站起来时，旁边的官员们都向他三鞠躬，并且走到国王的面前，吻国王的手，或者问候他的健康，或者退下，就这样接连不断地进行下去，直到全部过程结束。

资料来源：郑彭年. 丝绸之路全史[M]. 天津：天津人民出版社，2016：238-239.

之后，他们又访问了地中海的国家和城市，对罗马赞誉有加。

知识卡片 5-10

范守义《审鉴录》节选欣赏（6）

我们来到了教皇的国家。它的首都叫罗马，自古以来就是一座巨大的城市。罗马城墙长达 100 里，教皇就住在这里。到了夜晚，城门也不关闭。我们抵达罗马之后大约过了两天，有幸见到教皇，受到他极好的接待。他允许我们到处观看皇宫内外的所有建筑物。建筑物数以万计，既高大又豪华，所以很难对它们做出恰如其分的描述。

资料来源：郑彭年. 丝绸之路全史[M]. 天津：天津人民出版社，2016：239.

艾若瑟在罗马代表中国的耶稣会士面见皇帝，并要求教皇批准取消中国基督徒不可以祭祖和祭孔的敕令，然而并没有成功。范守义在被委以圣职后不久就离开罗马前往里斯本。1719年5月，范守义乘坐"方济各·沙勿略"号返回中国。

在离好望角不远的海上，艾若瑟去世了。范守义担负起了保护艾若瑟遗体和遗物的重任，还承担了艾若瑟所负使命未完成的各项事宜。1720年2月，范守义在澳门上岸，迅速赶往北方。1720年10月11日，范守义谒见了康熙帝，完成了整个欧洲之行。

范守义在中西文化冲突的"礼仪之争"里起了未受后人应

有重视的作用①，作为赴欧洲旅行第一人，他是中国的"马可·波罗"。

（二）20世纪的东方马可·波罗徐志摩

徐志摩一生三次赴欧美，在丝路留下了足迹和作品，被称为20世纪的"东方马可·波罗"。

知识卡片 5-11

徐志摩

徐志摩

中国现代大诗人徐志摩（1896—1931），浙江海宁人，中国"新月派"代表诗人。1918年，徐志摩从北京大学毕业后赴美国哥伦比亚大学留学；1920年，转到英国剑桥大学读书，获硕士学位，深受浪漫派诗人拜伦、雪莱和济慈的影响。

资料来源：郑彭年. 丝绸之路全史[M]. 天津：天津人民出版社，2016：419.

徐志摩第一次丝路之旅是赴欧美留学。1918年8月14日，徐志摩在上海搭乘"南京轮"出发赴美留学，与朱家骅、李济、查良钊等同行。"南京轮"经横滨、檀香山航行21天到达旧金山后，徐志摩又横跨美洲大陆，经芝加哥、纽约到达马萨诸塞州的乌斯特，就读克拉克大学历史系，并于1919年6月毕业；紧接着，于同年9月

---

① 郑彭年. 丝绸之路全史[M]. 天津：天津人民出版社，2016：235–239.

入读纽约哥伦比亚大学经济系，1920年获得哥伦比亚大学文学硕士学位；之后，他放弃了在哥伦比亚大学攻读博士学位的机会，横渡大西洋去了英国，想到剑桥大学跟随罗素学习。然而，罗素已不在剑桥大学，徐志摩未能如愿，就进入伦敦大学政治经济学院攻读博士学位。

1921年初，徐志摩结识作家狄更斯后，经其介绍，入读剑桥大学国王学院。"我的眼是康桥教睁的，我的求知欲是康桥给我拨动的，我的自我意识是康桥给我胚胎的。"这期间，徐志摩经常与罗素来往，实现了向罗素学习的夙愿。

1922年8月，徐志摩写下《康桥再会吧》，告别剑桥大学准备回国；9月，经巴黎至马赛乘船回国，途经地中海、苏伊士运河、印度洋时，作诗《地中海》《梦游埃及》《地中海中梦埃及魂入梦》与散文《印度洋上的秋思》。其中，《地中海》一诗最具丝路文化韵味。

知识卡片 5-12

《地中海》节选

地中海呀！你是欧洲文明最老的见证！

魔大的帝国，曾经一再笼卷你的两岸；

霸业的命运，曾经再三在你酥胸上定夺；

无数的帝王，英雄，诗人，僧侣，寇盗，商贾，曾经在你怀抱中得意，失志，灭亡；

无数的财货，牲畜，人命，舰队，商船，渔艇，曾经沉入你的无底的渊壑；

无数的朝彩晚霞，星光月色，血腥，血糜，曾经浸染涂糁

你的面庞；

无数的风涛，雷电，炮声，潜艇，曾经扰乱你平安的居处；

屈洛安城焚的火光，阿脱洛庵家的惨剧；

沙伦女的歌声，迦太基奴女被掳过海的哭声；

维雪维亚炸裂的彩色，

尼罗河口，铁拉法尔加唱凯的歌音……

都曾经供你耳目刹那的欢娱。

历史来，历史去：

埃及，波斯，希腊，马其顿，罗马，西班牙——

至多也不过抵你一缕浪花的涨歇，一茎春花的开落！但是

你呢——

依旧冲洗着欧非亚的海岸，

依旧保存着青年颜色，（时间不曾在你面上留痕迹）。

依旧继续着你自在无挂的涨落，

依旧呼啸着你厌世的骚愁，

依旧翻滚着你浪花的样式，——

这孤零零地神秘伟大的地中海呀！

资料来源：本社.徐志摩诗作全编[M].杭州：浙江文艺出版社，1990：41-42.

徐志摩第二次丝路之旅是赴欧洲游学。1925年春，徐志摩到
欧洲游学，并打算在欧洲会晤印度诗人泰戈尔。此次，徐志摩从
陆路——西伯利亚大铁路去欧洲。

1925年3月10日，徐志摩从东北前往苏联赤塔；3月20日到达

莫斯科；3月26日抵达柏林；4月初去法国浏览，并拜谒曼斯菲尔德、小仲马、波特莱尔、伏尔泰、卢梭、雨果等人之墓，又到意大利拜谒雪莱、济慈、白朗宁夫人、米开朗琪罗、但丁等人之墓——徐志摩说，上坟是中国文人的癖好，吊古却是情绪自然地流露，想象已往的我，慰藉心灵的孤幽；4月8日，徐志摩到伦敦探访挚友；4月11日，离开伦敦到巴黎；4月15日到达意大利威尼斯，在意大利各地漫游约两个星期。

徐志摩到意大利时，泰戈尔因病回国，行前就留信一封询问在欧洲等他还是去印度与他见面，之后于7月下旬回国。

徐志摩第三次丝路之旅是游览欧美和印度。1928年6月15日，徐志摩自上海出发去日本、美国、英国、法国、印度等地游览。徐志摩这次去欧美和印度有两件要事：一是为1924年泰戈尔在中国山西省进行农村建设筹措资金，二是打算会见泰戈尔。徐志摩到伦敦后，前往达廷顿庄园看望恩厚之夫妇。他们称赞徐志摩与泰戈尔的中国农村建设计划，答应在经济上给予支持。泰戈尔则对徐志摩首次到访印度感到很高兴。二人天天见面，和谐融洽，共同讨论了中国农村建设规划，可惜最后未能实现；徐志摩还参观了印度各地佛教名胜。11月6日，徐志摩在中国海（南海）作诗《再别康桥》，11月上旬回到上海。

徐志摩第三次游历欧美与印度时横渡太平洋、大西洋，从英伦到马赛，进地中海，再经苏伊士运河进印度洋，沿南海路回中国。这意味着徐志摩是第一位亲历整个丝绸之路的中国人。[1]

---

[1] 郑彭年. 丝绸之路全史[M]. 天津：天津人民出版社，2016：422.

知识卡片 5-13

大诗人徐志摩与丝绸之路

1928年12月3日，徐志摩在给蒋尉堂的信中说：

"此行（徐志摩第三次欧美、印度游）先后五月，由纽约而英伦，更经柏林、巴黎到佛府（意大利佛罗伦萨），与卫礼贤畅叙甚欢。游印度三星期，见诸大菩萨，登须弥高峰；心愿大偿，欢喜无量。"

资料来源：徐志摩. 徐志摩全集[M]. 5卷. 南宁：广西民族出版社，1991：558.

第二节　取经传教的玄奘们

　　丝绸之路上，有一群致力于通过取经传教沟通东西方的思想交流先锋，以中国唐代高僧玄奘为代表，属于唐玄奘们的团队并有东方团队与西方团队之别。

一、穿越古今东西时空的唐玄奘

　　尽管之前已有西出国门求取真经者（如东晋高僧法显），玄奘仍被视为丝绸之路上贯通东西方文化交流之路的标志性人物。[①]

　　（一）玄奘冒险西行求取真经

　　玄奘本名陈祎，公元602年生于今河南省偃师市缑氏镇陈河村，系名门之后，文化基础良好。年少时，玄奘常在陈河村东南方向的少室山北少林寺观览，生发出与佛教的不解之缘。

　　天赋异禀的玄奘先后在洛阳、成都勤学苦读修习佛法。然而，当玄奘满怀继续发展的希望回到长安时，却发现流传中原的佛教经典时有错讹，这使得辩论交流中众说纷纭，甚至不知所以。玄奘于是萌生了西行印度求佛证道的愿念。

玄奘故里

---

① 张安福，党琳. 玄奘之路：玄奘看见的世界[M]. 广州：广东人民出版社，2020.

此时，大唐初建而天下未稳，势力强大的西突厥不时侵袭，唐朝边境戒严，京城戒严，任何人不得随意出城出关。玄奘几次上书朝廷，奏请西行前往印度，得到的答复都是"有诏不许"。无奈却也幸运，玄奘最终混在因霜灾而获准外出逃荒的难民中出了长安城。这一年是贞观元年（627年）。玄奘就这样只身西行去往印度求取真经。玄奘马不停蹄地经河西走廊，渡玉门关，越莫贺延碛，入伊吾赶往高昌。在高昌国，玄奘结识了对他义重情深并给予他巨大支持的高昌王麴文泰，之后的求经之路因而较为顺遂。玄奘继续西行，自别迭里山口翻越天山的支脉凌山，又沿热海道至碎叶，即今吉尔吉斯斯坦首都比尔什凯克东面的托克马克附近，继而穿越西突厥治下的中亚各国，在翻过兴都库什山脉后进入北印度，开启了漫长的取经之旅。

在共计长达19年的坎坷岁月里，玄奘行5万余里、经138国（亲践110国，传闻28国）、历九死一生、遍览世界文明。最后，玄奘于大唐贞观十九年（645年）回到长安。荣归故国的玄奘率领20匹马迤逦而入，载回了657部手书梵本经文，还有佛陀塑像、画像以及150枚佛陀真身舍利，受到了热烈欢迎，长安民众摩肩接踵争相观瞻。

大喜过望的太宗皇帝令玄奘安身弘福寺。之后，玄奘在弘福寺潜心译经，译出了《菩萨藏经》、《佛地经》、《六门陀罗尼经》、《显扬圣教论》、《大乘阿毗达摩杂集论》和《瑜伽师地论》。特别为太宗所看重的是，玄奘根据亲身经历编写了名闻遐迩的《大唐西域记》，书中详细记载了玄奘西行取经途中诸国的山川、城邑、物产和风俗等，对中国西北地区、印度、尼泊尔、巴基斯坦、孟加拉国、斯里兰卡及中亚等地的历史和地理做了极富价值的记录和探讨。

玄奘入住弘福寺约3年时，太子李治延请他入大慈恩寺为住持。为了安置从印度带回长安的佛经和佛像，以免后世散佚或因火灾损失，玄奘于永徽三年（652年）三月上表，表明了在慈恩寺建佛塔的计划，高宗当即表示支持。慈恩寺塔采用砖造，塔基每面长140尺，仿西域佛塔而建，共有五层，连相轮、露盘在内高180尺，每层中心均内藏舍利，彰显了大唐盛世基业。这就是名扬后世的大雁塔。

如今的大雁塔高65米，底层边长25米，并非玄奘主持修建时的模样，而是遗存下来的明清建筑。多年间，这里都曾是登临尽览西安风景的首选之地，向后世默默地诉说着唐玄奘西行取经的传奇。

（二）玄奘西行取经对唐王朝的重要价值

对于大唐王朝，玄奘西行取经的价值显而易见。

一是玄奘千辛万苦取自佛教发源地印度的佛经本身是无价的。自北朝至隋唐，帝王多崇信佛教，唐太宗自然不例外。佛学对唐朝民众也有着巨大影响。整个唐王朝对真经无限向往，这解释了为何玄奘归来时受到朝野上下的热烈欢迎。

唐太宗暗自中意的是玄奘取经的政治意义，玄奘也向太宗表明取经和译经"实资朝化"，有益于朝廷政教和风化，还将佛经解释权完完整整地交给了唐王朝，请太宗为其译经写序，并请太宗"望得守门，以防诸过"①。

二是玄奘一路西行所见所闻于唐王朝是无价之宝。西行归来的

---

① 张文木.学习唐三藏：从政治上看玄奘和大雁塔[J/OL].（2022-08-09）世界社会主义研究.

玄奘于唐王朝有着无可比拟的价值。对于有心开疆拓土的唐太宗，急需的是能够助其治理西域的文武之才。无论哪种人才，西域的人文、物产和地理信息都是不可或缺的。在唐太宗看来，即使玄奘曾"私行专擅"，"师去何不相报？"此行亦非虚妄。因为玄奘能滔滔不绝地向太宗详细阐述"自雪岭已西，印度之境"所有物产风俗。也就是说，自长安至印度，玄奘无异于凭一己之力为大唐王朝探明了治理西域的重要信息。具有军事情报价值的、内容翔实的关于西域人文、历史、地理的重要著述《大唐西域记》，应唐太宗所求而问世，是大唐王朝治理西域的必备参考。

三是玄奘西行顺利归来，促进了唐朝与域外各国交往的繁荣。东西方丝绸之路古道上使臣、商旅和僧侣沿着玄奘的足迹往来不绝。由此，印度制糖法、汉藏间茶马互市等丰富了人们的生活。更为重要的是，中原大量文化典籍、作物蔬菜、养蚕缫丝和织造技艺等东方财富进一步向西传播。这些交往扩大了丝路沿线各国人们的眼界，同时也加深了国家间、地区间和民族间政治、经济和文化联系程度。

（三）玄奘西行取经深远的世界影响

唐玄奘西行取经对世界所产生的深远影响随着时间的推移愈加显现。

榆林窟玄奘形象（西夏）

　　一方面，《大唐西域记》成为研究印度历史的重要典籍。印度虽是世界四大文明古国之一，却没有可供自身回望溯源的信史。所谓文明灿烂的古代印度，很长时间里只能在飘移不定的神话、宗教与传说中寻踪觅迹。直到19世纪，印度的历史研究仍如在暗夜里摸索一般。

　　然而，玄奘当年西行早已为勾勒印度历史埋下了浓墨重彩的伏笔。曾经艰难行走在丝绸之路上的玄奘与其他有名或无名的使者、僧侣共同书写和守护了印度历史。历史学家（印度）阿里称，若非玄奘与法显、马欢留传下来的多部著述，想要重现印度历史可以说是完全不可能的。

　　玄奘对印度历史和文化研究的影响之深尤为令人惊叹。今天，"印度"的国名可追溯至玄奘所做的记录。印度的国徽狮柱、国旗法轮图案也来自根据玄奘的《大唐西域记》对鹿野苑进行的考古发掘。

　　后人惊觉玄奘以脚步丈量出的距离竟能准确到一里不差。19世纪初，英国考古学家亚历山大·卡宁厄姆完全按照玄奘的《大唐西域记》，对印度著名的佛教遗址，如鹿野苑、那烂陀寺、菩提伽耶阿育王大塔和桑奇大塔等进行了考古发掘。1861年，卡宁厄姆的日记中一段关于玄奘《大唐西域记》的记述指出：发掘工作很单调；每天晚上睡觉前自己都会阅读《大唐西域记》；玄奘对著名的菩提树及其周围佛像、庙宇的记载很详细，据此很快就找到了大量遗迹；书中描述与考古所发现的结果非常吻合。此后，基于玄奘在《大唐西域记》中的记载，印度的重要历史建筑得以恢复。卡宁厄姆对大菩提寺的修缮就是如此，所用装饰图案、建筑材料均依照《大唐西域记》中的相关信息。

　　另一方面，玄奘精神被视为连结世界东西南北的情感纽带。玄奘历险西行取经的旅程在世界时空长廊中已化为一种精神——玄奘精神。人们早已达成了共识，即玄奘精神是丝路精神的内在组成部分，是联结丝路沿线国家的闪耀着历史光晕的情感和精神纽带。

达玛沟遗址大门

说明：达玛沟，意为佛法汇集之地，是环塔克拉玛干沙漠规模最大的佛寺遗址群。当年，唐玄奘正是在达玛沟佛寺一带等来了唐太宗的手谕："闻师访道殊域，今得归还，欢喜无量，可即速来与朕相见。其国僧解梵语及经义者，亦任将来。朕已敕于阗等道，使诸国送师，人力鞍乘应不少乏，令敦煌官司于流沙迎接，鄯善于沮沫迎接。"收到诏书的唐玄奘激动不已，即刻启程回国。

　　众所周知，玄奘是中印友谊的杰出使者和文化交流的共同话题。2014年9月18日，习近平主席到印度总理莫迪家乡古吉拉特邦访问时强调："中国唐代高僧玄奘到古吉拉特邦取经，然后把佛经带回中国，在我的家乡陕西西安传经。佛教从印度传入中国，对中国文化产生了深远影响。我邀请莫迪总理下次访问中国时到西安去看看，看看当年玄奘藏经译经的地方。"[1] 2015年5月14日，到访中国

①　习近平邀请印度总理到西安：看看玄奘译经处[N/OL].（2014-09-19）央视网.

的印度总理莫迪在西安受到习近平主席的接见。莫迪总理如约参访当年玄奘大师翻译佛经的西安大慈恩寺，并和习近平主席一道登临距今已一千多年的纪念玄奘西行的大雁塔。其间，莫迪总理在大慈恩寺玄奘三藏院般若堂以古吉拉特语写下了长达三页纸的留言，表达对玄奘精神的赞许。[1]

穿越时空的玄奘精神

唐玄奘闻名于其当年西行取经的沿线诸国。玄奘精神在很大程度上维系了取经路上各国间的情感。玄奘精神之于印度更是如此。

新中国成立后，玄奘就成为中印友好交流的象征。1957年1月12日，在那烂陀寺，班禅额尔德尼代表中国政府，将玄奘顶骨1份、玄奘译著1335卷及《碛沙藏》1部赠送给印度政府。尼赫鲁总理代表印度政府接受了顶骨，并转交那烂陀研究院。同年，为纪念中印文化交流先驱玄奘，中国政府捐款30万元人民币在那烂陀寺附近建造了中国式玄奘纪念堂。2007年2月12日，玄奘纪念堂修复完善工程全面竣工，中印双方在此举行了盛大的庆祝仪式。

玄奘精神具有时空穿越性。2015年5月，莫迪总理在大慈恩寺的留言译文为："印度的本质特性在于其精神文化。高僧玄奘通过佛陀的方式将和平、友爱和奉献精神传播给世界的大部分地区。每一个印度人都认为高僧玄奘是一位伟大的修行

---

[1] 冯国，郑凯伦.莫迪：每一个印度人都认为玄奘是伟大修行者[N/OL].（2015-05-18）新华网.

者。我非常荣幸，玄奘提到的阿难陁补罗，也就是今天的瓦德那嘎，是我出生的地方。根据玄奘的记载，那个地方在当时已经是佛教僧人的研修中心，今天我们已经在那里发现了一些佛教遗址。在玄奘的理解中，古吉拉特是狮子的土地，我认为这真正代表了印度的形象。我非常感谢尊敬的主席在百忙之中接待我参访大慈恩寺这个神圣的地方。印度和中国是两个精神遗产非常丰厚的国家，能够给世界传递和平与友爱的思想。衷心感谢尊敬的主席。"

资料来源：冯国，郑凯伦.莫迪：每一个印度人都认为玄奘是伟大修行者[N/OL].（2015-05-18）新华网.

不仅如此，玄奘之路和玄奘精神还是沟通东西南北的历史文化指向和地标。中亚所处地理位置、地缘特征和资源禀赋都决定了其古往今来一直具有的独特而重要的角色定位。玄奘取经途中行经的中亚等地如今已成为新丝绸之路关涉的重要地区。[1]

（四）玄奘西行取经有神奇的文化魅力

相对于玄奘西行取经对大唐乃至沿途各国直观的影响，玄奘西天取经对于中国和世界人民精神文化生活的影响堪称广泛而深远。借助文学作品，特别是中国四大古典名著之一《西游记》的魔力，加上现代影视艺术逼真的形象塑造，玄奘西行取经拥有了亦真亦幻、能够飞入世界各地人们内心的文化翅膀。

一方面，《西游记》是中国人心中的经典之作。在《西游记》原著的基础上，杨洁导演带领的电视剧创作和演员团队匠心独运，从

---

[1] 习近平.《习近平谈治国理政》[M].3卷.北京：外文出版社，2020：465-471.

知识卡片 5-15

唐玄奘与文明交流互鉴的丝绸之路

2019年5月15日，习近平主席在亚洲文明对话大会开幕式上的主旨演讲中指出，"丝绸之路、茶叶之路、香料之路等古老商路，助推丝绸、茶叶、陶瓷、香料、绘画雕塑等风靡亚洲各国"，"中国的造纸术、火药、印刷术、指南针、天文历法、哲学思想、民本理念等在世界上影响深远，有力推动了人类文明发展进程"，"中华文明是在同其他文明不断交流互鉴中形成的开放体系。从历史上的佛教东传、'伊儒会通'，到近代以来的'西学东渐'、新文化运动、马克思主义和社会主义思想传入中国，再到改革开放以来全方位对外开放，中华文明始终在兼收并蓄中历久弥新"。

2019年6月12日，习近平主席在塔吉克斯坦《人民报》、"霍瓦尔"国家通讯社发表的署名文章——《携手共铸中塔友好新辉煌》中指出："2000多年前，中国西汉张骞凿空西域之旅，开辟了伟大的丝绸之路，在人类文明交流史上留下了华美乐章。两国先民互通有无，互学互鉴。在中亚这片广袤土地上，大唐玄奘、明朝陈诚都留下了友好足迹。"

台词、人物到剧情进行了或增或删无限出彩的二次创作。电视连续剧《西游记》自1982年开播以来，持续成为一代又一代中国人共同的童年记忆。在电视连续剧《西游记》中，以玄奘为原型的唐三藏西行取经不再是艰辛的孤苦之旅，而是"白龙马，蹄朝西，驮着唐三藏带着仨徒弟"——唐三藏率领众徒弟一路降妖除怪的英雄

之旅。

时至今日，电视连续剧《西游记》仍是年年暑假陪伴小朋友们度过炎炎夏日的经典剧作之一。其实，未来亦然，因为经典永流传，何况《西游记》中唐三藏、孙悟空、沙悟净、猪八戒的形象深入人心，故事融汇了印度文化元素，体现了世界文明的交流互鉴。然而，《西游记》依然是独具中国文化风格的文学和艺术经典。

另一方面，电视连续剧《西游记》深深影响了世界观众和影视剧创作者。透过中国日报外籍记者老衲（Nathan Williams）的感受和见闻可窥见一斑。① 老衲在学习了《西游记》以及种种基于原著的花式改编影视剧后立刻"路转粉"，并得出一个惊人的心得，即"孙悟空简直太狂拽酷炫了"，称得上是超级英雄流行文化中的初世代英雄。《西游记》中的英雄阵容令人拍案叫绝，可谓是很多影视、动漫甚至于游戏作品的灵感源泉。

老衲认为《西游记》的故事设定具有开创先河的意义。《西游记》的故事情节设定在公元七世纪，僧人唐三藏被委以重任，前往西天将珍贵的佛教真经求取回中国，以启迪大唐盛世的普罗大众。然而，在旅途之初，唐僧的两个护卫却被妖怪所杀。所幸有佛祖的化身为他找到了三个徒弟，也就是广为人们所熟知的孙悟空、猪八戒和沙悟净，师徒四人西天取经之旅得以开启。如今看似平凡的情节当初实属罕见，可谓惊天创意。

老衲认为，关键是从唐僧到孙悟空、猪八戒、沙悟净的英雄形

---

① Nathan Williams. 外国人看了《西游记》才知道："七龙珠"原型原来是孙悟空！[N/OL].（2022–07–16.）中国日报双语新闻

象和团队，是国外许多影视剧的模板。老衲说，他自己小时候一直很想成为日本热门动画片《七龙珠 Z》中的悟空（Goku）。然而，在中国学习了《西游记》后，老衲发现《七龙珠 Z》中悟空的原型其实是孙悟空，主要人物则几乎是《西游记》几大主角的翻版。其中，布尔玛是唐三藏、乌龙是猪八戒。另外，《宠物小精灵》里小火焰猴、猛火猴到烈焰猴的进化，《数码宝贝》里悟空兽、猪八戒兽和沙悟净兽，《我的世界》里孙悟空同款皮肤等，显然都是源自《西游记》的灵感与启发。

最重要的是，《西游记》对世界各地流行文化的影响很广泛。在美国科幻剧《穷山恶水》（*Into the Badlands*）里，人物、剧情都从《西游记》有所借鉴。更多的创作者也都从《西游记》中汲取灵感，通过不同媒介打造自己的英雄史诗。

二、联通东西科学传教的西方玄奘——范礼安

古有东方中国玄奘西行取经，后有以范礼安为代表的西方玄奘执着于为东方"送"思想、"送"科学。取与"送"之间，东西方风云激荡。

（一）科学传教的首创人范礼安

范礼安是海上丝绸之路上中西文化交流中的一位特殊人物，可谓"西方玄奘"。在范礼安之前的东西方文化交流过程中，西方传教士怀着一腔宗教热情，前仆后继来到中国，然而，结果却是或被关押，或被驱逐，或中途无奈退出。即使有幸进入中国，也因未获居留权而被迫离开。

尽管中国的大门紧闭，但西方传教士到中国传教的热情并未消

退。相反，欧洲全力支持传教士到中国传教，并且热情一涨再涨。1551年（沙勿略去世的前一年），西班牙杰出贵族甘地亚公爵弗朗西斯·波吉亚（Francis Borgia，1510—1572）放弃了所有财产与头衔，成为耶稣会士。

1559年，波吉亚访问葡萄牙时，公开表示在中国进行传教是很有希望的。于是，教士们踊跃递交请愿书请求到中国传教。1565年，当选耶稣会总长的波吉亚力推东方传教工作，并接纳范礼安进耶稣会，后者成为东方第二大耶稣会传教士。[1]范礼安不久受任为神父，5年后出任罗马克里那尔的圣安多尼区见习修士总管助理。1571年，范礼安有机会接受另一位颇有前途的法律学生成为见习修士，这位见习修士正是年方20岁的利玛窦。范礼安与利玛窦的命运从此相连，对中国与西方的思想交流产生了决定性影响。

知识卡片 5-16

范礼安

范礼安

范礼安何许人也？他是教皇保罗四世一位密友之子，1557年毕业于帕多瓦大学，获法学博士学位，后又获罗马学院哲学博士学位，具有渊博的学问和文艺复兴时期开放的思想。

资料来源：郑彭年.丝绸之路全史[M].天津：天津人民出版社，2016：257-258.

---

[1] 西比斯.利玛窦的前辈，《澳门圣保禄学院四百周年论文特辑》，澳门文化司署，1994：59.转引自：郑彭年.丝绸之路全史[M].天津：天津人民出版社，2016：257.

利玛窦在中国近代史上堪称中西文化交流的高层开拓者,范礼安则是耶稣会赴华工作的决策人。若非范礼安,利玛窦或许不可能去中国,更不会进北京且成就巨大。[①]

1573年,范礼安接受神父主管默丘里安的任命,成为东印度巡察使。

1574年3月21日,范礼安同40位耶稣会士乘船从里斯本出发,于1574年9月6日到了果阿。从1575年到1577年,范礼安在印度视察,其间,接触到中国人后,对中国形成了独特见解,认为中国是一个伟大且有价值的民族,没能让中国人认识与接受基督教主要是因为他们已经接受了一套思想方法。

范礼安给耶稣会总长波吉亚写信指出,要采用与到其他国家完全不同的方法进入中国。中国人尊重学问,愿意用明智的方式聆听任何东西。这一点可以用于打开中国人心扉。但是,中国人同样排斥宣称来自更优越文明社会的东西。

自此,范礼安先后六次到过中国澳门。

1578年9月6日,范礼安首次到达澳门。这次到澳门,范礼安进行了为期10个月的视察,研究打开东方特别是中国传教的局面。因为葡萄牙人虽然早在1553至1557年就窃居澳门,但直至1573年,他们才修筑城池与中国大陆隔断。当时,身处澳门的欧洲人认为赴华传教是无望的。范礼安却认为中国是秩序井然、高贵伟大的王国,深信如此聪明勤劳的民族决然不会把懂得其语言和文化又有教养的耶稣会士拒之门外。范礼安重新制定了传教政策,彻底放弃以往把

---

① 马拉特斯塔. 范礼安——耶稣会赴华工作的决策人,《澳门圣保禄学院四百周年论文特辑》,澳门文化司署,1994:41. 转引自:郑彭年. 丝绸之路全史[M]. 天津:天津人民出版社,2016:258.

中国教徒葡萄牙化的做法，促使传教事业中国化；主张传教士必须学习中文，知悉和遵守中国风俗习惯，还要善于和中国人打成一片，不能高高在上。

1582年3月9日，范礼安陪同天正遣欧使节团到欧洲并途经澳门。这是范礼安第二次到澳门，他把精力放在到中国传教的事情上，创立了耶稣兄弟会，并为之制定了章程和指示。耶稣兄弟会吸收中国和其他亚洲国家会员，但不接收葡萄牙人，会长由愿为中国传教事业献身的人来担任。范礼安指定利玛窦为第一任会长。

1588年7月28日，范礼安自果阿到中国澳门。这是他第三次到澳门，直到1590年6月29日，其作为葡萄牙印度总督的使节从中国澳门到日本。这一次范礼安在澳门努力学中文。

1592年10月24日，范礼安自日本第四次到澳门。至1594年11月15日离开澳门到果阿期间，范礼安批准利玛窦提出的工作方法，建议其前往北京。

1595年3月4日，范礼安到果阿，被免去了印度大教区巡察使职务，保留了中日教区巡察员职务。

1597年4月23日，范礼安最后一次从果阿出发，经柯钦、马六甲，于7月20日第五次来到澳门。其间，范礼安任命利玛窦为中国传教团主管，力推利玛窦去北京，还审定了利玛窦拟定的拉丁文本中文《教义问答》。

1603年2月10日，范礼安第六次到达澳门。其间，范礼安推动中国传教团独立，不再归属澳门教会，并决定建立中日大教区。范礼安认为利玛窦的成就远超自己的期望，极为满意。

1606年1月20日，范礼安因患尿毒症在澳门逝世，享年67岁。

除澳门外，范礼安终其一生未曾踏足中国内地，却对中国无比感兴趣。通过利玛窦，范礼安用思想和行动有力地推动了中国与西方的思想碰撞与交流。

（二）科学传教的西方玄奘——范礼安们

作为丝绸之路思想交流先锋，范礼安在科学传教的路上一样不孤单。范礼安先后调来罗明坚、利玛窦等青年科学传教。

1. 范礼安式罗明坚。罗明坚（Michele Ruggieri）于1579年7月20日来到澳门，前往日本的范礼安留信，指示罗明坚在澳门好好学习中文，为今后艰苦的工作做准备；还说自己深信中西文化可以融合，唯此圣教才能立足中国。见信后，罗明坚热情陡增，积极投入工作。

罗明坚向一位中国画师学习中文。澳门主教加内罗则教他中国礼仪，要求他谒见长官时要跪着磕极深且工夫很长的头，提到别人时用赞美的口吻，说起自己时要谦卑。[①]

罗明坚花了2年又2个月学习中文，熟习了一般的中国礼节。紧接着，罗明坚利用葡萄牙商人每年到广州参加夏秋两季定期交易会的大好机会，了解中国内地情况，与中国官员接触，还请求批准其在中国内地居留传教。广交会期间，罗明坚住在广州暹罗使馆。同一时间，罗明坚编写了基督教简明教义《教义问答集》（《圣教实录》），还在两位中国人的帮助下翻译了儒家经典之《大学》。

1582年3月，范礼安自日本回到澳门，看到罗明坚做出的成绩时称赞不已。

① 裴化行. 天主教16世纪在华传教志[M]. 萧浚华，译. 第188页. 转引自郑彭年. 丝绸之路全史[M]. 天津：天津人民出版社，2016：280.

　　由此可见，罗明坚在沟通中西方思想交流上有付出也有成效。更重要的是，罗明坚要求将利玛窦从印度调到澳门来一起工作。范礼安为此立刻写信到印度。

　　2. 范礼安式利玛窦。正在印度攻读神学的利玛窦（Matteo Ricci，1552—1610）接到范礼安的调令后立刻动身，于1582年8月7日到达澳门。

　　利玛窦先是毕业于罗马大学法律系，后又在罗马学院攻读数学和哲学，并对科学极感兴趣，显露出了非凡的才能。无论几何、物理、天体力学、地图绘制还是机械学，他都有所涉猎，而且一到澳门就攻读中文，深受范礼安器重。

　　范礼安、罗明坚和利玛窦要想进入中国内地，都离不开中国人牵线搭桥。这个人就是福建人陈瑞。1582年，陈瑞（文峰）新任两广总督。他虽为人胆小机智却嗜财如命，见澳门的葡萄牙商人腰缠万贯，心中垂涎，有心染指，这就使葡萄牙人在澳门私设的自治机构合法化有了可乘之机。

　　1583年9月10日，罗明坚和利玛窦同往肇庆送礼，还提出请愿书，称自己被中国政府的名气所吸引，不远万里而来，只为能有一间小教堂或一间房子敬拜天主。陈瑞认为要求并不高，就同意了。随后，肇庆知府王泮正式予以批准，罗明坚和利玛窦顺利在肇庆定居。二人住在天宁寺，并展开传教活动。这是耶稣会士进入中国内地传教的肇始，也是中西方思想交流的正式开端。利玛窦在肇庆成功传教，直到1589年保护人陈瑞去世。

　　1590年，利玛窦被迫在韶州新建寓所和教堂各一处，传教工作从肇庆转到了韶州。在韶州，利玛窦接受文士瞿太素建议，弃僧服而穿儒服。1594年下半年，利玛窦开始蓄胡须。1595年，利玛窦第一次穿上儒服且长须长发出场，自称儒者。传教士间开始行文人礼。

利玛窦的观点是，天主教要想在中国扎根发芽，必得从上层社会着手，随后再普及到下层社会。赢得人民最为有效的方法是先打动知识分子。为此，利玛窦写作《天主实义》时得出结论，吾天主乃古经书所称上帝也。

基于天主即上帝的概念，利玛窦将原有的传教政策进行了调整：允许祭祖祭孔，维护中国一切传统风俗习惯；同时，确立新的传教政策，即知识传教。这一新政策强调结交士大夫、朝臣和宫廷太监，以自上而下传教，还用科学技术理念和知识作为传教媒介，以避免直接传教的弊端。

早在定居肇庆时，利玛窦就绘制过一幅世界地图，还特意把大明国放在了全世界的中央，用以迎合士大夫们的天朝意识和自大心理，打消中国人对夷人入侵的顾虑。

耐人寻味的是利玛窦在北京传教始末。1600年，经瞿太素介绍，南京礼部给事中祝石林给利玛窦发放了前往北京的通行证，利玛窦和郭居静（Lazarus Cattaneo）同乘刘太监运送丝绸的船赴北京。

万历二十九年，即公元1601年1月24日，利玛窦携带着天主像1幅、圣母像2幅、《天主经》1部、珍珠镶嵌的十字架1座、自鸣钟2架、《万国图志》1幅、西洋琴2张到了北京。在太监马堂的帮助下，利玛窦将所带宝物献给了万历帝明神宗。

万历帝让利玛窦住进四夷馆，并以嘉宾相待，可与朝臣来往。此后，在礼部赵邦靖请说下，利玛窦得以搬出了四夷馆，居住在宣武门东首。利玛窦在此买下一处40个房间的大宅院，作为其北京会

南堂

院，即后来的南堂，供居住与传教。

利玛窦在中国传教颇有成效。自在肇庆收第一位教徒开始，至1610年去世，利玛窦在广州、肇庆、韶州、南京、南昌、杭州、上海、嘉定、北京等地接收入会信教的教徒达2500人。

同一时间，在南京的郭居静传教也有成效，受徐光启和李之藻请约，先后赴上海、杭州和嘉定等地传教。

明朝末年，基督教传入宫廷。崇祯皇帝的太监庞天寿由汤若望受洗入了教。范礼安们在中西方思想交流中的效力由此可见一斑。

第三节　激起冲突的安森们

思想交流会带来融合与发展。然而，当有人别有企图时，思想交流也会带来冲突和混乱。英国人安森就是诱发中西方冲突的另类丝绸之路思想交流先锋。

一、埋下冲突思想诱因的安森

安森（Baron George Anson）是英国的一位海军船长。在马戛尔尼使华之前半个世纪，安森在环球航行旅途中，于1742—1743年曾到过中国澳门和广州。根据自己和下属们的航海日志，安森于1748年编纂出版了《环球航行记》（*A Voyage Round the World*, *in the Years*, 1740-44）。安森所描述的在中国的亲身经历，很大程度上左右着18世纪后半期欧洲人眼里的中国印象。

安森

依据安森等人的描述，《环球航行记》的编者评论认为，中国人所自命的文雅道德只流于外表上的举止有度，其内心并非诚实而仁慈。实际上，中国人惯于压制激情和暴力征兆。这虽算得上是一种道德，但中国人不加克制的伪善和欺诈对于人类普遍利益的伤害往往大于性情鲁莽粗暴带来的伤害，原因在于抑制粗野和狂暴的激情

知识卡片 5-17

安森《环球航行记》中的中国印象

1742年11月到1743年4月，因需修补损坏的船只和补充船上给养，安森的船只在澳门停靠了约半年。安森向广州官员提出了雇人修理船只和购买补给品的申请。

英国人从亲身经历中看出了中国官员欺软怕硬乃至于官贼暗中勾结。安森的舰队在澳门停留期间，一位英国官员因生病乘小船上岸活动，竟遭到殴打与抢劫。安森当即知会了中国官员。地方官员态度冷淡，虽然表示如查获这些贼就会对他们进行惩罚，却根本没有什么行动。

安森还揣测，大约这些地方官员和窃贼是狼狈为奸和互通声气的。这种官匪同盟时而可能因为分赃不均而破裂。

此外，安森在航行记中还咬定欺诈与自私是中国人的习惯或者天性。

因此，安森笔下的种种情况都表明，中国人的性格并不是天主教传教士们描述的样子，相反，与耶稣会士所说的一切美好品质的模范相差太远。

资料来源：张国刚. 胡天汉月映西洋：丝路沧桑三千年[M]. 北京：生活·读书·新知三联书店，2019：251-253.

时常导致一个人自私性格的膨胀。由此，中国人怯懦、矫饰与不诚实不同程度地似应归咎于中国盛行沉着镇静与外表的得体。

安森还认为，无论是帝国宪法还是一般政府命令，在中国都不易贯彻。虽说人口众多，辽阔富饶，自诩文明智慧，中国却为一小鞑靼人用时约十年即征服。而今，清帝国还在不断遭受着种种反叛暴动与边境骚乱。这一切都是因为中国居民胆小懦弱且缺乏应有的军事管理。

安森用自己的亲身经历说明中国军力有多么薄弱。在广州停泊期间，安森因迟迟得不到广州总督接见，在10月13日擅闯广州河，径自进入了广州城，却没有遭受中国军队的有力抵抗。据此，安森的结论是：仅自己那艘旗舰军力，就足以胜过中国全部海军力量。广州虽是中国主要海军力量的驻防地，战船载重却仅有约300吨。船上最多有4人，装备有8至10门炮，其中，最大的那门炮只能发射不超过4磅重的炮弹。同样，中国商船无力抵挡任何欧洲船只的攻击，因为中国商船无论整体还是部件，都不结实，也不配备加农炮（cannon）。这就是说，中国政府不为商船配备足够的火力，不提供造船法保护商船。这再一次表明中国政府管理的不健全。

安森的《环球航行记》一经出版就成了畅销书，极大地负面化了欧洲人的中国印象。1748年，《环球杂志》12月刊上有人称赞安森船长迫使中华帝国对大英国旗表示尊敬的做法。特别是，安森航行游记负面化了著名哲学家休谟对中国的评价。安森对中国人道德的看法也负面化了孟德斯鸠的中国印象，使其在《论法的精神》中把西班牙人和中国人的性格相对比，认为西班牙人是以信实著称的，中国人的性格则相反。①

关键是安森对于中国国力等的记述在思想上慢慢激活了西方挑

---

① 张国刚. 胡天汉月映西洋：丝路沧桑三千年[M].北京：生活·读书·新知三联书店，2019：51–253.

衅中国的神经。

二、掀起冲突的安森们

无论之前或之后，安森都非个例，形成了安森们之队。前安森的代表是写下《鲁滨孙漂流记》的笛福，后安森的代表则是马戛尔尼。

（一）更早埋下冲突思想诱因的安森——笛福

丝绸之路上的文学具有促进思想交流的重要作用，在中国与西方世界之间传递着彼此的重要信息。

18世纪时，东西方思想交流的背景已发生变化。在鸦片战争前的一个多世纪，中国在欧洲的形象已与此前世界诸国仰慕赞叹的强大神秘形象不同。欧洲不同国家、不同学者，甚至同一学者在不同时期对中国形象的评价都有所不同，比较确定的是，中国形象在欧洲开始了从负面杂音四起继而滑向肥而弱形象的临界点的转变过程。狄德罗前期对中国赞扬多，后期则批评多。伏尔泰对中国正面评价较多。孟德斯鸠则对中国负面看法较多。有研究指出，可能的原因是各自所获得的中国信息的内容和来源不同。其中，伏尔泰更倾向于相信来自耶稣会士的信息材料。孟德斯鸠亲自访问过从远东返回欧洲的一些船长和商人。总体上，18世纪是英国世纪，对中国许多最负面的评价主要来自英国。英国现实主义作家笛福的文学作品对中国形象负面化的影响巨大。

笛福虚构的作品对中国形象造成了难以弥合的负面影响。笛福（Daniel Defoe，1660—1731）不仅创作了《鲁滨孙漂流记》，还创作了一部与中国直接相关的小说《鲁滨孙二次漂流记》。鲁滨孙游历了中国两大都市——北京和南京。

鲁滨孙在南京漫游了10天，感觉并不好。鲁滨孙认为，南京与英国一对比就丝毫没有什么可称道的：无论是政府、财产、建筑，还是贸易、商船或是枪炮，都又弱又差，只不过是一众无知群氓、卑贱奴隶以及一个与之相应的政府。

知识卡片5-18

鲁滨孙南京和北京旅行感受

当我把这些国家的可怜的人民同我们国家的相比时，他们的衣着、生活方式，他们的政府、宗教，他们的财产和荣耀，几乎不值一提。"他们的建筑，拿什么同欧洲宫殿和皇家建筑相比？他们拿什么同英国、荷兰、法国和西班牙进行普遍贸易？他们的城市在财富、坚固、外观的艳丽、富足的设施和无穷的样式上，有什么可与我们的城市相比？他们那儿停泊了几艘帆船和小艇的港口，如何同我们的航运、我们的商船、我们巨大而有力的海军相比？""我们伦敦的贸易量就超过他们全国一半的贸易量；一艘配备80架枪炮的英国、荷兰或法国军舰就能摧毁所有中国船只。""中国没有一个设防的城镇能够抵挡欧洲军队一个月的炮轰和攻打。""当我回到家乡，听到我们的人民在谈论中国人的力量、光荣、辉煌和贸易这类美好事情时，我感到很奇怪；因为就我所见，他们显然是不值一提的一群人或无知群氓、卑贱的奴隶，臣服于一个只配统治这种人的政府。"

资料来源：张国刚. 胡天汉月映西洋：丝路沧桑三千年[M]. 北京：生活·读书·新知三联书店，2019：250−251.

在北京，笛福借鲁滨孙贬低中国人的道德。鲁滨孙进京时，跟随在一位总督率领的随从队伍之中。每天，鲁滨孙都能得到充足的供应，但需要照市面价格付账。还有30个人和鲁滨孙一样，也跟在随从队列中旅行。借此，总督可以大大地赚上一笔，因为总督能得到国家无偿供给的旅行用品，还可以把这些用品转手卖给旅行者。在中国，像总督这样的人都贪婪又傲慢，富人总是喜欢摆架子，养着众多的奴仆，甚至于中国普通平民也都傲慢无礼。

问题是笛福并没有到过东方，更没有来过中国，其笔下的鲁滨孙在中国的游历是一半编纂一半创作虚构而成。然而，《鲁滨孙二次漂流记》对中国造成的负面影响是巨大且难以弥补的。①

（二）继续深埋冲突思想诱因的安森——马戛尔尼

笛福笔下鲁滨孙虚幻的感受，安森所谓"真实"的感受，都比不上马戛尔尼（George Macartney）谒见乾隆时所表现出的傲慢的影响力。他们打量中国的目光中都流露着经历了资产阶级革命的大英帝国对落日余晖中的天朝上国的睥睨与轻视。

18世纪末，英国东印度公司垄断了东方贸易，英国在华贸易额远远超过其他国家。其中，鸦片走私尤为猖獗。广州口岸已不能满足需求，英国亟须将鸦片贸易扩展到华中乃至华北地区。为此，英国政府派遣马戛尔尼使华，期望取得在各地进行贸易的自由。

乾隆五十七年（公元1792年）9月，马戛尔尼率英国使船来到广东。1793年，英国贡船从浙江定海沿海北上，7月25日抵达天津大沽，沿白河与北运河到达北京。

① 张国刚. 胡天汉月映西洋：丝路沧桑三千年[M]. 北京：生活·读书·新知三联书店，2019：250–251.

　　9月14日，马戛尔尼在热河行宫万树园三跪九叩觐见乾隆帝，礼毕，呈上英国王书，称："皇帝陛下，请留一人居京师，办理贸易之事。"乾隆帝回绝："都城距澳门将近万里，何由顾及懋迁（贸易），且语言服制全殊，此事不可行。"马夏尔尼又道："请于浙江宁波珠山（舟山）暨直隶天津，维舟通市，并按照俄国旧例，在京城另设一行交易。再给珠山附近一小岛，广东省城附近一小地，俾使我国商人可以定居，或便于澳门寓居之外商出入。再者，自广州城下澳之货物，经由内河运输，请求免税或减税。"对于英国明确提出的非分领土要求，乾隆帝再次回绝。马戛尔尼快快不乐，于10月7日离京。由于来时所乘贡船已回定海，乾隆帝令军机大臣户部侍郎松筠伴同贡使，从内河到定海后放洋。

　　最后，马戛尔尼要求到宁波采购茶、丝绸等物。松筠代为奏请免税。马戛尔尼到杭州后，以行李、仆从已上定海贡船为由，请求由内河到广州。松筠就以一日600里驰递上奏。乾隆帝降旨同意，让松筠回京，另命两广总督长龄督带过岭，从广州出海回国。

　　乾隆皇帝知英国贪婪狡猾，担心日久生变，于同年的10月3日和7日连降两道圣谕，令两广总督转交马戛尔尼。这两道圣谕未能打消英国的妄念。意在沛公的马戛尔尼使华目的未遂，却因一窥中国天机而收获颇丰。

　　英国第二次派使节到北京是马戛尔尼使华23年后，与第一次一样，名义上是朝贡，实则是要求放宽通商。

　　嘉庆二十一年（公元1816年），英国使节阿美士德（William Pitt Amherst）到达广州，并由中国行商向广督转递了禀帖，称："英国太子摄政已历四年，感念大皇帝恩德，仰慕大皇帝仁圣，于上年9

月遣使起程，来献方物，仍循乾隆五十八年贡道，由海洋一路到天津，赴都请见，恳总督先奏。"①

不久，阿美士德率五艘船到达天津，嘉庆帝命户部尚书和世泰、工部尚书苏楞额往天津料理此次贡使来京事宜。当写有"贡使"字样的旗帜挂在快艇的桅杆上时，阿美士德对这面"屈从"的旗帜视而不见，以避免触犯中国当局而使其外交使命陷入绝境。然而，当阿美士德到圆明园谒见嘉庆帝时，却坚持不行跪叩之礼，终被遣返。

1817年1月20日，阿美士德离开广州回国。阿美士德虽然也没能完成自己出使的使命（即开辟天津、定海为通商口岸，割让沿海某岛屿），却加剧了安森式影响。

① 萧令裕. 英吉利记。转引自：郑彭年. 丝绸之路全史[M]. 天津：天津人民出版社，2016：312.

第四节 西学东渐的容闳们

地理大发现开辟了东西方之间的海上新航线，此后，现代海上丝绸之路的思想交流呈现出不一样的态势。在欧洲强大的商业殖民扩张势力和宗教传教士拓宽新领域之风横空吹袭300多年后，中国闭关自守的大门终于在西方列强坚船利炮的疯狂攻击下轰然坍塌。苦于技不如人的中国人开始了西学东渐东西方思想交流新模式。其中，容闳可谓西学东渐第一人，继之有无数的容闳们前赴后继，踏上西学东渐的思想交流之路。

一、西学东渐先行者容闳

1854年，容闳从耶鲁大学毕业，他是第一位中国留美大学毕业生。在美国学习时，容闳下决心以西方文明之学术改良东方文化，收获少年新中国。

容闳

1855年，容闳心怀改良东方文化的满腔热情回到中国。原本他打算在香港研究法律，然而，在港外国律师不喜欢中国人住在自己家，容闳只得另谋职业。他担任过美国驻华使节文书、香港高等审判厅翻译、上海海关职员。最后，容闳到上海颠地洋行担任采购茶叶的职务，以能力和为人可靠闻名。对容闳而言，当时他看不到实现抱负的希望。

知识卡片 5-19

少年容闳

容闳，1828年出生于广东香山县一个穷人家庭，7岁进入英国传教士古特拉富夫人开办的小学读书。1841年，13岁的容闳到澳门的中国第一所西式学校——马礼逊学堂就读。那时，该学堂刚刚开办，只有6名学生，学生们的学费与生活费全部由伦敦布道会提供。

1842年，香港割让给了英国。稍前香港总督璞鼎查通知伦敦布道会，称其愿意拨一块土地供该会使用。其后，馆舍建成，伦敦布道会迁到了香港。同年11月，马礼逊教育会和马礼逊学堂也一并由澳门迁移到了香港。

1846年9月，马礼逊学堂校长布朗医生因夫人患病需请假回美国。课堂上，布朗宣布，凡愿意随他到美国的请起立。容闳第一个站了起来。接着，黄宽和黄胜两位同学也站了起来，表示愿意一起去美国。容闳与黄宽、黄胜在香港《孖剌报》编辑英国人肖德锐的资助下，乘坐美商同孚行货船，1847年1月4日从香港出发，跟随布朗夫妇于4月12日抵达纽约。

容闳等三人在布朗及其他美国人的帮助下，到马萨诸塞州孟松学校读高中。容闳在美国升学，考取了耶鲁大学，于1854年以优异成绩毕业，获得耶鲁大学学士学位。

资料来源：郑彭年. 丝绸之路全史[M]. 天津：天津人民出版社，2016：400-401.

咸丰十年（公元1860年）10月，容闳由上海到太平天国的天京（今南京）访问洪仁玕，并提出7项建议。然而，洪仁玕没有实权，容闳的计划落空。

容闳的强国建议

容闳将自己的强国计划撰写为条陈。

一、中国宜组织一合资汽船公司，公司须为纯粹之华股，不许外人为股东，即公司中经理、职员，亦概用中国人。将来糟米，即径以汽船装运，不独可免沿途之损失，即北方数百万人民仰糟米以为炊者，亦不至常食朽粮也。

二、政府宜选派颖秀青年，送之出洋留学，以为国家储蓄人才。派遣之法，初次可先定120名额以试行之。此120人中又分为四批，按年递派。每年派送30人，留学期限定为15年，学生年龄须以12岁至14岁为度。

三、政府宜设法开有矿产以尽地利。矿产既经开采，则必兼谋运输之便利，凡由内地各处以达通商口岸，不可不筑铁路以利交通，故直接以提倡开采矿产，即间接以提倡铁路事业也。

四、宜禁止教会干涉人民诉讼，以防外力之入侵。盖今日外人势力之放恣，已渐有入中国越俎代庖之象，苟留心一察天主教情形，即可知予言之非谬。

资料来源：容闳：《西学东渐记》。转引自郑彭年. 丝绸之路全史[M]. 天津：天津人民出版社，2016：402.

不过，当时正值用人之际，容闳又前去谒见清朝重臣曾国藩，曾国藩极为满意，即刻拨款白银68000两，指派他到美国购买机器设备。容闳1863年10月出发，经伦敦于1864年春到达美国，在朴得南公司订购了"制造机器之机器"。1865年，所购机器运到上海。容闳因有功被升为五品官，因而有机会在政界结识了两江总督曾国藩、江苏巡抚丁日昌等大人物。他将自己的教育计划告知了丁日昌，丁日昌大为赞赏，命他火速呈送详细说帖。

容闳的计划由丁日昌转呈北京文祥相国。文祥却因丁艰退职守丧3年，继而居丧不满三月也去世了。容闳只能叹息。

1870年春天津教案后，清政府派曾国藩、丁日昌等四位大臣赴天津进行调停，容闳为翻译。这又给了容闳以实现自己抱负的绝佳机会。容闳先是向丁日昌进言，由丁向曾国藩再提此事。1871年8月，曾国藩带头由四位大臣联名入奏。同年冬，朝廷朱批"着照所请"。于是，曾国藩召见容闳，命他处理幼童赴美留学事项。

1872年夏，容闳赴美建立留学事务所，任留学生监督，着手留学生入学安排。

1875年，容闳升任驻美副公使。

1876年，耶鲁大学授予容闳文学博士学位，对于其学术成就表示认可和赞赏。此时，容闳视之为报国的唯一计划已初步实现。[①]

二、西学东渐思想先锋容闳们

踏上丝绸之路推动西学东渐的路途上，相继有人与容闳同行。

（一）第一位游历欧洲的中国知识分子王韬

王韬是西学东渐中不可忽视的思想交流先锋之一，他自幼即怀宏大的抱负。

---

① 郑彭年. 丝绸之路全史[M]. 天津：天津人民出版社，2016：400–403.

知识卡片 5-21

少年王韬

王韬，初名利宾，后改为瀚、韬等，祖籍江苏新阳（昆山），是当地的望族，道光八年10月4日（即公元1828年11月10日）生于江苏吴县西南甫里村的一个私塾教师家庭。

王韬"少好学，资赋颖敏，迥异凡儿。读书数行俱下，一展卷即能终身不忘。一乡之人咸啧啧叹美曰：'某家有子矣。'"

1843年，王韬16岁时赴新阳县考试，一考便中，补博士弟子员，贺客盈门，其族兄夸奖道："此子我家千里驹也。"王韬当即释卷对答道："区区一衿何足为孺子重轻！他日当为天下画奇计，成不世功，安用些三寸毛锥子哉！不然宁以布衣终老泉石，作烟波钓徒一流人也。"

王韬

资料来源：郑彭年. 丝绸之路全史[M]. 天津：天津人民出版社，2016：403.

鸦片战争中，西方大炮轰开了中国的大门，民族危机惊醒了埋头书斋的王韬。王韬之父王昌桂1847年去上海北门外设馆教书。1848年初春，王韬到上海探望父亲时，有机会亲眼看到上海开埠以来的新气象。其间，王韬参观了麦都思创办的位于洋泾浜（今延安东路和山东路十字路口）的墨海书馆。这是一个用机器代替人工的印刷厂，前来参观的人络绎不绝。王韬在墨海书馆大饱眼

福，对西方文化有了直观感性的认识，有了学习西学的愿望。王韬还结识了不少西方学者，包括慕维廉（William Muirhead）、艾约瑟（Joseph Edkins）、伟烈亚力（Alexander Wylie）与馆长麦都思（Henry Medhurst）。应麦都思之聘，王韬于1849年9月到上海墨海书馆工作。

13年间，王韬参与编译了大量介绍西方科学技术的书籍，主要有6部：《格致西学提纲》、《华英通商事略》、《西国天学源流考》、《重学浅说》（自撰）、《泰西著述考》和《光学图说》。此外，王韬还兼任伟烈亚力主办的《六合丛谈》中文编辑，对介绍西方科技贡献巨大。

在上海，王韬目睹外忧内乱，对天下大事格外关心。王韬曾向江苏巡抚徐有壬上书数十封，提出海防、弭盗与和戎三项策略。当局未采纳他的策略建议，王韬感叹："老民蒿自伤心，无可下手，每酒酣耳热，抵掌雄谈，往往声震四壁。或慷慨激昂，泣数行下，不知者笑为狂生。"①

同治元年正月初四日（1862年2月2日），王韬以黄畹兰卿的名义上书太平天国并提出一些建议。这些建议同样没有被太平军采纳，反而因此遭到清政府通缉。

1862年10月4日，王韬化装搭乘英国邮船逃往香港，开始了长期的流亡生涯。到香港后，王韬投奔英华书院院长理雅各，在书院帮助整理与翻译中国儒家经典四书五经，即《大学》《中庸》《论语》《孟子》四书、《易》《书》《诗》《礼》《春秋》五经。王韬文采华美，

---

① 《王韬自传》之一《韬园老民自传》，见《韬园文录外编》，《洋务运动》第8册. 转引自郑彭年. 丝绸之路全史[M]. 天津：天津人民出版社，2016：403—404.

知识渊博，帮助理雅各翻译了5年多时间。

1867年，回国探亲的理雅各写信给王韬，要他到苏格兰接续翻译中国经典。1867年12月15日，王韬出发前去英国。作为中国第一位游历欧洲的知识分子，王韬亲眼见识了西方文化的先进，这不仅是王韬一生的转折点，在中西方文化交流史上也具有重大意义。王韬的苏格兰之旅长达2年多，帮理雅各翻译了《春秋左传》《易经》《礼记》。在英国，王韬的声誉极高，并受邀去牛津大学、爱丁堡大学和苏格兰大学讲学。

1870年2月，王韬和理雅各回到香港。之后，王韬用心于西方史地研究，著作有《法国志略》24卷、《普法战纪》14卷、《法兰西志》18卷、《美利坚志》8卷、《西事凡》16卷、《俄志》8卷、《台事窃愤录》3卷和《漫游随记》3卷，把中国人研究西方的视野扩大到了战争领域。

1874年，王韬在香港创办了中国人自办的第一份报纸《循环日报》。王韬在该报以各种笔名，发表了《变法》、《变法自强》、《重民》、《尚简》与《治中》等数百篇文章以宣传变法。王韬主张四件大事需要即刻做，即取士、练兵、学校、律例。他提出的要变革封建制政体的观点，对于20年后的维新变法影响很大。在办报的同时，王韬在香港又创办了中华印务总局，出版各类书籍以介绍西方文化。

1879年，王韬在日本游历了4个月。明治维新后的日本气象一新。在《扶桑日记》3卷中，王韬记录了自己的日本之行。对王韬而言，明治维新和日本学习西方取得成功就是可以攻玉的他山之石。总之，王韬的一生被席卷在了中国由传统文化向近代文化的嬗变的

过程之中，并扮演了中西文化交流的使者，贡献巨大。

（二）灿若星辰的其他西学东渐先锋们

志刚、孙家谷环游各国呈递国书开西学眼界。1868年2月25日，蒲安臣（Anson Burlingame）带着孙家谷和志刚两位副使及其他官员，共13人，在上海登上"格思达噶里"号轮船，向东朝日本而去。3月4日到横滨，3月7日换乘美国"斋纳"号大轮船，先后造访了美国、法国、瑞典、丹麦、普鲁士、俄国等诸多西方国家。这是代表清政府出使欧美的第一个外交使团，也是中国历史上第一个出使欧美的外交使团。

蒲安臣与孙家谷、志刚

5月23日，一行人来到美国纽约，"其街市喧阗，楼宇高整。家有安居乐业之风，人无游手好闲之俗，新国之气象犹存"。他们参观了学校、养老院、育婴堂等，又乘火车向西南350公里到了首都华盛顿。使节们参观了美国以蒸汽为动力的使用大机器进行生产的各种近代化工厂，包括自来水厂、粮库、钢铁厂、印刷厂、造纸厂、印染厂、织布厂和造船厂等，深感启发极大。孙家谷和志刚两位副使出使欧美开了眼界。①团结一致、奋发图强是第

---

① 宜垕：《初使泰西记》，《小方壶斋舆地丛钞》第11帙. 转引自：郑彭年. 丝绸之路全史[M]. 天津：天津人民出版社，2016：409.

一次出使列国的收获。

郭嵩焘、刘锡鸿是初开眼界的第一批驻英使节。1875年（光绪元年），总理各国事务衙门奏请，遣使驻扎各国以通中外之气。朝廷于是派花翎兵部右侍郎郭嵩焘为正使，花翎三品衔补五品京堂刘锡鸿为副使出使英国。

在苏伊士城，使节们第一次见到了火车，深为感慨，叹其速度之快。

知识卡片 5-22

中国使英国使节刘锡鸿第一次见到火车有感

余之见火轮车，始诸此。

车制前后四轮，上盖板屋数间（载货则四间通而为一），机器置前（亦可倒行），屋高约六尺，深广各如车大小，一车不足，辄缀数车行，长亘百步，而行不滞。铁路宽约四五尺，两旁坟起如小埂，以承轮。程之慢者，一时亦百余里，故常数昼夜而万里可达，技之奇巧，逾乎缩地矣。

资料来源：郑彭年.丝绸之路全史[M].天津：天津人民出版社，2016：409-410.

1877年1月16日夜，使节们乘船驶入葡萄牙国界，再向西北行到达骚士庵墩。中国税务司驻伦敦代办金登干前来迎接。使节团登岸后换乘马车到达伦敦。郭嵩焘等一行在伦敦驻留了2年又8个月，从多方面对英国进行了考察。郭嵩焘著有《英昭日记》。

知识卡片 5-23

郭嵩焘日记

街道两旁白石平垫，通男女往来，中则沙土碎石筑成，车马所经地也。居民官署，规模不甚悬异，结构类皆四层，并入地者计之，则五（各屋皆有入地一层）。白石以墙为柱，铸铁为护栅为栏杆，环于门外。其内糊壁，以花锦铺地，以细毡毯嵌窗，以玻璃数尺，亦铁栅护之。估肆则临街大玻璃橱，货物咸鉴沕于外。惟耶稣堂、银行、客店、信局、电报局、施医院，制度独崇闳。每游骋道上观之，左右房舍峻整华洁，数百街如一式。数街辄有广囿一区（即街道花园），荫以杂树，有池沼而无亭台楼榭。沿路安长铁几，似便憩息……每夜9点钟前，市肆犹烘闹，男女络绎途间，路灯皆煤气为之。

伦敦无城，其巩若城阙者，火车所经之桥梁也。民居稠密不可以行火车，爰以巨石为飞桥，于万家烟户之巅，架以铁板，垫以沙土，俾往来焉。卧百尺楼时，闻其上雷轰隐隐不断，则火车过也。乘车眺望，遥见其下行人如织，街市闾巷渺若重渊，几疑其穴地为之，而不知身在桥上也。

英国宰相之进退，视乎百姓之臧否，而众官之进退，又视乎宰相之进退。持其失者多，则当目谢去，公举贤能，告诸君而代之。相既易则各曹长皆易，由代相者自置其人，以期呼应灵动。进必群进，退必群退。故常相倾轧，有一利必有一弊。

资料来源：郭嵩焘：《英昭日记》,《小方壶舆地丛钞》第11帙。转引自郑彭年. 丝绸之路全史[M]. 天津：天津人民出版社，2016：410-411.

此外，严复开西学东升新境界，薛福成出使英法意比四国察西学真谛，李鸿章亲历西学治国理政实效。[1]

作为丝绸之路上思想交流的先锋，东来西往的马可·波罗们留下了一帧帧如诗如画的东方画卷，取经传教的玄奘们有无心插柳柳成荫的思想交流贡献，激起冲突的安森们为历史留下了深沉的教训，西学东渐的容闳们诠释了身处时代风波中的中国人拥抱世界的努力，其所思所想所为是后世承接东西方交流的永恒基石。

严复

知识卡片 5-24

薛福成眼中的法国

闰二月十六日（4月5日），薛福成日记：

"（法国）地土肥沃，天气温和，产麻、丝、棉花、金线绒、毡、宝石、瓷器，酒则有葡萄、白兰地两种。巴黎跨塞那（纳）江（河）上，宏整巨丽，称于欧洲。教堂、技艺馆、博物馆、藏书阁，无不美备，而服用之精，器具之巧，为他国所效

薛福成

① 郑彭年. 丝绸之路全史[M]. 天津：天津人民出版社，2016：411-419.

法。里昂居民大半业缫丝，产酒，金范（模子）、瓷。马赛临地中海，为法国第一贸易口岸。……法国向称侯国，咸丰二年（1852年），拿破仑·抱那帕脱（波拿巴）之侄拿破仑第三始称王，改国制。至同治九年①又废王，改民主焉。"

薛福成还参观了埃菲尔铁塔、蜡人馆、油画院等，在油画院观《普法之战图》的感觉是"情景靡不逼真，几自疑身外即战场，而忘其在一室中者，迨以手扪之，始知其为壁也，画也，皆幻也"。

资料来源：郑彭年.丝绸之路全史[M].天津：天津人民出版社，2016：414.

资料来源：郑彭年.丝绸之路全史[M].天津：天津人民出版社，2016：414.

知识卡片 5-25

俾斯麦答李鸿章治国之策之问

1896年6月27日，李鸿章拜访德国前首相俾斯麦，向其询问了治国之策。

俾斯麦答："以练兵为立国之基，舍此别无长策。夫兵者，不贵乎数之多也，一国之兵不必逾五万；特年必以少为贵，技必以精为贵，斯所向无不利矣。"

资料来源：郑彭年.丝绸之路全史[M].天津：天津人民出版社，2016：417.

---

① 即1870年。

第六章

站在丝绸之路上，如何
读懂世界和中国？

丝绸之路何止是一条路？

某种意义上，丝绸之路更像是一面折射瑰丽历史的光彩可鉴的镜子，是读懂世界和中国的宝镜。丝路宝镜幻化多变，有时是折射或透视风景与身影的锃亮镜面，有时是洞察历史细胞的显微镜，有时又是望向未来的高倍望远镜。不过，想要从丝路宝镜中读懂世界和中国并非易事，需要掌握擦亮和召唤宝镜的要诀。因为透过一面满是尘埃的镜子，人们看不清任何一张精致的面孔，也看不到任何一处灿烂的风景。

第一节　丝路联结世界与中国

丝绸之路从无到有、从陆地到海洋、从实体路线到网络路径，将中国与世界紧紧地联结和包裹在一起。可以推测，如果没有丝绸之路，就不会有如今的现实世界和虚拟网络世界。若是果真如此，则人们将各自生活一隅，终老一生互不相识，世界也只会存在于人们的想象之中。

一、站在丝路上才有可能读懂中国和世界

事实上，中国与世界上其他国家和民族都曾长期处在只知唯我而不知其余的世界里。即使到了 20 世纪，英国著名的历史学家彼得·弗兰科潘仍曾有这样的感受："十几岁的时候，我开始不满于学

校课堂上重复无趣的有限的地理知识，因为它只关注西欧和美国，对世界上其他地方都未曾提及。课堂上只讲授罗马人征服不列颠、1066年的诺曼征服、亨利八世和都铎王朝、美国独立战争、维多利亚时代的工业革命、索姆河会战及纳粹德国的兴衰。我查看自己的地图，发现世界上还有那么多地区，他们都只字未提。"①那些没有涉及和学习到的地区仿佛消失了一般，或者为欧洲崛起的耀眼故事所湮没。

无独有偶，这样自我中心的世界叙事方式是较为普遍存在的。德国世界史名家埃瓦尔德·弗里在《十八个时空中的世界史》一书开篇写道："时至今日，世界历史都是从欧洲的角度来讲述的。"②弗兰科潘发现，这种将地方故事世界化的情形并非只存在于欧洲。在赫里福德教堂里的一张古世界地图上，耶路撒冷是世界中心，英国和其他西方国家则被搁置在一旁，且被认为无关紧要。阿拉伯地理学家们出于某种目的，在自己的著作中将世界南北颠倒了，还将里海放置在了地图的中央。同样，一张重要的中世纪伊斯坦布尔突厥地图上，一个很少有人注意到的城市八剌沙衮被称作世界中心城市。③

人类学家埃里克·沃尔夫比彼得·弗兰科潘更早就有这种认识，并打开了彼得·弗兰科潘看待世界的新视角。沃尔夫认为，人们已习惯接受内容沉闷的文明史，即古希腊之后是罗马，在罗马之后是

---

① 彼得·弗兰科潘.丝绸之路：一部全新的世界史[M].邵旭东，孙芳译.杭州：浙江大学出版社，2016：前言Ⅰ.

② 埃瓦尔德·弗里.十八个时空中的世界史[M].赵涟，译.北京：中信出版集团有限公司，2021年：前言.

③ 彼得·弗兰科潘.丝绸之路：一部全新的世界史[M].邵旭东，孙芳，译.杭州：浙江大学出版社，2016：前言Ⅱ.

基督教欧洲，再之后是文艺复兴，继而是启蒙运动，而启蒙运动的政治民主引致了工业革命，工业革命与民主思想碰撞推动美国出现，在其中蕴含了追求生命、自由与幸福权利的真理。[①]

彼得·弗兰科潘与埃里克·沃尔夫的共同之处在于，他们都认识到在所能看到的世界史中，世界仿佛只是欧洲和美国的世界。因为他们看到，人们一直以来学习的关于世界的故事不过是为西方的政治成功、文化优势与道德胜利所唱的颂歌。弗兰科潘认识到这是错误的，相反，看待（世界）历史还可能有其他不一样的角度，并不是只能站在近代胜利者的立场观察（世界的）过去；同样，也不应只站在世界其他地方的视角或立场认识和观察世界。

彼得·弗兰科潘是这样想的，也是这样做的。弗兰科潘站在丝路宝镜前，念动要诀，擦亮了宝镜，召唤出了宝镜的魔力。透过弗兰科潘擦亮和召唤来的丝路宝镜可以看到，在一条古老漫长而神秘的路——丝绸之路上，世界和中国是如此紧密地相依傍。丝绸之路作为东西方之间的桥梁，是世界多样文明的交汇点，也是中国与世界相交融的路径和桥梁。丝路之上不同的文化、城市和居民的进步与发展不是孤立的，相反，在商贸沟通的基础上，生活、思想、文化都在不断地交汇与沟通，彼此学习，相互借鉴，从来自异域的物产、语言、科学、宗教与哲学中获得更利于进步的灵感和动力。仅仅从中国的语言看，也能发现中国与世界各类文明的紧密关系。曾经的胡字系列，包括胡人、胡服、胡乐、胡舞等，近代的"洋"字系列，包括洋油、洋布、洋铁、洋火等，就是丝绸之路将世界与中

---

① 彼得·弗兰科潘. 丝绸之路：一部全新的世界史[M]. 邵旭东，孙芳，译. 杭州：浙江大学出版社，2016：前言 I.

国相联结最好的表征。

丝绸之路上的外来物

自丝绸之路将中国与外部世界相连以来，外来的食物、动物等就日渐充实到中国人的生活中来。

一是陆上丝绸之路上的"胡"字系列外来物。胡，最基本的含义之一是用来指称特定的民族，是中国古代对北方和西方各族的泛称。如称匈奴为"胡"，其东之乌桓、鲜卑先世为"东胡"，西域各族为"西胡"。魏晋后，在中原地区活动的民族也常被称为"胡"。如《洛阳伽蓝记·城南》："狮子者，波斯国胡王所献也。"相应地，来自这些民族的东西也常被冠以"胡"字。食物类外来物有胡桃、胡椒、胡瓜、胡萝卜、胡饼、胡食等。艺术类外来物有胡琴、胡腾舞、胡旋舞、胡笳等。日用品类外来物有胡床、胡服等。此外，汉唐时期，非汉族妇女被称为胡姬。

二是海上丝绸之路的"洋"字系列外来物。洋，第一层含义是指地球表面最为广袤的水域，包括太平洋、大西洋、印度洋、北冰洋。相应地，洋最基本的含义之一是泛指经大洋船运而来的来自外国的一切，常以"洋"字开头。首先，经济层面的外来物。如洋钱（银元的俗称）、洋厘、洋例、洋商、洋货、洋关、洋火、洋油等。基准，政治、文化和社会层面的外来物。如洋人、洋枪队、洋务派、洋务运动、洋务教育等。最后，来自异域的植物。如洋丁香、洋槐、洋辣子、洋麻、洋紫荆等。

三是"西"字系列外来物。西，指方位，即太阳没落的地

方；同时，也是西洋的简称。西洋，在元代以今南海以西（约自东经110°以西）海洋及沿海各地（远至印度及非洲东部）称为"西洋"。明永乐至宣德郑和七次（有说八次）率领船队远航南海，通称"下西洋"。在明末清初以后，西洋指大西洋两岸，也即欧美各国为西洋。有不少以"西"开头的意味着来自西洋的外来物。西洋饮食类，如西餐、西方蜂蜜等。西洋植物，如西番莲、西瓜、西红柿、西兰花、西洋参、西葫芦等。政治、文化和社会类外来思想和术语等，如西方国家、西学、西洋景、西装、西服等。

最后，还有直接音译的外来物。如沙发、咖啡、芭蕾、柠檬、葡萄等。

资料来源：根据（夏征农，陈至立）辞海（第六版彩绘本）（上海辞书出版社2009年版）912–917、2438–2452、2662–2663等页信息整理。

二、铭记中国应与世界紧密相连的警世名言

中国曾经也存在以天朝大国自居的情况。这种情形在费正清看来就是中央逻辑，即帝国中央为本位、四方为蛮夷，中国社会统治者与精英不愿承认或没有意识到在贸易通道另一端的遥远西方存在着同样强大且地位平等的帝国，缺乏寻求海洋文明机遇的动力。

西方大航海和地理大发现前后世界发生天翻地覆的变化时，中国人仍然没有意识到看世界的重要性。一个重要的原因是中国人口庞大且幅员辽阔，有天然的地理优势。然而，优势也是双刃剑。中国天然的地理优势局限了人们的思维，在文化上轻商重农优则仕，内敛喜静无意扩张，宁愿守着固有的土地和生活习惯而不愿了解外面的世界，抑或根本不认为中国之外还有值得关注的世界，养成了

浓重的上国天朝心态。

进入大航海时代以来，中国人疏于关注外界反映在方方面面，教育领域同样如此。1890年6月9日，奉命出使英法意比四国的薛福成在比利时首都布鲁塞尔参观时注意到，当地已将地理知识普及到了民间。"西人皆知舆地之学，每村塾中童子七八岁者，先读舆地诸书，四壁悬地球诸图，塾师随时批示；迨十三四岁，则又择舆地书之精者读之。盖凡为官为士为兵为工为商，皆当周知舆地，唯童而习之，所以无人不洞悉形势，谙练世力。"①薛福成深为羡慕欧洲人自幼就开始看地图、看世界，而中国与之截然相反，中国的孩子对世界的相关教育少之又少。

马克思就曾深沉地表达过对清朝中国与世界相隔绝的担忧和警示："一个人口几乎占人类三分之一的大帝国，不顾时势，安于现状，人为地隔绝于世并因此竭力以天朝尽善尽美的幻想自欺。这样一个帝国注定最后要在一场殊死的决斗中被打垮……"这就是说，清朝中国应该努力地去了解和读懂世界，形成适应世界变化的能力。马克思这句关于中国与世界关系的名言至今珍藏在中国的国家历史记忆深处。2017年10月31日，中国共产党第十九次全国代表大会后，中国国家主席习近平首次离京就重温和学习了马克思对中国提出的这段警世名言。

马克思对中国与世界关系的警世名言

---

① 郑彭年.丝绸之路全史[M].天津：天津人民出版社，2016：415.

第二节　读懂丝路世界的中国

正如彼得·弗兰科潘所著《丝绸之路：一部全新的世界史》的书名所言，迄今为止的丝绸之路研究基本达成了一个共识：丝绸之路的历史就是一部世界的历史。为此，可以简洁地说，世界在某种意义上也可称作丝路世界。中国无疑存在于世界之中，中国是属于丝路世界并在其中存在着的。

那么，该怎样读懂丝路世界的中国呢？

最重要的是要读懂"世界如何看中国？"要读懂世界——丝路世界如何看中国，需要从对中国扰动最强有力的方面着手。显然，西方构成对中国影响最强有力的扰动源，西方如何看中国往往代表了世界如何看中国。

世界对中国的看法从无知到有知、从正面到负面，进而再到飘忽不定乃至于出现误判误读，是不断变化着的。这对于中国和世界都是一个重大的问题。

一、时间镜面里丝路世界的中国

历史上，中国一直在丝路世界的眼里和心上。

（一）仰慕

西方最早称中国为"丝国"。风靡罗马上层社会的丝绸产自中国是世界对中国最初的认识。

13世纪后半叶，《马可·波罗游记》较为详尽生动地记述了1275年至1291年间，马可·波罗在忽必烈治下元朝的见闻，称任何世界珍稀物品在元大都的市场上都能买得到，对元朝的交通运输、驿站制度、居民的工艺与经商才能以及美丽的城市与港口极尽赞美和赞叹，在西方世界产生了巨大影响。在此之前，西方世界对中国所知甚少。然而，西方世界一边惊讶于《马可·波罗游记》所描述的中国的繁华与发达，一边质疑其可信度。尽管如此，《马可·波罗游记》引起了世界对中国的关注。1492年，哥伦布首航时就随身携带了一本《马可·波罗游记》，还带着西班牙国王正式致蒙古大汗的国书，甚至在到达美洲东海岸之后，按图索骥地去寻找马可·波罗曾盛赞的美丽的"行在"（杭州）。

可以说，一部关涉中国的美丽游记某种程度上激发了向往中国并因之改变世界版图的地理大发现。马可·波罗与哥伦布等人投向中国的倾慕眼神，代表着丝路世界看中国的态度和眼光。只不过，西方仰慕中国的眼神已成记忆，回想起来似乎只是一刹那的光景。

（二）征服

马可·波罗之后的14至15世纪，欧洲工业发展迅猛，要求与其生产力相适应的大规模对外贸易和大量金银货币。可是，繁荣的对外贸易和金银财富在哪里？《马可·波罗游记》又一次为欧洲人指出了一条明路，包括中国在内的东方各国遍地是黄金和宝石。中国的丝绸在欧洲早已名不虚传，黄金宝石想来也不是虚妄之谈，而是上天带有考验性质的赏赐。然而，东去中国探寻财富之路并非坦途，莫非欧洲人的财富之梦只是一场空想？

自古重赏之下必有勇夫。为了寻找东方财富，身处西欧偏远之

地的葡萄牙、西班牙等国相继掀起了狂热的航海大探险。经过漫长的一个多世纪的航海探险努力，最终获得了成功，去东方、去中国的海上航路打通了。1516年，葡萄牙人率先到达广东珠江口外的屯门和浙江宁波，开始进行走私贸易。由此，海上新丝路将中国拉入世界版图。

与葡萄牙商船几乎同时来到中国的还有大批商人、传教士、官吏、士兵、冒险家和学者等。中国的真容渐渐呈现在世界的目光里。其中，特别是传教士，拥有世界打量中国最细致的眼神。美国历史学家大卫·蒙格罗的研究表明，1552年至1800年间，有920名天主教耶稣会士传教士远涉重洋到中国传教[1]，是不可忽视的世界看中国的群体透镜。

西方世界看中国的心态是复杂的。在世界发展史上，西方传教士最早提出：中国历史开始于基督诞生前3000年。1643年，意大利耶稣会士马尔蒂诺·马尔蒂尼（Martino Martini，中文名卫匡国）来到中国澳门，明清时在中国内地传教，其1658年出版的《中国上古史》中称，中国的历史开端是在诺亚大洪水前2952年。卫匡国的观点让欧洲炸开了锅。基督教界人士意识到问题的严重性，也就是说，中国历史到底多长不只是中国人的问题，也涉及《圣经》中人类起源故事的可信度问题，关系到政治与信仰。欧洲天主教保守势力担心这会引致《圣经》记载的可靠性遭受攻击。于是，如何认识《圣经》编年和中国纪年的冲突，也深刻地影响了西方世界如何看待中国。为此，300多年前，也就是17世纪时，西方人曾展开激烈争论。对于这一次欧洲内部进行的有关中国历史发端时间的激烈争论，中

---

① 易强.帝国即将溃败：西方视角下的晚清图景[M].北京：中国书店，2011：20.

国却只是一个局外人，并不知情。[①]

　　明清时期，数量众多的传教士来华，渐渐看清了中国历史的轮廓。其中，1703年，法国人冯秉正（J. de Moyriac de Maila，1669—1748）以国王数学家的身份来到中国，历经康熙、雍正、乾隆三朝，见证了清王朝兴盛期，他历时6年，于1730年编撰完成了7卷本《中国通史》。这同样意味着世界看中国的一缕眼光。《中国通史》手稿于1737年寄回法国，在图书馆中沉睡了30年。法国学者格鲁贤（Abbé Jean Baptiste Grosier）于1777年至1785年间受托整理出版了该书稿。更重要的是，冯秉正的《中国通史》影响了黑格尔（1770—1831年）和马克思（1818—1883年）形成关于中国的系统知识。孩童时代的黑格尔恰逢《中国通史》出版。在马克思生活的19世纪，《中国通史》仍是关于中国史最完备的版本。即使到了20世纪初，《中国通史》仍为有关中国历史的各种表述提供着最重要的基础。[②]认为中国是东方睡狮的拿破仑也恰好在《中国通史》出版和流行的年代叱咤风云，无疑他也曾在一定程度上深受其影响。

　　除了得到明清政府允许得以深入中国内地甚至于进入皇家宫廷的西方传教士，如利玛窦、郎世宁、冯秉正、汤若望、南怀仁等人之外，鸦片战争之前，西方传教士的活动范围大多局限在澳门、香港、广州一带。不过，1842年《中英南京条约》签订之前，仍然有一些西方传教士突破清政府的限制，前往广州之外的中国各地，目睹中国社会的现实状况。德国传教士郭实腊就于1831年

---

① 张国刚. 胡天汉月映西洋：丝路沧桑三千年[M]. 北京：生活·读书·新知三联书店，2019：258–259.

② 张国刚. 胡天汉月映西洋：丝路沧桑三千年[M]. 北京：生活·读书·新知三联书店，2019：255–256.

到1833年多次沿中国东南海岸线到过厦门、宁波和上海等地，还写了一本旅行经历集册。这本旅行册为《南京条约》签订后西方列强发掘和掌握中国沿海商机提供了重要信息，使西方人充分领悟到清政府是坚定的贸易保护主义者，所执行的政策推高了食品价格并使走私行为猖獗。且不说郭实腊所记述的情形是否真实，这些信息实际上为西方列强入侵中国提供了所谓的"正义性理由"。传教士们对中国社会现实所做的观察和记录或多或少折射出世界眼里的中国。

来到中国的西方外交官们也向世界传递着中国印象。西方外交官通常通过日记、书信、著作、接受采访、给媒体撰稿等方式告诉世界中国是什么样的。西方外交官对中国的理解、记录和表达，不管准确度如何，一定程度上都可辅助西方人理解当时的中国。在研究中国几百年之后的1793年夏，西方人的代表、英国外交家马戛尔尼勋爵登上装配有64门火炮的"狮子"号战舰，率领由政治家、商人、军官、艺术家、学者和传教士在内的百人使团，包括东方学家、使团副使乔治·斯汤顿爵士及其年仅11岁的儿子、未来汉学家斯汤顿以及3名中国人前往中国，使命是为英国赢得与中国建立平等正常外交关系的机会，为英国商人争取除广州外在宁波、舟山、天津等港口的交易通商权。众所周知，马戛尔尼此次出使失败了。然而，马戛尔尼使团掌握了有关中国的大量第一手情报，收获依然巨大。时隔23年，1816年夏，英国外交家阿美士德勋爵带着与马戛尔尼相同的使命，乘坐"阿尔切斯特"号前往中国。由于类似的原因，特别是阿美士德拒绝遵守满族叩头礼仪，这次出使也失败了。同样，阿美士德使团也收获了大量有关中国社会的情报。

世界望向中国的眼光贪婪而密集。清政府官员如恭亲王奕䜣和李鸿章等、清朝派驻欧美各国的外交官、与清政府有往来的他国官员也是西方认识中国的重要渠道。甚至于在美国唐人街谋生的中国商人与苦力也是西方观察和了解中国的渠道。

总之，海上丝绸之路将中国与世界在物质方面紧密相连接，也促进了中国与西方精神文化层面的交流。然而，500多年来，中国与西方主宰下的世界无论是物质交流还是文化交流，关系都是不对称也不对等的，彼此间缺乏信任、理解与应有的尊重。唯一值得称道的是，世界总算连接起来了。

（三）复兴

1949年以来，中国走上了复兴之路。

进入21世纪，彼得·弗兰科潘在《丝绸之路：一部全新的世界史》一书中找到了审视丝绸之路的25个维度，即丝绸之路是信仰之路、基督之路、变革之路、和睦之路、皮毛之路、奴隶之路、天堂之路、铁蹄之路、重生之路、黄金之路、白银之路、西欧之路、帝国之路、危机之路、战争之路、黑金之路、妥协之路、小麦之路、纳粹之路、冷战之路、美国之路、霸权之路、中东之路、伊战之路、新丝绸之路（即"一带一路"）。无疑，放在最末的新丝绸之路——"一带一路"恰恰是世界与中国关系的最新形式。因为新丝绸之路既是中国之路，也是世界之路。习近平主席于2013年提出的"一带一路"倡议指向丝绸之路的未来，引起世界广泛的参与和关注，代表着世界对中国全新的关注与理解。中国复兴之路如日初升，欣欣然充满了朝气与活力，历史厚重，未来悠长。

二、显微镜下丝路世界的中国

1840年前，西方形成了解剖和检视中国的多维剖面，包括中国文明、中国制度和中国人性格等方面。

丝绸之路上，一束又一束直接或间接投向中国的西方人的目光，随机组合成了透视中国的历史光学镜片，其中，自希罗多德始，将其眼光与18世纪的伏尔泰、维科、孟德斯鸠、孔多塞、狄德罗、霍尔巴赫等的眼光相叠加，与19世纪的施本格勒、瓦莱里、黑格尔、明恩溥等的眼光相叠加，再与20世纪的马克斯·韦伯、阿诺德·约瑟夫·汤因比等的眼光相叠加，就形成了解剖和检视中国丝路世界的特制显微镜。在这副特制显微镜下，中国以一种自我几乎无感的状态刻印在西方人的脑海中，可以称为丝路世界的中国映像。

（一）丝路世界特制显微镜下的中国文明

中国与西方的代名词——欧洲地处世界两极，似乎与地理空间的两极相呼应，二者的文明形态也呈现出极大差异。就二者间文明的相互关系来看，希罗多德的《历史》中所作的记载是从西方看中国的发端。从世俗的眼光看，东西文明的真正接触和交汇是在《马可·波罗游记》之后才开始的，实质性的文明交流则是迟至16世纪大航海后的事。在这个过程中，希罗多德或是马可·波罗并没有从文明的高度对比和谈论过东西文明。

伏尔泰认为中国文明与西方或欧洲文明相对立，是孤立主义性质的。在很久远的时代，中国曾持续地对种种技艺和科学进行探索，并在当时达到了极先进的水平。然而，中国文明在之后陷入停滞，所取得的新进步少之又少。相反，欧洲人在知识获取的时间上较中国要晚得多①，可贵之处在于，欧洲后发而先至，富有创造性地在短时间内使科学与现实各方面渐趋完善。究其原因，在于中国人有浓厚的尚祖守成的心理，与其说是对祖先留下来的一切心怀崇敬，不如说是抱残守缺且自以为古老的一切已是极尽完美。简言之，中国因崇古与故步自封而囿于静止状态。

伏尔泰对中国文明的认识并非只是其一己之见，而是变成了西方对中国孤立与封闭的共识。事实上，维柯更早就持类似主张，他认为直至几年前中国一直是在与世隔绝之中孤自发展，其文明成就甚微。或许是英雄所见略同，孟德斯鸠同样指出，中国文明之所以具有古老悠久的特性，只不过是因为其所处地理上与外界相隔绝和国家的贫穷造成的。中国漫长的历史实质上是少有进步的治乱循环。孔多塞在其所著《人类精神进步史表纲要》中认为，中国文明的兴起是游牧时代之后的事情，始终也不曾脱离，而是处于相当低级之阶段。

（二）丝路世界特制显微镜下的中国人性格

在论及中国人性格时，孟德斯鸠采用了比较法，将中国人与西班牙人相对照，认为二者互为对立面。西班牙人虽然一直以信实著称，却不幸流于懒惰。正因为西班牙人性格上的缺陷，其贸易活动为欧洲其他国家所夺得。中国人恰恰相反，因为土壤与气候等关系，人们的生活极不稳定，这使得中国人养成了难以置信的活动力或者美称其为勤劳。中国人性格上的问题是有无以比拟的贪得欲念，导

---

① 雅斯贝尔斯（Karl Theodor Jaspers）提出了"轴心时代"。然而，埃及文明、两河流域文明、印度文明和中华文明是人类从古代文明的源头，而希腊曾是埃及的殖民地，深受埃及文化、亚述文化等东方文化的影响。只有欧洲中心主义者常说，希腊是西方文化之根。参见张西平. 如何在文明比较中提示中华文明的现代意义［N/OL］.（2023-03-24）中国新闻社.

致没有任何贸易国敢轻易相信他们。中国人因而虽勤劳却过着贫穷的生活，虽聪明却狡诈贪婪。对于中国人性格的认识，英国作家笛福、英国商队船长安森、马戛尔尼使团以及欧洲商人、水手和士兵也曾有类似认识。

就中国人性格问题，19世纪末美国传教士明恩溥（Arthur H. Smith）在其所著《中国人的素质》（*Chinese Characteristics*）一书中做了更为系统的总结，认为中国人性格上的特点主要包括爱面子、节俭、勤劳、知足常乐，中国人对生活状态与具体事情有极强的忍耐力，中国人重视礼节、孝行仁慈。然而，中国人漠视时间与精确性、缺乏契约精神、拐弯抹角、因循守旧、柔顺却固执、麻木不仁、心智混乱、互相猜忌、缺少同情、共担责任或株连、敬畏法律等。

到1928年，法国瓦莱里论及欧洲人看中国人所做的总结更耐人寻味：他们既聪明又愚蠢，既软弱又有忍耐性，既懒惰又惊人的勤劳，既无知又机灵，既憨厚又无比的狡猾，既朴素又出乎寻常的奢华，无缘的滑稽可笑；人们一向把中国看作地大物博又国力虚弱，有发明创造但墨守成规，讲迷信但又不信神，生性凶暴残忍却又明智，守法制而又腐败。瓦莱里的话着实耐人寻味，其对中国人性格的描述采用了一组又一组的对立表达。这些成组出现的对立的词原本不该并存，却同时附身在中国人的性格之中。这是令欧洲人深为困惑的，超出了他们的理解范围，中国人因而处于难以定位的文明状态。

（三）丝路世界特制显微镜下的中国制度

历史上的中国制度并没有为西方所理解和认同。18世纪后半期，欧洲思想界也在频频谈论中国制度，并视中国制度为专制主义的典型，与欧洲所倾心追求或者理应追求的政治精神相左。

孟德斯鸠在论及政体与制度时认为，在欧洲历史上曾存在共和制、君主制与专制三种政体。其中，英国所实行的君主立宪制值得赞赏与提倡，因为英国所实行的是法律所维护的以理性为原则的政体。中国则不然，因而不足以成为西方的样本。对此，狄德罗、霍尔巴赫与孟德斯鸠的认识是基本相同的。

总之，1840年之前，西方对于中国文明、中国制度与中国人性格的认识为后世欧洲学者所继承。黑格尔曾说，历史始于东方，但东方在历史之外。

值得注意的是，西方世界在认识中国的过程中的态度以18世纪为分水岭，这之前，整个西方都羡慕和仰望中国，致力于寻求与中国的共同之处；这之后，随着航海技术、工业革命等实力加身，以及对并非东方乐土的中国的真容有了充分认识，西方看待中国的视角发生了根本变化，转而致力于寻求与中国的差异或者说西方的优越性。只不过，仰视中国也好，俯视中国也罢，西方对中国态度的变化前前后后都是以西方的自我需求为中心的，历经从寻求共通之处的仰慕到平视的目光，再到近代以来从俯视到无法俯视又无所适从的复杂眼光。

时至今日，西方对于中国文明、中国制度和中国人的性格仍存在种种以自我为中心的偏见、误解、误读和误判。面对复兴的中国，世界眼里闪耀着一个新中国，世界需要认识真正的中国。

第三节 读懂丝路中国的世界

站在西方视角，读懂丝路世界的中国并不容易。同样，站在中国视角，读懂丝路中国的世界亦并非易事。相比西方旅行家、传教士和探险家纷纷东行的情况，中国长距离西行的人数不多，向西所走的距离也不够远，西行的目的也比较单纯，或是结交联盟，或是求取佛经，或是无意识的漫游。尽管如此，中国对于自己所处世界的认识同样经历了从无知到有知，从知之甚少到知之较多的过程。

一、中国对世界曾经的认识

中国对世界的认识曾经在多方面存在局限。

就起点看，中国对世界的了解一度比较粗略。13世纪早期，也就是元朝初期，有一份官方文献很能说明中国缺乏对世界的认识。这份文献的作者是一位负责珠江三角洲口岸城市——广州的对外贸易事务的官员，文献是计划写给去阿拉伯语世界的一些商人、海员与旅行者的，意在解释阿拉伯商业活动的方式，列示出可能买到的、中国商人青睐的货物品类。然而，这样需要丰富而精确的世界知识的文献却充满了奇闻异说，甚至半神秘的观念，如麦加是佛陀故乡，佛教徒每年会去那里朝拜；西班牙出产的巨型西瓜直径达6英尺，可供20多个人一起食用等。①

① 彼得·弗兰科潘.丝绸之路：一部全新的世界史[M].邵旭东，孙芳，译.杭州：浙江大学出版社，2016：156.

　　长期以来，中国缺乏深入认识西方世界的内在动力，这从丝绸之路商贸关系中可以看出一些端倪。丝绸贸易对于中国而言主要是边境贸易，很少有中国人主动走出边境到异国经商。相关文献记载显示，陆上丝绸之路上承担东西方贸易交流的商人有大月氏人、匈奴人，中古时期则是粟特商人。唐宋以后活跃在海上丝绸之路的商人以波斯人和阿拉伯人为主，也有部分犹太人。

中古时期丝路古道上"商人遇盗"壁画
　　说明：敦煌莫高窟45窟南壁。山谷中，有几个身穿胡服、头戴毡帽、络腮胡须的西域胡商遭到强盗拦路抢劫。胡商身后是驮着丝绸和珠宝的毛驴。

　　丝绸之路上商人的目光是中国认识世界的重要方式。然而，明代郑和七次下西洋的目的不在商贸，且后继无人，没有打开中国认识世界的深远度和宽广度。

　　近代以来，中国人认识丝路中国的世界是在外力打压下的应急

选择，细致度和深刻度在仓促和悲愤之下不易达到理想水准。

长期以来，中国没有找到看西方世界的最佳视角，中国的世界也可以说是中国人眼中的西方世界。鉴于东临大洋的地理环境限制，在中国人原有的世界观念中，除中国自身以外的世界都是西方。因此，在古代中国人看来，西方是对异国他乡的概括。诸如周穆王西巡、唐玄奘西游、成吉思汗西征、郑和下西洋、西学东渐等事件表述中，"西"是中国以外世界地理与文化的总称。自古以来，中国人就认为西方世界是外来文化的神秘之地，代表非我族类。历代中国皇帝并不特别追求西方人的朝贡。1500年至1800年间，一些西方国家尝试以朝贡方式进入中国，屡遭拒绝。原因在于西洋国家太过遥远，考虑到国家安全中礼仪文化所占的重要地位，与古代中国文化礼仪相异的西方世界各国并不在中国的世界体系之内。

此外，长期以来，中国人对西方世界的认识是缓慢渐进和滞后的。古代中国人的心目中，最早的西方世界是西域，指帕米尔高原东西两侧的中亚地区。之后，西域的范围包含南亚次大陆、西亚波斯、地中海东罗马帝国和西南亚阿拉伯。到郑和下西洋时，又将非洲东海岸涵盖在内。明清时期，中国人开始接触到漂洋过海而来的欧洲人，就将欧洲西部即欧西也包含在西域内，并称作泰西、远西。

就海上丝绸之路来看，古代中国史书所称西海应指波斯湾，或是黑海，又或是地中海。明朝前期，西洋应是指今南海与印度洋地区。晚明与盛清时，西洋特指欧洲。几乎各种来自欧洲的事物均被冠之以西洋之名。西洋的这种使用方法持续到近代。相比而言，古希腊和罗马将丝国、契丹等与中国画等号的认识要到位得多。

应当说，中国是丝绸之路上最古老、所做贡献最大的国家之一。然而，中国对西方世界的认知却囿于一隅，导致没有看清西方世界的变化与发展，也导致一味闭关锁国、不识世界大潮，是使中国在近代以来身陷重重危局所不可忽视的原因之一。

二、1949 年以来中国对世界的认识

站在丝绸之路的历史光影里在更宽广的视野里清晰可见，在吸取1840鸦片战争以来百年屈辱命运和前人西来东往看世界的经验和教训基础上，1949年10月1日新中国成立至今，中国对世界的认识日益成熟且成绩斐然。

首先，中国恢复联合国合法席位的50年为世界贡献了中国智慧。经过中国的努力争取和国际友好国家的支持，1971年10月25日成为一个特殊的对中国与世界关系有着"分水岭"意义的日子。

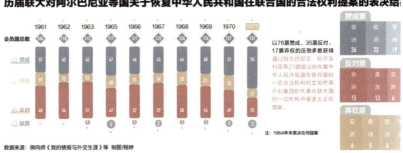

从中国恢复联合国合法席位过程看世界与中国

图源：黄卫，宋春丹.美国提案以四票之差被否：谁是被老布什铭记的"食言国家"[N/OL].（2021-10-25）中国新闻周刊.

这一天的23时20分，第二十六届联合国大会以压倒多数通过了2758号决议，做出了一个重要的历史性决定，即联合国秘书长吴丹

中国恢复联合国合法席位的历史时刻

图源：环球网。说明：1971年10月25日中国恢复联合国合法席位，时任坦桑尼亚常驻联合国代表萨利姆在联大会场情不自禁欢快起舞。双手举过头顶者为萨利姆。

2018年，萨利姆·艾哈迈德·萨利姆接受媒体采访画面

图源：CGTN。

1971年10月26日自纽约致电"北京中华人民共和国外交部长"，电文的主要内容所言，"恢复中华人民共和国的一切合法权利，承认她的政府的代表为中国在联合国组织的唯一合法代表并立即把蒋介石的代表从它在联合国组织及其所属一切机构中所非法占据的席位上驱逐出去"。这一切意味中国人民重新走上联合国舞台，引起强烈的国际反响，从此获得了在联合国为全球治理做出自身贡献的崭新机会。在联合国舞台上，中国更好地认识了全球化时代的世界，并为世界做出了宝贵的贡献。"新中国恢复在联合国合法席位以来的50年，是中国和平发展、造福人类的50年。"

中国人民为中国也为人类开创了史诗般的发展成就。

在新中国成立以来国家建设和发展的基础上，中国人民开启了改革开放历史新时期，成功开创和发展中国特色社会主义，不断解放和发展社会生产力，不断提高生活水平，实现了从生产力相对落后的状况到经济总量跃居世界第二的历史性突破。经过艰苦奋斗，中国人民用自己的双手在中华大地上实现了全面建成小康社会的目标，打赢了脱贫攻坚战，历史性地解决了绝对贫困问题，开启了全面建设社会主义现代化国家新征程，迎来了中华民族伟大复兴的光明前景。

中国人民团结世界各国人民为世界和平与发展做出了重要贡献。特别地，中国人民致力于推动共同发展，从"坦赞铁路"到"一带一路"，中国向发展中国家提供力所能及的帮助，不断以中国发展为世界提供新机遇。

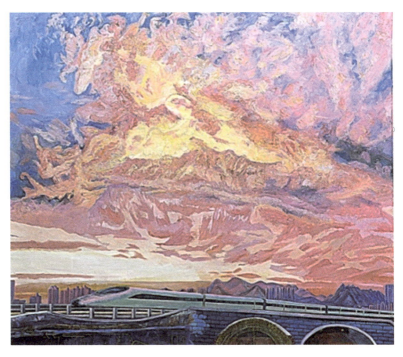

图源："一带一路"与中国铁建——第十八届大路画展作品，2019年，中铁物资。转引自王晨光."一带一路"是疫情下全球化发展的重要推动力[J/OL].（2021-12-31）政治学与国际关系论坛.

中国为尊重和维护全球治理核心体系联合国做出了应有贡献。中国人民始终维护联合国权威和地位，践行多边主义，中国同联合国的合作日益深化。

中国肩负起了促进世界发展应尽的责任。深知世界和平安宁可

贵的中国，自1949年10月1日以来就积极地、力所能及地承担起促进世界发展的责任。特别是党的十八大以来，习近平主席在马克思主义中国化理论成果和自身长期思想理论积淀的深厚基础上，以"不谋全局者，不足谋一域；不谋万世者，不足谋一时"的全局视野，在新的国内外发展要求和形势下，将全球治理融合到治国理政思想之中，提出了回应时代和世界呼唤的全球治理新思想、新观点和新方案。

首先，习近平主席创新性提出全人类共同价值。价值引领发展，同时也是全球治理的方向。全球治理的价值追求与世界各国错综复杂的利益相交织。全球治理的价值方向何在？这是一个众说纷纭却鲜有共识的命题。基于对历史和未来深邃的洞察，2015年9月28日，习近平主席在第七十届联合国大会一般性辩论时的讲话中，提出"'大道之行也，天下为公。'和平、发展、公平、正义、民主、自由，是全人类的共同价值，也是联合国的崇高目标"。坚守与弘扬全人类共同价值正日益成为世界共识。

其次，习近平主席创新性提出系统的人类命运共同体理念。全球治理的重心是分散在世界各国的人类的命运。人类究竟是命运与共的共同体，还是各自为政的一盘散沙？这是长期以来困扰着世界各国的重大命题。在浩瀚宇宙中这颗孤独星球地球上，一盘散沙各自为政的人类是没有前途的，历史对此已有充分的证明。2015年9月28日，习近平主席在第七十届联合国大会一般性辩论时的讲话中，创新性提出了人类命运共同体五个层面的内涵，即要建立平等相待、互商互谅的伙伴关系；要营造公道正义、共建共享的安全格局；要谋求开放创新、包容互惠的发展前景；要促进和而不同、兼收并蓄的文明交流；要构筑尊崇自然、绿色发展的生态体系。

再次，习近平主席就全球治理首次提出全球发展倡议、全球安全倡议和全球文明倡议。2021年9月21日，习近平主席在第七十六届联合国大会一般性辩论上的讲话中，为实现建设更加美好世界的共同愿望，围绕"复苏经济，推动实现更加强劲、绿色、健康的全球发展"的课题，首次提出了"六个坚持"全球发展倡议，即坚持发展优先；坚持以人民为中心；坚持普惠包容；坚持创新驱动；坚持人与自然和谐共生；坚持行动导向。其中，坚持行动导向是无声的语言，体现为加大发展资源投入，重点推进减贫、粮食安全、抗疫和疫苗、发展筹资、气候变化和绿色发展、工业化、数字经济、互联互通等领域合作，加快落实联合国2030年可持续发展议程，构建全球发展命运共同体。中国已宣布，未来3年内再提供30亿美元国际援助，用于支持发展中国家抗疫和恢复经济社会发展。

2021年9月18日肯尼亚首都内罗毕中国驻肯尼亚大使馆公参张益俊（右二）和肯尼亚卫生部常务副部长苏珊·莫察切（中）在机场举行疫苗交接仪式
图源：中新社，记者李琰摄。引自中国在国外到底做了什么？来听听他们的回答！[N/OL].（2021-12-23）共青团中央.

2021年10月16日"澜沧"号动车组运抵刚刚建成的中老铁路万象站

图源：新华社。转引自王晨光. "一带一路"是疫情下全球化发展的重要推动力[J/OL].（2021-12-31）政治学与国际关系论坛.

2021年10月25日，在中华人民共和国恢复联合国合法席位50周年纪念会议上的讲话中，习近平主席坚守"发展是硬道理"，以发展作为解决一切问题的总钥匙，提出构建全球发展共同体理念，"希望世界各国共同努力，克服新冠肺炎疫情对全球发展的冲击，加快落实联合国2030年可持续发展议程，构建全球发展共同体"。

2022年4月21日，习近平主席在博鳌亚洲论坛2022年年会开幕式发表题为《携手迎接挑战，合作开创未来》的主旨演讲，提出全球安全倡议，倡导各国秉持共同、综合、合作、可持续的安全观，共同维护世界和平和安全，推动构建均衡、有效、可持续的安全架构，为国际社会合作开创未来提振信心、凝聚合力。

2023年3月15日，在中国共产党与世界政党高层对话会上，习近平总书记首次提出了"全球文明倡议"。这成为中国为世界提供关系世界和平发展前景的又一重要方案和公共产品。

最后，中国加入世界贸易组织（WTO），为世界贡献了经济动力。1986年，中国提出恢复关贸总协定缔约国席位的申请，这是复关、入世征程的起点。复关、入世谈判中最艰巨的是中美双边谈判，经历重重波折和交锋，1999年11月15日，中美双方签署了关于中国加入世界贸易组织的双边协议，入世路上最艰难的谈判终于尘埃落定。2001年12月11日，中国正式加入世界贸易组织。

加入世界贸易组织的过程，本身也是中国认识世界和世界认识中国的过程。漫天要价又唯利是图是美国代表的谈判风格，因为他们早就看准中国是一个大市场。谈判的最后阶段，美国总统经济顾问斯珀林对中国谈判代表团说："你们的这个条件，永远、永远、永远……也加入不了世贸组织！"原对外贸易经济合作部部长石广生也拍了桌子："你记住，你是在中国的领土上，中国过去受人摆布的

中国加入世界贸易组织签字仪式

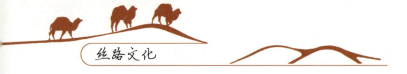

时代一去不复返了！”

　　事实上，从中国正式加入世界贸易组织那一天起，对世界有了更深刻认识的中国全面迎接世界经济发展的机遇和风浪，经历了殊为不易的奋斗历程，也书写了一份亮眼的成绩单。"近年来中国为世界经济增长贡献率已达到30%。这个具体数字很能说明问题。""目前中国已经发展成为全球第二大经济体、第一大货物贸易国、第一大外资吸收国，已经是120多个国家和地区最大贸易伙伴，中国入世，深刻影响了世界。"①

①　金台环环.入世20年，中国角色之变[J/OL].（2021-11-27）环球人物.

第七章

丝绸之路华丽蝶变的
引擎是什么？

自古以来连接中国与世界、东方与西方的丝绸之路，历经陆上丝路、海上丝路和海上新航路不断涅槃新生。进入21世纪后，丝绸之路华丽蝶变而成新丝绸之路 ——"一带一路"倡议，迎来世界通向未来的新曙光。抚今追昔，需要追问和回答的问题良多，其中尤为紧迫的问题是：21世纪引领丝绸之路华丽蝶变的引擎是什么？

第一节　从闭关锁国到拥抱世界

古代中国农业经济繁荣、传统文化先进、物产手工精良、科技发明众多等优势显著。以丝绸织物为代表的中国物质和精神文化吸引着西方各国心生去东方的动力，是陆上丝路兴起和变迁的重要基础。这背后是中国历代王朝治国理政方略应时而动的引擎机制在发挥效用。总体而言，丝绸之路依靠的是丝路世界各路段多引擎联动机制。然而，丝路多引擎联动机制并不总是能够运行顺畅，而是时而高速有效运转，时而熄火停滞，丝绸之路在历史上因而数通数绝。加上丝绸之路各路段各种异向力量的作用和搅扰，丝绸之路就会发生陆上南北向飘移，形成草原丝路、绿洲丝路和南方丝路，甚至于由陆上飘移到了海上，进而在航海科技等多因素共同作用下，激起世界海上新航路的开发浪潮。

显然，丝绸之路上日复一日发生着的从来就不只是经济商贸和文化交流，也有时兴时灭却从未曾消失的战火与混乱。就中国而言，每当遭受丝路沿途外来袭扰力不能敌而身陷战乱时，丝绸之路就会变得困顿、萧条或是走向异形发展。

丝绸之路中国引擎最近一次熄火停滞，出现在近代伊始的海上新航路，是以1840年鸦片战争为标志的长达100多年时间里的世界大事件。此次丝绸之路中国引擎熄火停滞，或许可以归因于前前后后100多年间中国和世界巨变频仍，变数丛生。由于发展变化的根本依据是内因，人们终究需要从中国自身出发搜寻和锁定丝绸之路涅槃与新生的引擎根源。

复盘历史隐约可知，此次丝绸之路中国引擎熄火停滞的原因自然很多。其中，最重要的原因是其时倭患与秉持亨利悖论的西方殖民者相继强势来袭、明清中国王朝治国理政方略判断上出现重大疏漏，它们共同导致中国陷入闭关锁国的窘境，正常的海上丝路交流随之委顿断绝。

一、倭患催生了元末闭关锁国倾向的海禁政策

元末明初，海上丝路中国段开始出现倭患挑战。倭患意指倭寇之患。东方小国日本古时被称为倭国，自元朝开始袭扰中国沿海的倭寇之患就来自于日本。

为应对倭患，元朝政府被迫实施了一些海禁措施。朱元璋建立明朝伊始，政府沿袭惯例继续实行海禁。洪武二年（1369年）正月，倭寇第一次在明朝中国沿海出现，"倭人入寇山东海滨郡县，掠民男女而去"①；同年四月，倭寇侵掠苏州、崇明，杀居民夺财货；

---

① 《明太祖实录》卷三十八. 转引自马骏杰. 海上传奇：中华海洋文明发展通史[M]. 北京：燕山出版社，2021：254.

知识卡片 7-1

倭寇与假倭的来历

公元1333年，日本的三位封建领主，即足利尊氏、新田义贞与楠木正成，联手已退位的后醍醐天皇发起政变，在共同消灭了镰仓幕府后，拥立后醍醐天皇亲政。

1335年时，足利尊氏宣布登基不久的后醍醐天皇退位，由一位王子接续即位。在新田义贞与楠木正成的拥戴之下，后醍醐天皇从京都逃亡到了南方，建都吉野。由此形成与北方足利尊氏对抗之势，日本自此进入了室町幕府时代。

之后，分别以南北两朝政权为中心，日本封建领主两大阵营泾渭分明，并以各自的名义彼此攻掠和混战了五十多年。1392年，北朝彻底消灭了南朝，在形式上统一了日本。

在日本南北朝长期混战时，国内众多残兵败将、武士与逃避横征暴敛或失去生产能力的大量农户流亡到大海上求生。这些流亡的日本人与不法商人相互勾结成了海盗，进行走私和抢劫，还时常袭扰日本的近邻，史称倭寇。

与此同时，一些如张士诚、方国珍等在中国沿海拥有海上势力的中国人，是朱元璋消灭未尽而遗留下来的亡命海上的人员，这些人员加入倭寇行列，与倭寇勾结成了假倭。

倭寇与假倭共同构成了元末以来中国沿海倭患。虽经抗击，倭患却日渐严重，蔓延到浙江和福建等沿海地区。

资料来源：马骏杰. 海上传奇：中华海洋文明发展通史[M]. 北京：燕山出版社，2021：253-254.

同年八月，倭人寇淮安。到洪武三年（1370年），日渐严重的倭患蔓延到浙江、福建沿海。朱元璋对消除倭患和巩固海防极为重视，在外交上使日本政府约束倭寇行为的同时，军事上创设卫所制加以防御，更引人注目的是，在其统治后期，将海禁逐渐上升为国家海禁政策。明朝海禁政策规定，在政府之外，民间不得从事海外贸易；同时，限制外国商人来华经商。之后不久，海禁政策被写进《大明律》。1394年，即洪武二十七年，海禁政策实施得更为严格。

知识卡片 7-2

《大明律》中海禁规定节选

关于海禁，《大明律》规定："凡将马牛、军需、铁货、铜钱、段（锻）匹、细绢、丝绸私出外境货卖及下海者，杖一百；挑担驮载之人减一等，物货船车并入官，于内以十分为率，三分付告人充赏。若将人口、军器出境及下海者，绞；因而走泄事情者，斩。"还规定："官民人等擅造二桅以上违式大船，将带违禁货物下海，前往番国买卖、潜通海贼、同谋结聚，及为向导劫掠良民者，正犯处以极刑，全家发边卫充军。若止将大船雇与下海之人分取番货，及虽不曾造有大船，但私通下海之人接买番货者，俱问，发边卫充军。其探听下海之人番货到来，私下收买贩卖，若苏木、胡椒至一千斤以上者，亦问，发边卫充军，番货入官。若小民撑使单桅小船于海边近处捕取鱼虾，采打柴木者，巡捕官、旗军兵不许扰害。"

资料来源：《大明律》卷十五。转引自马骏杰. 海上传奇：中华海洋文明发展通史[M]. 北京：北京燕山出版社，2021：267-268.

　　《续文献通考》中有记载，"洪武二十七年正月，命严禁私下诸番互市者。帝以海外诸国多诈，绝其往来，惟琉球、真腊、暹罗许入贡。而缘海之人，往往私下诸番，贸易香货，因诱蛮夷为盗，命礼部严禁绝之，违者必置之重法。"①这也就是说，在一定程度上，明朝严厉的海禁政策隔裂了中国人与海洋，或者说中国与世界原本紧密的正常联系。

　　事实上，海禁政策虽然能够减少倭患横行的危害，却无法避免严重降低国家财政收益的情况。过于严厉的海禁政策必然加深朝野上下或利或弊的感受。海禁政策在严禁之下的种种利弊使得明朝官员很快分化为严禁派与弛禁派，二者轮番占上风，明朝海禁政策在执行过程中也就轮番时紧时松。

　　永乐年间，出于国家各方面发展的需要，一度放松海禁政策。众所周知，明朝在永乐年间以政府之力推行官方下西洋航海活动，加强与海外联系，出现了郑和七下西洋的中国新航海时代，登上了古代中国海洋文明的新高峰。尤其值得指出的是，郑和在战略高度上审视中国海洋事业，为使中国海洋事业不间断发展，第六次下西洋归来之际，在给洪熙皇帝朱高炽的奏折中提出了现代意义上的海权思想，"欲国家富强，不可置海洋于不顾。财富取之海，危险亦来自海上……一旦他国之君夺得南洋，华夏危矣。我国船队战无不胜，可用之扩大经商，制服异域，使不敢觊觎南洋也……"②郑和对海洋事业的深刻认识、对远航价值的理解及其航海实践，形成了郑和海洋文化思想，标志着中国古代海洋文化思想达到了世界高度。

① 《续文献通考》卷二十六. 转引自：马骏杰. 海上传奇：中华海洋文明发展通史[M]. 北京：燕山出版社，2021：268.

② 马骏杰. 海上传奇：中华海洋文明发展通史[M]. 北京：燕山出版社，2021：217.

　　然而，随着倭患加重，明朝政府不得不重拾海禁政策。海禁政策严重束缚了中国海洋文明的持续提升。除此之外，国家也需为海禁政策付出税收减少的代价。海禁政策对于沿海省份地方财政的影响更甚。这就与秉持亨利悖论而来的西方殖民势力紧密相关了。

二、明朝闭关锁国难挡西方殖民者

　　《明史·佛郎机传》揭示了推行炮舰贸易的西方殖民者能在中国驻足的奥秘，这与中国沿海地方官员的"支持"分不开。广东省官员薪酬高低与是否实行海禁政策息息相关，广东省文武官员"月俸（薪俸）多以番货代"，地方官员收入中相当一部分用外贸物品"抽分"，即按比例向进口货物征税来获取。海禁政策严厉实施就使得"番舶几绝"，进口财路也随之断绝。于是，沿海官员中"有议复许佛郎机通市者"。

　　1529年，两广巡抚都御史林富就是明嘉靖年间弛禁派的主将，他在给朝廷的上疏中提请松动海禁，以允许佛郎机（葡萄牙人）在广州贸易。"粤中公私诸费，多资商税，番舶不至，则公私皆窘。"也就是说，持续执行海禁政策，国库就会空虚，国家运行所需的饷银就没有着落。嘉靖皇帝深为欣赏，朱批"裁可"。随即广州市舶司恢复，广州也再现通商口岸风采。各国船舶争相到广东进行贸易。①

　　实际上，对于明朝嘉靖皇帝来说，实行海禁难，开放海禁也难。因为这时的明朝在倭寇与海盗之外还面临新的海患，即葡萄牙

---

① 张国刚.胡天汉月映西洋：丝路沧桑三千年[M].北京：生活·读书·新知三联书店，2019：169-170.

殖民势力。

　　早在嘉靖帝登基前的1517年8月15日，葡萄牙8艘战舰到达珠江口，不仅不再离开，还与倭寇和海盗相勾结，在沿海一带亦盗亦商，伺机进入中国内地。海禁开放之后，如何避免葡萄牙人混入中国内地是一件十分困难的事情。事实上，嘉靖年间开放海禁后，各国船舶前来广东贸易，为葡萄牙人公然在屯门、浪白澳和壕镜澳（澳门）等处海港进行殖民贸易创造了条件，也打开了葡萄牙人窃据澳门的大门。

知识卡片 7-3

葡萄牙人最初立足澳门的记载

　　《万历广东通志》记载："嘉靖三十二年（1553年），夷舶趋濠镜者，托言舟触风涛缝裂，水湿贡物，愿借地晾晒，海道使汪柏徇贿许之。时仅篷累数十间，后工商牟利者，始渐运砖瓦木石为屋，若聚落然。"

　　《澳门记略》也记载："嘉靖三十二年，番舶托言触风涛，愿借濠地曝诸水渍贡物，海道副使汪柏许之。初仅茇舍，商人牟奸利者渐运瓴甓椽角为屋，佛郎机遂得混入。高栋飞甍，栉比相望，久之遂专为所据。番人之入居澳，自汪柏始。"

资料来源：郑彭年. 丝绸之路全史[M]. 天津：天津人民出版社，2016：225-226.

　　1552年，特使苏萨（Leonel de Sousa）受葡萄牙国王若昂三世（João Ⅲ，1502—1557）之命，搭乘葡萄牙商船抵达广东外海浪白澳。苏萨奉命前来试探中国当局的态度，并凭借贿赂手段与广东海道副使汪柏私签密约，特许葡萄牙人每年交1000两银子、按章纳税后可

丝路文化

到省城进行贸易。葡萄牙就这样依靠地方官员的庇护而定居澳门，澳门自此变身成为近代海上丝绸之路的港口商埠。在葡萄牙殖民势力的把持之下，明朝中国事实上失去了对传统海上丝绸之路应有的掌控。

知识卡片 7-4

近代海上丝绸之路澳门港

自1557年始，葡萄牙人大兴土木，筑炮台，造洋楼，不过十年，南湾已成一座城镇。1553年至1641年间，澳门的贸易得到空前发展，澳门也由小港口变成拥有十多万人的海港城市。澳门港兴起标志曾经自东而西由中国起航的古代海上丝绸之路的衰落，取而代之的是西方海上强国葡萄牙所开辟的逆向海上丝绸之路。同时，这也预示西方资本主义世界诞生，古代封建专制中华帝国趋向没落。

作为近代海上丝绸之路商埠，澳门在16世纪至18世纪海上丝路中具有重要地位。

资料来源：郑彭年.丝绸之路全史[M].天津：天津人民出版社，2016：227.

从丝路文化之碰撞来看，16世纪至18世纪，葡萄牙殖民势力控制下的澳门兴起，不仅意味着近代海上丝绸之路商贸掌控地位旁落，也意味着这一时期中国在东西方文化交流中长期处于被动地位。由于清朝大多数时候仍延续海禁，中国沿海各港口都被关闭，欲到中国的众多西方商人、传教士、官吏、士兵、冒险家与学者纷纷跟随外国商船先到澳门落脚，以澳门为据点和跳板，然后再以各种各样的方式深入中国内地。这在某种意义上反映了西方的兴起及其

模式的胜利，是亨利悖论的胜利，是西方海洋文化的胜利。

知识卡片 7-5

亨利悖论

所谓亨利悖论，是指以葡萄牙航海家亨利王子为代表的西方殖民者所秉持的悖论，即在虔诚追求航海技术等先进科技的同时，又会理直气壮地从事贩卖黑奴和殖民行动，并声称不信仰上帝的异教徒的土地和财产应该由上帝的信徒加以占领。亨利悖论与同时期郑和七下西洋所秉承的"共享太平之福"的四海一家思想形成了鲜明反差。同样的航海，全然不同的海洋文化，不同的结局。亨利悖论最终指向了西方世界殖民掠夺，郑和之后耀眼的中国海洋文化之光则渐渐熄灭。

三、清朝闭关锁国埋下事与愿违的工业化西方降维打击隐患

自乾隆二十二年（1757年）起，清朝实行广州一口贸易，即外洋夷船只许在广东停泊贸易。其后变得越加严苛。

乾隆二十三年（1758年）春，广督李侍尧将广州外商召集在一起，传达了乾隆皇帝的命令。

乾隆二十四年（1759年），李侍尧订立了《约束外商五事》条例，奏请皇上批准后实行。

乾隆二十五年（1760年），潘振成等9家洋商设立商行（洋行），专门办理对外贸易。这就是广州十三行之滥觞。所谓十三行，并非一定是十三爿洋行，可能会有增减，大致十行左右。从此，外贸授权洋行办理变成了一种制度。清朝这一在广州实行的制

度（即所谓"广州制度"）的主要目的是确保东南沿海安全，贸易利润由官府独占，加强封建体制，维持中外交往中的传统朝贡制度。

知识卡片 7-6

清朝对海禁政策的延续与变化

自顺治元年（1644年）清兵入关到康熙二十二年（1683年）提督施琅收复台湾的40年里，清朝政府继续实行海禁政策，令沿海居民内迁，致使沿海生产凋敝，海疆空寂。

两年后，由于台湾已平定，为了恢复沿海经济，海禁政策被撤销，在江、浙、闽、粤设立四处海关（江苏连云港、浙江宁波、福建厦门与广东黄埔），实行对外开放。

但是，在乾隆二十二年（1757年），清政府重新封闭了江、浙、闽三处海关，只留广州海关用作对外贸易与对外联络的窗口。即使是在唯一的广州口岸，由于清政府为设夷夏之防，并以天朝自居，对外商设置了种种限制。这些限制包括：外商只准住在澳门，进省城要领红牌（通行证），只准住在商馆，不准携带家眷；外商不得与中国行商以外的人进行自由贸易，也不得与官府直接联络，若有事须写禀帖，由行商代为转呈；禀帖之上不得使用平等的文字；外洋兵船不得驶往虎门，商船只能在黄埔停泊，并由中国兵丁监护。禁止外商雇人传递资讯。外人不得坐轿和沿街行走。外人每月只有初八、十八、二十八共三日可以结伴由翻译陪同外出散步，不得进入广州城。

资料来源：郑彭年.丝绸之路全史[M].天津：天津人民出版社，2016：302.

从效果看，闭关锁国倾向的清朝海禁政策利少害多，还令多方不满。清朝海禁政策下的广州制度把中国私商排除在外贸体系之外，严重阻碍中国资本主义的萌芽和成长。十三行经由政府特许垄断了外贸特权，加上搜刮掠夺外商和行外私商，积聚起了巨额财富。外商对于广州制度也多有不满，只不过此时的西方没有完成工业化，其工业产品在中国市场上并没有太大的竞争优势，武力也不足以打开中国大门，故暂时屈服于清朝的贸易管理体制。尽管如此，广州这一城市因为独揽对外贸易而空前繁荣。珠江边上商馆①鳞次栉比。

应当说，清王朝实行广州一口贸易只是暂时压制了西方殖民势力向中国内地的渗透，其所内含的夷夏之防、以天朝自居的心态带给未来的可能是巨大的反弹和危险。这是自元末实行海禁政策就出现的治国理政思想的短板。特别是几代帝王（如乾隆）所表现出的自我封闭的天朝思想，上行下效，普遍遮挡了中国人睁眼看世界的视线。人们因而看不到民族与国家将遭到更大的危险，对西方此刻正发生的科技和产业进步更是一无所知，可谓将临深渊而不自知，也错失了不可挽回的发展机会。

在英国率先完成工业革命后，中国面临降维打击的悲剧性风险成为现实。这期间，英国遣使臣多次试探，试图摸透清朝中国的实力和底牌。乾隆五十八年（1793年），英国使臣马戛尔尼来华，内持天朝大国自满自足自大心理，又透析英使贪掠来意的乾隆皇帝以全面拒斥之态使马戛尔尼来华叩关未遂。嘉庆二十一年（1816年），奉命使华的英国使节阿美士德因拒不行跪叩之礼，被嘉庆皇帝遣返。前后相隔23年的两位英国使臣均是有备而来，都提出了与华通商和

---

① 商馆也就是洋行，是每个国家到中国做生意的商人的住所与商店。

知识卡片 7-7

广州一口贸易（广州制度）

西方人把广州一口贸易称作广州制度。广州制度的内容包括商品管理、防夷、抑商三大作用。具体而言，

第一，外国商船一律在广州贸易，不得北上。

第二，官府不能直接与外商接触，外商如有申诉，只能通过洋商（行）转呈。

第三，管制进出口商品。禁止米、豆、黄金、白银制钱、军器、硫黄、铁、白船、书籍等出口和鸦片进口，生丝、大黄出口量也加以限制。

第四，管理外商在广州的贸易和居留。比如，外国兵船不得入内洋；外商不得在广州过冬；贸易期间到广州的外商必须住在洋商为之所建的夷馆，不得随意外出；外国妇女不许留在广州的夷馆，只许留在船上或澳门居住。

第五，建立行商制度。一切贸易事务由行商（洋行）执行，包括代缴关税、责任担保（外商担保和行商互保）、充当外商与官府的中介等。

第六，对中国商人的限制，比如，禁止中国商人与外商接触，不许华商向外商借贷等。

资料来源：郑彭年. 丝绸之路全史[M]. 天津：天津人民出版社，2016：303.

非分的领土要求。表面上看，两位使臣都没有达到出使的目的，然而，其在华所见所闻却直击中国科技与军事等落后的软肋，二人出使中国的报告坚定了英国以武力打开中国国门的决心。后来举世皆

丝路文化

知的事实也正是如此。二位使臣与其说是来使华，不如说是来打探中国实力，为英国武力打开中国国门做前期实地考察。

知识卡片 7-8

乾隆皇帝的两道圣谕与闭关锁国思想

1793年9月14日，马戛尔尼觐见乾隆帝。乾隆皇帝自然深知英国贪婪狡诈，一一回绝了马戛尔尼的所有要求，并命令送其出海回国。乾隆帝又于10月3日和7日连降两道圣谕，由两广总督转给马戛尔尼。

第一道圣谕称："天朝抚有四海，惟励图治，办理政务，奇珍异宝，并不贵重。尔国王此次赍进各物，念其诚心远献，特谕该管衙门收纳。其实天朝德威远被，万国来航，种种贵重之物，梯航毕集，无所不有，尔之正使所亲见；然从不贵奇巧，并无更需尔国制办物件。"

第二道圣谕称："天朝物产丰盈，无所不有，原不借外夷货物以通有无。特因天朝所产茶叶、瓷器、丝绸，为西洋各国及尔国之必需之物，是以加恩体恤，在澳门开设洋行，俾得日用有资，并沾余润。"

乾隆皇帝这两道圣谕无异于中国面向世界的闭关自守思想文告。只是此时的英国或西方正日益拥有以优质却价廉的大工业产品和强大的坚船利炮武力叩关中国的实力和信心，不是乾隆皇帝一纸圣谕能够阻挡和改变的。

资料来源：梁廷枏：《粤海关志》第33卷。转引自郑彭年. 丝绸之路全史[M]. 天津：天津人民出版社，2016：311.

事实上，葡萄牙、荷兰、英国争夺海上丝路霸权的野心此起彼伏、持续膨胀。继葡萄牙窃据澳门之后，荷兰于1624年（即明天启四年）侵入中国台湾，实行殖民统治，纵横东方海上丝路。清康熙元年（1662年）二月一日，郑成功从荷军司令官揆一手中收复台湾。

英国则于1840年发动鸦片战争，如一位传教士所言："大炮在天朝呼啸，城市在一座座陷落。"1842年，英国通过不平等条约强占香港。自此，英国商人（包括鸦片商人）与银行家、政客、传教士、官吏、士兵等纷纷涌向香港。香港日渐取代澳门、广州，成为中国南部沿海重要港口，也是华南中国人向海外移居的转口港。中国对近代海上丝路的控制权转而为英国所把持。

回望海上丝绸之路历史可知，恃强称霸、驰骋海上丝绸之路的西方列强终归事与愿违。从1517年8月15日葡萄牙8艘战舰到达珠江口开始袭扰侵占，到1840年爆发鸦片战争，其间300多年及其后100多年，遭受西方列强战火与屈辱的洗礼，中国在这430多年的世界风浪中摸爬滚打，渐渐形成了放眼世界的眼光、思想和文化，以及立足于世界之林的力量、智慧和勇气。新中国转而以主动之姿态拥抱世界。正是在拥抱世界的过程中，中国重新赢得了独立和发展的崭新机遇，形成了集历史与现实、世界与中国经验和教训的新丝绸之路文化，并成为新时代中国特色社会主义文化的重要组成部分。

第二节　刺桐和平精神基因

不管曾经有过多少战乱风浪，丝绸之路终归是一条通往和平之路，因为长久以来，和平精神是丝绸之路延伸的强劲动力引擎。

一、从丝绸之路始点起航的刺桐和平精神

中国作为丝绸之路上古老的东方大国，绽放过辉煌的风采，也承受过百年屈辱，深得穿越丝绸之路走向和平的要领，也拥有与丝绸之路同样古老的和平基因，其代表就是刺桐和平精神基因。

刺桐和平精神基因的诞生地是福建泉州——海上丝绸之路的中国起点。

中国是古代海上丝绸之路的和平之师。宋元时期的中国拥有当时世界上最先进的造船技术和航海技术，但是秉持刺桐和平精神基因的宋元中国并没有恃强凌弱。这一点有《马可·波罗游记》的描述为证。马可·波罗在元朝中国停留了17年，在元朝政府机构中从事过多种工作，其间，他曾奉命巡察中国各地，尤其是深入到沿江和沿海城市进行巡察，让他体会到了灿烂的中华海洋文明，并为之折服，产生了敬仰之情。

在考察过淮安和杭州之后，马可·波罗离开杭州，经福州到达刺桐城。刺桐（Zayton）城，即今福建省泉州市，因生长有很多刺桐而得名，是中国东南沿海重要港口，也是古代海上丝绸之路起点之一。

当时的刺桐（泉州）已经发展成为世界著名的大海港。根据自己的见闻，马可·波罗将泉州称作世界最大海港之一，因为泉州港的吞吐量令人吃惊，输入泉州的胡椒、沉香、檀香、宝石等货物数量，与输出的瓷器、丝绸等货物的数量同样多得难计数。相比之下，当时世界著名港口埃及亚历山大港的吞吐量就有点少得可怜——仅为泉州港的十分之一。

深深为美丽繁荣的刺桐城所震惊的马可·波罗拜访当地官吏，了解泉州城的贸易与海运情况，还在泉州美丽的大街小巷穿梭，感受这里的风土人情。马可·波罗终于发现，刺桐港平时停泊的大船在100艘以上。这些船是通向亚非国家的大海船，体形庞大，技术先进。最终，马可·波罗也是从美丽的泉州启程，告别元朝中国，踏上回乡旅途的。归途中，马可·波罗在印度还看到了大量中国海船，都是从中国泉州开到印度去的商贸海船。

知识卡片 7-9

马可·波罗对中国海船的描述

各有船房五六十所，商人皆处其中，颇宽适。船各有一舵，而具四桅，偶亦别具二桅，可以竖倒随意。此外有若干最大船舶有内舱至十三所，互以厚板隔之，其用在防海险，如船身触礁或触饿鲸而海水透入之事，其事常见，盖夜行破浪之时，附近之鲸，见水起白沫，以为有食可取，奋起触船，常将船身某处破裂也。至是水由破处浸入，流入船舱，水手发现船身破处，立将浸水舱中之货物徙于邻舱，盖诸舱之壁嵌隔甚坚，水不能透，然后修理破处，复将徙出货物运回舱中……船

用好铁钉结合，有二厚板叠加于上，不用松香，盖不知有其物也，然用麻及树油掺和涂壁，使之绝不透水。

每船舶上，至少应有水手二百人，盖船甚广大，足载胡椒五六千担。昔日船舶吨数常较今日为重，但因波浪激烈，曾将不少地方沙滩迁徙，尤其是在诸重要海港之中，吃水量浅，不足以容如是大舟，所以今日造船较小……无风之时，行船用橹，橹甚大，每具须用橹手四人操之。每大舶各曳二小船于后，每小船各船夫四五十人，操棹而行，以助大舶。别有小船十数助理大舶事务，若抛锚、捕鱼等事而已。大舶张帆之时，诸小船相连，系于大舟之后而行。然具帆之二小舟，单行自动与大舶同。

此种船舶，每年修理一次，加厚板一层，其板刨光涂油，结合于原有船板之上，其单独行动张帆之二小船，修理之法亦同。应知此每年或必要时增加之板，只能在数年间为之，至船壁有六板厚时遂止。盖逾此限度以外，不复加板，业已厚有六板之船，不复航行大海，仅供沿岸航行之用，至其不能航行之时，然后卸之。

资料来源：海昂. 马可·波罗行纪［M］. 冯承钧，译. 北京：商务印书馆，2012：347-348. 转引自马骏杰. 海上传奇：中华海洋文明发展通史［M］. 北京：燕山出版社，2021：207-208.

事实就是如此。泉州港，古典时代人类航海的珍贵遗产，也是宋元时期（即公元10世纪至14世纪）海上风帆贸易历史的见证地之一。元祐二年（公元1087年），北宋政府在泉州设立市舶司管理往来船舶，鼓励越洋贸易。泉州港自此步入了发展的黄金时期，并逐步发展成为世界海港城市的杰出代表之一。泉州作为海上丝绸之路的东方明珠，在世界航海史上有足以比肩哥伦布的故乡热那亚、马可·波罗的家乡威尼斯和伊本·白图泰（亦称伊本·拔图塔）的启航地丹吉尔的地位。

习近平主席早在福建工作期间就曾对泉州古代船舶发展史陈列馆亲笔做过一个批示。这份重要批示点明了"福建是中国古代造船中心，泉州是中国古代海上丝绸之路的起点"，意味着承载刺桐和平精神的泉州得到了应有的珍视。基于泉州作为海上丝绸之路起点形成的丰厚的历史文化资源，2021年7月25日在福建福州举行的第44届世界遗产大会上，"泉州：宋元中国的世界海洋商贸中心"获准列入《世界遗产名录》，泉州城内含的刺桐和平精神由此也得到世界公认。

二、丝路文化自有和平的神圣边界

刺桐和平精神是丝绸之路上高高飘扬的古代中国海洋文化旗帜，丝绸之路也是和睦之路在某种程度上已是一种共识。丝绸之路能够为沿线各国人民带来发展机会，同时深得沿线各国人民的喜爱与推动也正是基于此。

如果说丝绸之路曾主宰了人类的过去，并且必将决定世界的未来，那么，丝绸之路富含的和平精神就是决定世界未来的希望之光。彼得·弗兰科潘在《丝绸之路：一部全新的世界史》的第五章就曾谈及丝绸之路作为和睦之路存在过的和平时刻与画面，大意是：

在宗教和暴力紧密相连的世界，人们极容易忽略伟大信仰间相

互学习与借鉴的一面。事实上，丝绸之路上各种宗教之间的关系并不总是剑拔弩张，相反，彼此间的互容性是令人吃惊的。

…………

通过挖掘各自信仰的共同来源、强调双方在习俗与教义间的相似性，伊斯兰教不断强化与基督教的共识。

…………

人们都在渴望找到上好的佐餐作料、精美的工艺品与最新鲜的农产品。伴随饮食需求一同增长的是人们日益提高的文化鉴赏能力。据传说，丝绸之路上公元751年的怛罗斯战役是一次播散文明要素的标志性事件。此次战役中被抓获的数千名唐军俘虏将大唐帝国的先进科技文化带到中亚、西亚，甚至于欧洲和非洲。特别是古代中国的伟大发明之一造纸术被引介到了伊斯兰世界。8世纪后期开始，纸张的出现使得知识的记录、分享与传播都更加广泛、便利与高效是无可辩驳的事实。文字的使用日渐在科学、数学、地理与旅行等几乎所有领域推开，影响之深远怎么估量都不过分。

…………

人们将大量文献汇聚到一起，还将希腊文、波斯文与叙利亚文译为阿拉伯文，内容涉及马匹医药手册类兽医科学到古希腊哲学等各领域。众多学者如饥似渴地学习着各方面知识，以此作为之后深入研究的基础。教育与求学成为一种新的文化时尚。

…………

繁盛富足，没有政敌，没有宗教对手，这是一个真正靠着讲规矩就能取胜的地方；一片商人能够致富、智者得到尊重、异见可以陈述和争论的世界。麦加山洞中那个毫不起眼的开端，竟然孕育出一个全球性、多样化的乌托邦。①

其实，丝绸之路上到处都不乏和平的溪流。即使在以征战杀伐力著称的地跨亚欧非的蒙古帝国，蒙古人的成功并不体现在其暴力上，而在于其充满和平意味的愿意让步与合作，在于其不遗余力建立起的稳固的中央集权体系。

即便是在地理大发现之后，随西方炮舰商船而来的也不乏和平相安的神圣边界文化思想。丝绸之路衔接起来的，是原本互不相知的异域文化。东来西去的人们在面对陌生的异域文化时究竟应该采取怎样的态度？430多年前，意大利人利玛窦给出了富有启示的回答。这就是著名的利玛窦规矩。

利玛窦有"沟通中西文化第一人"的美名。在文艺复兴时期中西方语言不通、距离遥远、交流匮乏的情况下，利玛窦带着《坤舆万国全图》（即世界地图、古钢琴等西方文明成果，不远万里来到中国，希望传播西方文明，也希望了解中国文化。利玛窦用西学的科学技术知识吸引和结交到了中国的仁人志士，其中就包括徐光启和李之藻。利玛窦在所带世界地图基础上，与李之藻一起融西方科学于中国实际，创作了一幅以中文标注的世界地图，开中国绘制世界地图之先河；又与徐光启一起翻译了欧几里得《几何原本》，为明末数学研究提供了一定的理论依据，对中国数学的发展产生了极大的推动作用。然而，这并不意味着利玛窦在面对中国文化时没有困难和阻力。事实上，利玛窦初到明代中国就遭遇了"礼仪之争"的困扰。

利玛窦学识渊博，对几何、物理、天体力学、地图绘制、机械

① 彼得·弗兰科潘. 丝绸之路：一部全新的世界史[M]. 邵旭东，孙芳，译. 杭州：浙江大学出版社，2016：68-87.

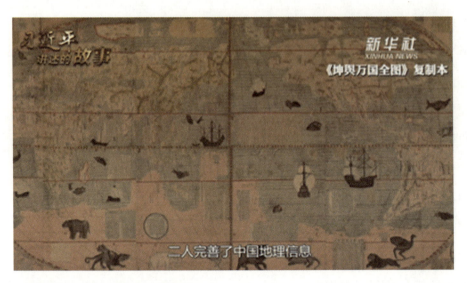

利玛窦带到中国的《坤舆万国全图》
图源：新华社。

学等都有涉猎，到澳门后又攻读中文。他踏上中国土地的本意是传播上帝福音，必然要直面中国的风俗习惯和礼仪。中国人有祭祖、祭孔的习俗信仰。所谓祭祖，就是在祖先牌位前供奉肉、水果、丝、香料等，并需焚香、点蜡和烧纸；祭孔则是在文庙进行，拜祭时人们对着孔子牌位叩头、上香。中国人习以为常的祭祖祭孔礼仪在利玛窦眼中似乎具有了全部宗教祭祀的形式。那么，怎么看待中国人的这些风俗习惯呢？利玛窦并未贸然下结论。

聪慧、用心且务实的利玛窦在1583年至1603年的漫长时间里，观察发现中国祭祖祭孔礼仪的关键因素并不存在宗教意味。长期以来，中国人焚香、叩头是一个普遍的表示致敬的习惯性行为，对逝者或是对逝者的牌位焚香、叩头都只是表达敬意。祭祖祭孔其实是在表达对父母和师长的敬意。这些中国儒家教化行为能够维护和淳化社会秩序，不仅根本没有迷信宗教色彩，反倒是自然而理性的。

利玛窦努力依照中国人的习俗观念来理解中国礼仪，而不是简单地将欧洲文化含义与中国社会行为画等号，体现了利玛窦对中国文化所持的谦卑和敬畏之心，以及站在中国士人立场理解中国的善解人意，这就是利玛窦规矩。[①]

依照利玛窦规矩，不同文化、不同国家都是神圣的，彼此之间是有边界的。依照这些边界，不同文化、不同国家可以和平和睦地并存与交流。1939年，梵蒂冈谕令同意中国教徒祭祖祭孔，中西礼仪之争以利玛窦规矩得到认可而收场。由此可见，如果利玛窦规矩在丝绸之路变迁过程中得到广泛的遵循，中西方经贸文化交流中大量出现的西方恃强而引发的冲突乃至于战争原本是多少可以避免的。

无独有偶，德国著名哲学家哈贝马斯也提出了认同别的生活方式和合法要求的普遍主义思想。因为科学技术的进步并非解决任何人类挑战的万应灵丹，对于各国人们赖以生活的世界观、价值观问题更是如此。哈贝马斯认为，普遍主义究竟意味着什么？它意味着在认同别的生活方式乃至合法要求的同时，人们将自己的生活方式相对化；意味着对陌生者及其他所有人的容让，包括他们的脾性和无法理解的行动，并将此视作与自己相同的权利；意味着人们并不孤意固执地将自己的特性普遍化；意味着并不简单地将异己者排斥在外；意味着包容的范围必然比今天更为广泛。道德普遍主义意味着这一切。

总之，面对丝绸之路宝镜所呈现的一切，人们不应因为一派和平安宁气象而盲目陶醉，失去继续前行的斗志与方向，更不应被暴

---

① 张国刚. 胡天汉月映西洋：丝路沧桑三千年[M]. 北京：生活·读书·新知三联书店，2019：196.

力和战乱所误导，继续陷入暴力和战乱的怪圈。相反，作为后世之人，站在前辈们的巨人肩膀之上看得更远也看得更清的人们，应该认识到走向和平是丝绸之路永恒的动力之心。

第三节　构建人类命运共同体

丝绸之路华丽蝶变的引擎动力还来自丝绸之路命运共同体。自古以来，丝绸之路因共同命运而生；21世纪，丝绸之路也因共同命运而新生蝶变。

一、丝绸之路天然就是命运共同体

丝绸之路从无到有、从点到线、从线到网、从陆地到海洋，再到空中的立体路网和网络丝路的变迁，是地球上的人们从各自所在的地方，为了希望和更美好的生活而寻找彼此能量合力的过程。

道路的联通是丝绸之路上命运共同体最直观的表现。事实表明，丝绸之路上道路联通的奇迹无处不在。波斯人致力于整修纵横交错的帝国大道，将地中海与亚洲心脏紧密地连在一起，使人们在帝国内可以享受一周之内抵达方圆1600英里之远的地方。无论是雨雪、高温，还是黑暗，都无法阻止消息在波斯帝国境内传播的速度。这被希罗多德视为奇迹。在中国，张骞历尽艰辛两通西域，为中国与西域国家互通贸易、人员往来和互相保护都提供了极大的便利。而早在张骞打通北方丝绸之路之前，以成都为中心，当地的商旅已自发地打通了南方丝绸之路。

丝绸之路上的欣赏互鉴之心，是丝路天然命运共同体的表现之一。丝路上的大帝国莫不具有欣赏互鉴之心。曾经地跨亚欧非的

波斯大帝国正是如此。希腊学者希罗多德指出，波斯人之所以获得成功的重要原因在于波斯人的开放态度，即波斯人随时准备接受外来的更为优良的风俗习惯。这种欣赏、包容与优化风俗习惯的做法本身就是彼此命运与共的重要方面。波斯人会因为征服者更舒适的服装而放弃自己原本的服饰。实际上，波斯人也确实借鉴了米底人（Mede）和埃及人的衣着风格。中国历史上也有赵武灵王胡服骑射的改制，与波斯人如出一辙。丝绸之路上的欣赏互鉴之心还表现为对异域风光与建筑设计等的倾心。狄俄尼索斯就在《酒神的伴侣》中描摹了希腊人赞美自己不曾见过的亚洲东方风光："那里有着沐浴在阳光下的波斯平原，有着由城墙保护的巴克特里亚城镇，有着设计精美、可以俯瞰海岸的塔楼。"罗马柱、哥特式尖顶、蒙古包、中国榫卯建筑等风格或独立或混搭，让丝绸之路上的城市风光更加旖旎。

　　人们对更多更好食物和文化等的天然需求，是丝路命运共同体的天然根基。世界各地蔬菜、水果和粮食品种的日益丰富，得益于丝绸之路的传播。丝绸之路沿线音乐、乐器和舞蹈的广泛流传交融，为人们的精神文化娱乐生活增添了新的格调和内涵。考虑到民以食为天，以及精神食粮并不亚于物质食粮，丝绸之路上天然存在的强大的构建命运共同体的力量既不应被忽视，也不应被忘却。

知识卡片 7-10

命运与共的丝绸之路

　　相距遥远的人们通过彼此往来交流，从异域获得更多更好的物质和精神财富的天然追求，赋予丝绸之路命运与共的内在特质。作为丝绸之路的起点，长安是丝绸之路命运与共特质的绝佳代表。

长安，中国古都之一。汉高帝五年（公元前202年）置县，七年在此定都。之后，西汉、东汉（献帝初）、西晋（愍帝）、前赵、前秦、后秦、西魏、北周、隋、唐都在此定都；东汉、三国魏、五代唐都以此地为陪都。

汉唐时，长安是对外经济贸易和文化交流的中心。在西汉，长安城内有专为外人安排的居住区。在唐代，侨居的外人来自亚洲各地，远至波斯、大食，外人多的时候数以万计。

据《唐六典》记载，盛唐时有70多个国家和地区与唐王朝常相往来。希腊、印度、波斯等文明汇聚在长安，佛教、祆教、景教、摩尼教与本土道教并行悖。各民族融合发展，胡人活跃在"怀远坊""崇化坊"，开设珠宝店、货栈、酒肆，一派和合繁荣景象，这正是"落花踏尽游何处，笑入胡姬酒肆中"、"胡音胡骑与胡姬，五十年来竞纷泊"。

丝绸之路上各国各民族命运与共离不开饱含开放包容内核的治国方略。唐太宗胸怀天下以四海为一家，有"自古皆贵中华，贱夷狄，朕独爱之如一"的民族融合和厚植多元文化的气度与韬略。

如今，在新丝绸之路上，西安接续展现着一脉相承的丝路命运与共的特质。丝路国际艺术节、丝路国际电影节、丝路国际旅游博览会等对外交流活动络绎不绝，使西安的国际友好城市多达39个，推动中国与丝路世界各国的友好关系更加紧密。

资料来源：夏征农，陈至立.辞海（第六版彩绘本）[M].上海：上海辞书出版社，2009:245；徐雪莹.短评：首届中国-中亚峰会何以在西安？[J/OL].（2023-05-17）东西问.

二、丝绸之路上不乏自发构建命运共同体的尝试

　　丝绸之路将不同地域的人们连接在了一起。与此同时，由于时代条件、思想认识和利益冲突等的影响，不同国家和民族彼此间普遍存在的防范、敌视、贪婪和仇恨等心理，一些不期而至的危险也常常与之相伴。为此，人们无时无刻不在自发地进行着构建利益攸关的命运共同体的尝试。

　　和亲方法在构建丝绸之路命运共同体中运用得最广泛。中国历史上的公主和亲是构建命运共同体的重要尝试。两汉、大唐、宋朝直到大清帝国，都有选派公主到域外和亲的策略，目的就是通过姻亲巩固盟友关系，双方合力使国家安好、发展与壮大。英国魏泓指出，仅仅在唐朝就有多达20名公主被送往丝绸之路上的各国去和亲，尽管有时候派往异国和亲的并非帝王真正的公主，而是皇室远亲或低级嫔妃的女儿。武则天当政时，突厥可汗甚至提出要唐王朝选派皇子来迎娶自己的女儿。武则天力排众议，派自己的一位侄孙到草原和亲。

　　通过和亲方法构建命运共同体不止出现在草原民族与定居民族之间。同一时期，欧洲文化中也有各国皇室间和亲以便合力保护彼此周全的做法。可萨突厥与拜占庭帝国就曾为加强彼此势力而和亲。中亚国家通常以王子到邻国"和亲"。

　　西方不平等殖民条约是丝绸之路上扭曲的构建命运共同体的方式。世界地理航海大发现为人类认识世界和彼此往来交流做出了不可磨灭的贡献。然而，人们不应当忘记的是，地理大发现是由一批心怀悖论的技术专家、冒险家和航海家推进的。其中，尤以葡萄牙航海王子亨利最具代表性。一方面，亨利王子虔诚地热爱和追求着航海科技事业。为此，亨利王子终身未婚，潜心研究数学和天文学，为航海事业打下基础，将一生中的绝大部分时间投入在西南边陲海滨小镇萨格里什创建的地理研究院和航海学院等航海事业中。亨利王子亲自担任航海学院校长，苦苦追问和探索航海科学难题，为葡萄牙培养训练了包括迪亚斯等著名航海家在内的大批航海人才，酝酿形成了通向印度与美洲的航海蓝图。然而，另一方面，亨利王子又是一个宗教狂热者，也是航海经济利益的疯狂追求者。亨利王子所派遣的葡萄牙航海探险船队采取的是殖民行为，理直气壮地在闯入的新发现之地从事黑奴贩卖贸易与殖民事业。亨利王子还声称，不信仰上帝的异教徒的土地和财产应该由上帝的信徒来占领。

历史上，持有亨利悖论的西方殖民者不计其数。当赤裸裸的直接占有行不通时，来自西方列强的殖民者就逼迫殖民地和半殖民地国家签订不平等条约，以达到殖民掠夺和占有目的。其中，沿航海地理大发现开辟的海上丝路而来的英国、葡萄牙、德国、法国等殖民者，就将大批不平等条约强加在中国人民头上，为中国人民带来了上百年苦难和屈辱的命运。1898年，爱国华侨谢缵泰痛心地挥毫画下一幅《时局图》，并赋诗一首道："沉沉酣睡我中华，哪知爱国即爱家！国民知醒宜今醒，莫待土分裂似瓜。"统计数据表明，自1840年第一次鸦片战争起至1949年新中国成立止，外国侵略者强加给中国人民的不平等条约共计1182个；自鸦片战争到清政府垮台的70年中，中国仅赔偿一项，连本带利总额即达16亿两白银，平均每年负担对外赔款2285.7万两白银。

知识卡片 7-11

丝绸之路上亨利王子悖论的历史明证

葡萄牙亨利王子不仅为葡萄牙开创了航海事业，也为世界航海事业做出了巨大贡献。然而，亨利王子身上体现出热爱航海科技事业，与理直气壮从事黑奴贩运和殖民事业的悖论。亨利王子派遣的葡萄牙船队进行的代表性殖民行动数量惊人。

1419年，占领马德拉维，并宣布为殖民地；1427年，发现亚速尔群岛，5年后宣布为殖民地；1441年，葡萄牙船长贡萨尔斯从布朗角上岸后带走10名黑奴；1445年，迪亚斯在塞内加尔河口劫掠黑人235名，带回葡萄牙进行拍卖。之后，葡萄牙经常派人到西非海岸掠夺黑人为奴。

亨利王子不仅支持航海船队的殖民行径，自己更是殖民和贩卖非洲黑奴的先驱。统计显示，15世纪下半叶，葡萄牙平均每年自非洲劫掠的黑奴达500至1000名。至1460年亨利王子去世，葡萄牙已经将直布罗陀到几内亚长达3500公里的西非海岸攫为己有。

资料来源：张国刚. 胡天汉月映西洋：丝路沧桑三千年[M]. 北京：生活·读书·新知三联书店，2019：165.

此外，明代中国创立了构建海上丝绸之路命运共同体的良好范例。与大航海时代的西方列强殖民行径不同，同样是沿海上丝路远航，郑和七下西洋不单纯是为了贸易经营，更没有任何其他图谋，只是为了与海上诸番国巩固政治互信。对此，《明太宗实录》（卷十二）有记载，明成祖登基之后不久，给南洋各国发布的诏书称："太祖高皇帝之时，诸番国遣使来朝，一皆遇之以诚。其以土物来

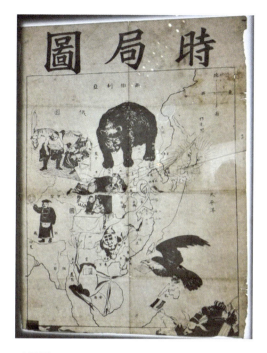

时局图

中国被迫签订的不平等条约

签约时间	缔约国	条约名称	赔款数额
1842年8月	英国	《南京条约》	2100万银元
1858年11月	美国	《赔偿美商民损失专约》	50万两白银
1860年10月	英国	《北京条约》	800万两白银
1860年10月	法国	《北京条约》	800万两白银
1881年2月	俄国	《改订条约》	900万卢布（约折银500万两）
1895年4月	日本	《马关条约》	赔偿军费白银2亿两
1895年11月	日本	《辽南条约》	3000万两白银
1901年9月	英、美、俄、日、法、德、意、奥、荷、比、西	《辛丑条约》	4.5亿两白银，分39年还清，本息合计白银9.8亿两。
1906年4月	英国	《续订藏印条约》附《拉萨条约》	750万卢比银，后减为250万卢比银（折银120余万两）。
1905年11月	德国	《胶(州)高(密)撤兵善后条款》	40万银元
总计			约12.3亿两白银和2140万银元

市易者，悉听尊便。或有不知避忌而误干宪条，皆宽宥之，以怀远人。"秉此四海一家的外交总方针，虽所到之处都是亚非小国，且经济和文化均十分落后，郑和七下西洋不论国家大小，不论各国情状如何，一律平等以待。

一些非洲国家对中国陶瓷和丝绸类商品早有耳闻且心仪已久，却因重洋路远无缘得见。在郑和使团万里而来时，这些非洲国家的人们贸易热情高涨，郑和就把当地人喜爱的质量上乘的金银器、丝绸、锦缎、瓷器等，以物物交换、货币购买等自愿平等的方式进行贸易。

郑和是南海丝路上的和平使者，郑和七下西洋是早期丝绸之路构建命运共同体的典范。

三、21 世纪接续寻求构建人类命运共同体

中国共产党成立以来，一直在为有效构建公平公正的人类命运共同体努力。中国共产党以马克思主义理论为指导，谋求扭转中华民族遭受不公的命运，为中国人民谋幸福。同时，中国共产党也在为人类美好幸福的未来而奋斗。

新中国成立伊始，党和国家领导人就提出要坚定不移在和平共处五项原则基础上发展同各国的友好合作关系，这一原则一以贯之，持续至今。特别是改革开放以来，中国共产党团结带领全国各族人民，让中国出现了翻天覆地的喜人变化，在经济实现飞速增长的同时，到 2020 年底，中国成功地让数亿中国人彻底摆脱了困扰人类数千年的绝对贫困问题，为世界消除贫困事业做出了中国贡献。

作为深悉丝绸之路历史经验和教训的国家领导人，党的十八大以来，习近平主席深入思考了"建设一个什么样的世界、如何建设这个世界"等重大时代命题。为此，2013 年，习近平主席提出"一带一路"倡议。"一带一路"是丝绸之路在 21 世纪的新延伸，是新世纪丝绸之路蝶变的原点，也是中国为有效构建公平公正的人类命运共同体提出的倡议。彼得·弗兰科潘认为，习近平主席 2013 年宣布的"一带一路"创想，再一次唤起了人们对神秘、浪漫、繁荣的丝绸之路熟悉的回忆。习近平主席关于通过促进贸易推动"一带一路"各国和各民族命运向好的基点正是丝绸之路带给人们的共识，即今天亚洲纵横交织的将中国和欧洲、里海、高加索山脉、波斯湾、东南亚各个角落相连接的，以中欧班列、中老铁路为代表的新交通干线，分明在紧紧追随昔日携带货物和信仰奔波在丝绸之路上的商旅和朝圣者们不朽的足迹。不同之处在于，今天丝绸之路上的速度和效果大不相同。

知识卡片 7-12

习近平主席论共同建设"丝绸之路经济带"

2013年9月7日，习近平主席在纳扎尔巴耶夫大学演讲时提出：

"2100多年前，中国汉代的张骞肩负和平友好使命，两次出使中亚，开启了中国同中亚各国友好交往的大门，开辟出一条横贯东西、连接欧亚的丝绸之路。

"我的家乡陕西，就位于古丝绸之路的起点。站在这里，回首历史，我仿佛听到了山间回荡的声声驼铃，看到了大漠飘飞的袅袅孤烟。这一切，让我感到十分亲切。

"哈萨克斯坦这片土地，是古丝绸之路经过的地方，曾经为沟通东西方文明，促进不同民族、不同文化相互交流和合作作出过重要贡献。东西方使节、商队、游客、学者、工匠川流不息，沿途各国互通有无、互学互鉴，共同推动了人类文明进步。

……………

"千百年来，在这条古老的丝绸之路上，各国人民共同谱写出千古传诵的友好篇章。两千多年的交往历史证明，只要坚持团结互信、平等互利、包容互鉴、合作共赢，不同种族、不同信仰、不同文化背景的国家完全可以共享和平，共同发展。这是古丝绸之路留给我们的宝贵启示。

……………

　　"为了使我们欧亚各国经济联系更加紧密、相互合作更加深入、发展空间更加广阔，我们可以用创新的合作模式，共同建设"丝绸之路经济带"。这是一项造福沿途各国人民的大事业。我们可以从以下几个方面先做起来，以点带面，从线到片，逐步形成区域大合作。

　　"第一，加强政策沟通。

　　"第二，加强道路联通。

　　"第三，加强贸易畅通。

　　"第四，加强货币流通。

　　"第五，加强民心相通。"

资料来源：习近平. 习近平谈治国理政[M]. 1卷.北京：外文出版社，2018：287-290.

　　的确，"一带一路"的速度更快、效果更高，且为各国人民所共享。中国发起的"一带一路"倡议已经为丝绸之路经济带国家创造了物质和文化多方面的收益，丝绸之路共同命运真正呈现出了令人向往的风采。

　　2017年党的十九大报告明确提出，"世界命运握在各国人民手中，人类前途系于各国人民的抉择。中国人民愿同各国人民一道，推动人类命运共同体建设，共同创造人类的美好未来！"

　　习近平主席首次提出的"一带一路"倡议和推动构建人类命运共同体理念是实践与理论的关系。其中，"一带一路"是实践平台，人类命运共同体是理论方向；人类命运共同体理念在"一带一路"实践中体现，"一带一路"的实践为人类命运共同体理念提供了现实支撑和基础。

2013年习近平主席提出"一带一路"倡议。2015年开始实践，仅仅五六年时间，"一带一路"的外延不断扩大，从基础设施到产业、资金、政策、民心，再到健康、生态、数字等，衍生出一系列新概念。同时，"一带一路"突破意识形态、社会制度和思想文化差异，突破各个国家间的障碍，在世界范围内率先掀起了一场以发展为中心的基础设施革命、产业链革命、世界工程革命，尤其是掀起了一场文化交流革命。根本上，"中国在全球减贫方面发挥了巨大作用"，特别是"一带一路"倡议对发展中国家基础设施所作的项目投资，为消除世界贫困做出了重要的贡献。①

这场波及全球的以发展为中心的革命还在持续推进中。2021年10月14日晚，习近平主席在第二届联合国全球可持续交通大会开幕式上发表的主旨讲话《与世界相交　与时代相通　在可持续发展道路上阔步前行》中提出，交通是经济的脉络和文明的纽带，从古丝绸之路的驼铃帆影到航海时代的劈波斩浪，再到现代交通网络的四通八达，交通推动经济融通、人文交流，使世界成了紧密相连的"地球村"。当前，世界百年未有之大变局和世纪疫情叠加，给世界经济发展和民生改善带来严峻挑战。我们要顺应世界发展大势，推进全球交通合作，书写基础设施联通、贸易投资畅通、文明交融沟通的新篇章。中国将继续推进高质量共建"一带一路"，加强同各国基础设施互联互通，加快建设绿色丝绸之路和数字丝绸之路，继续造福中国和世界各国人民。

2022年9月14日至16日，也就是中国共产党第二十次全国代

① Eggy&越野兔.那个大骂英美残暴，为穷人发声的美国教授是什么来头？[OL].（2022-11-05）世界华人网；149个"好友"、32个"群"，点赞就没停过！[EB/OL].（2022-09-18）共青团中央.

表大会前一个月，习近平主席在时亚之行时对哈萨克斯坦和乌兹别克斯坦两国进行国事访问，出席撒马尔罕上海合作组织成员国元首理事会第二十二次会议并发表题为《把握时代潮流 加强团结合作 共创美好未来》的重要讲话，强调秉持互信、互利、平等、协商、尊重多样文明、谋求共同发展的"上海精神"，巩固了中国—中亚命运共同体，彰显了"一带一路"近十年来的发展成就，为贯通亚欧大陆的丝绸之路增添了更多生机活力。同时，对于再一次处在十字路口的人类社会，正如习近平主席指出的，"我们将坚持以中国式现代化实现中华民族伟大复兴，继续积极推动构建人类命运共同体，以中国新发展给世界带来新机遇，为世界和平与发展和人类文明进步贡献智慧和力量"①，"一带一路"各国对发展的热切期望

上海合作组织与其影响力
图源：王四海，周筠松. GDP占全球1/4！上合国家经济合作前景广阔[N／OL].（2022-09-19）
经济日报.

① 习近平在上海合作组织成员国元首理事会第二十二次会议上的讲话[N／OL].（2022-09-17）中国日报双语新闻.

与习近平总书记在党的二十大报中所指明的中国发展的光明前景，紧密地结合在了一起，为世界传递了和平、合作、共赢发展的新动力和新希望。这意味着21世纪丝路引擎联动新机制的形成和全面升级。

与此同时，人们发现中国"一带一路"倡议引起西方发达国家相继抗衡性效仿。早在2021年6月的G7峰会上，拜登总统就发起过定位为"一带一路"西方替代方案的B3W（Build Back Better World，即"重建更美好世界"）倡议，承诺为改善发展中国家基建投入40万亿美元。2021年11月8日的消息显示，作为七国集团（G7）抗衡中国"一带一路"倡议的B3W计划的一部分，美国拟于2022年1月在全球投资5至10个大型基础设施项目。

当地时间2022年6月26日，在G7峰会上，美国总统拜登又正式宣布了一项美西方媒体认为意在对抗或抗衡"一带一路"倡议的G7基建计划，即美国将与其他六国一道于2027年前筹集6000亿美元，用作全球基础设施投资，为发展中国家提供发展基础设施所需的资金。其中，美国认领了2000亿美元，其他六国分担剩余的4000亿美元。

英国作为盟友，在冷战思维主导下紧紧跟随美国对抗"一带一路"倡议。英国外交大臣特拉斯于2021年11月25日组建名为"英国国际投资（BII）"的机构，旨在利用私人资本在亚洲、非洲、加勒比海地区国家投资。同月，英国首相约翰逊在《联合国气候变化框架公约》第26次缔约方大会（COP26）上提出30亿英镑（约40.5亿美元）"清洁绿色倡议"，拟帮助发展中国家推行绿色技术，用更环保的方式进行基础设施建设。

欧盟也发起了类似计划。2021年9月，欧盟委员会主席冯德莱恩在年度咨文中提出了"全球门户"计划，拟对高质量基础设施进行投资，将世界各地商品、人员和服务连接起来。同年11月底，欧盟针对"一带一路"倡议公布了斥资3000亿欧元的"全球门户"（Global Small）投资计划。2022年12月，欧盟委员会主席冯德莱恩在布鲁塞尔还自信地宣称，作为欧盟新的基础设施计划"全球门户"将成为"一带一路"倡议的"真正替代方案"。

显然，欧盟"全球门户"计划、美国B3W计划与英国清洁绿色倡议等被认为是互补且相辅相成的，在规模上，这一系列计划预计将扩展至全球，也就是自非洲至拉丁美洲，再到所谓的"印太地区"。

然而，从2022年美国担当"主角"的一系列会晤和峰会，特别是2月美国国务卿布林肯与17个太平洋岛国领导人视频会晤、5月美国—东盟特别峰会、6月第九届美洲峰会、7月美国—沙特与阿拉伯国家领导人峰会等来看，美国似乎并没有清晰的真心实意和战略定力投身世界真正需要的"一带一路"计划版本。

事实上，欧盟"全球门户"计划被认为"雷声大，雨点小"、"是获取非洲大陆资源的新尝试。"① 美国B3W计划倒是在2022年春宣布了一些项目，但在近一年时间里，这一计划对全球基础设施翻新工作的承诺投资总数仅为微不足道的600万美元，与最初承诺的数十亿美元相差甚大。在非洲，美国不缺的是看似阔绰的支票，但美国近年对非洲的投入不升反降。在亚洲，2022年5月的美国—东盟峰会上，拜登总统仅宣布向东盟10国投入1.5亿美元。在美洲，

---

① 张伊宁.欧洲豪掷3 000亿，为何仍拼不过中国？[N/OL].（2023-02-09）参考消息.

2022年6月的第九届美洲峰会上，拜登总统表示计划拨款6.45亿美元以解决拉丁美洲国家面临的食品安全、移民与自然灾害等问题，而这与美国对乌克兰多达几百亿美元的军援相比相形见绌。不仅如此，特朗普政府2019年公布的"美洲增长计划"没有什么效果；拜登总统的B3W计划和"美洲经济繁荣伙伴关系"计划也没有什么显而易见的效果。在南太平洋上，各岛国明白美国若非为了对抗中国影响力，很难得会想起太平洋岛国。斐济代总理就直言指出，美国退出《巴黎协定》表明美国对太平洋岛国的遗忘。

世界各国已经日益看清了美西方的套路，即以改善发展中国家基建为名，实际上是为了干扰和破坏中国"一带一路"倡议。同时，美国自身基建状况风光不再。正如拜登总统面对美国与中国在高铁和机场等方面的差距时所说，美国曾拥有世界第一的基础设施，但现在排名第十四位。中国过去是第十七或十六位，现在是第二位。美国基础设施排名世界第十四，怎么能引领世界？[①]由此，从某种程度上可以说，美国在投资与维护自身基础设施上尚且如此，其提出的改善全球发展中国家基础设施项目怎么可能具有现实的可行性？同样，因遏制俄罗斯而深受油气短缺和通货膨胀等问题严重困扰的欧洲诸国亦自顾不暇，是否有心且有力投身全球基础设施建设，前景同样不明朗。

对于美国、英国、G7和欧盟等抗衡中国"一带一路"的基础设施计划，中国秉持人类命运与共的丝路精神，认为全球基础设施领域的合作空间是广阔的，各类相关倡议并不存在什么相互抗衡或彼此取代的问题。世界眼下需要的是更多更好更便捷的互联互通，而

---

① 索炎琦.拜登：中国第二，美国第十四，美国怎么引领世界？[N/OL].（2023-07-30）环球网.

不是相反。

　　总之，近十年来世界各地，特别是"一带一路"上广大发展中国家发生的喜人变化，检验了中国与世界各国一道在新丝绸之路上构建人类命运共同体的努力和成效①。随着"一带一路"倡议下各国共同努力和不懈付出，特别是在"一带一路"倡议提出十周年之际，2023年10月第三届"一带一路"国际合作高峰论坛上各大洲国家领导人齐聚一堂，评估"一带一路"十年建设成就、制定未来合作新计划，21世纪丝绸之路由"星星之火"蝶变而成的"燎原之势"美好未来值得世界共同拭目以待。

---

① 149个"好友"、32个"群"，"点赞"就没停过！[N/OL].（2022–09–18）共青团中央.

参考文献

[1] 习近平. 习近平谈治国理政：1卷[M]. 北京：外文出版社，2018.

[2] 习近平. 习近平谈治国理政：3卷[M]. 北京：外文出版社，2020.

[3] 习近平. 习近平谈"一带一路"[M]. 北京：中央文献出版社，2018.

[4] 习近平. 习近平"一带一路"国际合作高峰论坛重要讲话[M]. 北京：外文出版社，2017.

[5] 习近平. 习近平第二届"一带一路"国际合作高峰论坛重要讲话[M]. 北京：外文出版社，2020.

[6] 习近平. 论坚持推动构建人类命运共同体[M]. 北京：中央文献出版社，2018.

[7] 司马迁. 史记[M]. 上海：上海古籍出版社，2011.

[8] 鲁迅. 鲁迅杂文全集[M]. 郑州：河南人民出版社，1994.

[9] 荣新江. 丝绸之路与东西文化交流[M]. 北京：北京大学出版社，2015.

[10] 郑彭年. 丝绸之路全史[M]. 天津：天津人民出版社，2016.

[11] 樊锦诗. 榆林窟艺术[M]. 南京：江苏凤凰美术出版社，2014.

[12] 赵声良，戴春阳，张元林. 敦煌文化探微[M]. 南京：江苏凤凰美术出版社，2014.

[13] 樊锦诗. 专家讲敦煌[M]. 南京：江苏凤凰美术出版社，2014.

[14] 樊锦诗. 莫高窟史话[M]. 南京：江苏凤凰美术出版社，2009.

[15] 赵声良. 飞天艺术：从印度到中国[M]. 南京：江苏凤凰美术出版社，2008.

[16] 张国刚. 中西文化关系通史[M]. 北京：北京大学出版社，2019.

[17] 张国刚. 胡天汉月映西洋：丝路沧桑三千年[M]. 北京：生活·读书·新知三联书店，2019.

[18] 高洪雷. 丝绸之路：从蓬莱到罗马[M]. 北京：人民文学出版社，2020.

[19] 柯胜雨. 丝绸之路千年史：从长安到罗马[M]. 西安：陕西师范大学出版总社，2018.

[20] 国家开发银行，联合国开发计划署，北京大学. "一带一路"经济发展报告[M]. 北京：中国社会科学出版社，2017.

[21] 易强. 帝国即将溃败：西方视角下的晚清图景[M]. 北京：中国书店，2011.

[22] 杜学文. 被遮蔽的文明：丝绸之路与山西及其文明流变[M]. 太原：三晋出版社，2019.

[23] 郭建龙. 丝绸之路大历史：当古代中国遭遇世界[M]. 成都：天地出版社，2021.

[24] 马骏杰. 海上传奇：中华海洋文明发展通史[M]. 北京：北京燕山出版社，2021.

[25] 邹一清. 南方丝绸之路丛书：贸易通天下[M]. 重庆：重庆大学出版社，2018.

[26] 段渝，邹一清. 南方丝绸之路丛书：老路新观察[M]. 重庆：

重庆大学出版社，2018.

[27] 杨丽华. 南方丝绸之路丛书：古城尽朝晖[M]. 重庆：重庆大学出版社，2018.

[28] 段渝. 南方丝绸之路丛书：历史越千年[M]. 重庆：重庆大学出版社，2018.

[29] 李桂芳. 南方丝绸之路丛书：人物竞风流[M]. 重庆：重庆大学出版社，2018.

[30] 张燕. 古都西安·长安与丝绸之路[M]. 西安：西安出版社，2010.

[31] 林梅村. 丝绸之路考古十五讲[M]. 北京：北京大学出版社，2006.

[32] 张信刚. 丝路文明十五讲[M]. 北京：北京大学出版社，2018.

[33] 荣新江. 丝绸之路与东西文化交流[M]. 北京：北京大学出版社，2015.

[34] 郑炳林. 敦煌与丝绸之路文明[M]. 南京：江苏人民出版社，2018.

[35] 程遂营. 丝绸之路上的古城[M]. 郑州：河南大学出版社，2019.

[36] 张安福，党琳. 玄奘之路：玄奘看见的世界[M]. 广州：广东人民出版社，2020.

[37] 李贵平. 穿越横断山的"南丝之路"[M]. 北京：中国文史出版社，2021.

[38] 李贵平. 历史光影里的茶马古道[M]. 北京：中国文史出版社，2019.

[39] 肖小勇，等. 丝绸之路文化丛书·历史篇：天山的种子：木全的历史与文化[M]. 桂林：广西师范大学出版社，2020.

[40] 王海英. 丝绸之路文化丛书·历史篇：古城驼铃：湮没的丝路奇台商道[M]. 桂林：广西师范大学出版社，2020.

[41] 张明华. 海上丝绸之路：宁波的历史与未来[M]. 杭州：浙江大学出版社，2018.

[42] 荣新江，党宝海. 马可·波罗与10—14世纪的丝绸之路[M]. 北京：北京大学出版社，2019.

[43] 萧绰. 西域简史[M]. 海口：南海出版公司，2017.

[44] 华涛. 西域历史研究（八至十世纪）[M]. 北京：商务印书馆，2020.

[45] 余太山. 古代地中海和中国关系史研究[M]. 北京：商务印书馆，2012.

[46] 余太山. 两汉魏晋南北朝与西域关系史研究[M]. 北京：商务印书馆，2011.

[47] 赵洋. 我想去中国[M]. 北京：化学工业出版社，2020.

[48] 比尔·波特. 丝绸之路[M]. 马宏伟，吕长清，译. 成都：四川文艺出版社，2018.

[49] 彼得·弗兰科潘. 丝绸之路：一部全新的世界史[M]. 邵旭东，孙芳，译. 杭州：浙江大学出版社，2016.

[50] 乔纳森·克莱门茨. 丝绸之路的历史[M]. 彭建明，译. 北京：新世界出版社，2021.

[51] 白桂思. 丝绸之路上的帝国：青铜时代至今的中央欧亚史[M]. 付马，译. 北京：中信出版社，2020.

[52] 魏泓. 丝绸之路：十二种唐朝人生[M]. 王姝婧，莫嘉靖，译. 成都：四川人民出版社，2020.

[53] 森安孝夫. 丝绸之路与唐帝国[M]. 石晓军，译. 北京：北京日报出版社，2020.

[54] 澳大利亚 Lonely Planet 公司. 丝绸之路[M]. 北京：中国地图出版社，2018.

[55] 吴振强. 厦门的兴起[M]. 詹朝霞，胡舒扬，译. 厦门：厦门大学出版社，2018.

[56] POLO M. The travels of Marco Polo[M]. Hertfordshire: Wordsworth Classics of World Literature，1997.

附录一

丝绸之路文化交流管窥
——日本画家平山郁夫的视角

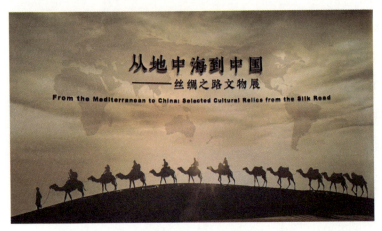

图1　山西博物院"从地中海到中国：平山郁夫丝绸之路美术馆藏文物展"

时光越久远，丝绸之路的气场和魅力就越强大，吸引许多人相继踏上丝路文化重访收藏之旅。曾任日中友好协会会长、东京艺术大学校长、著名日本画家平山郁夫就是代表人物之一。20世纪60年代以来近50年间，平山郁夫与夫人平山美知子一起150多次遍访丝路沿线各国，70多次到敦煌，收集散落民间的丝路古美术品和各类遗物，积累起了一座丝路文化珍宝库。2021年12月17日，"从地中海到中国：平山郁夫丝绸之路美术馆文物展"在山西博物院开展，呈现了独特的平山郁夫丝路文化视角。作者有幸参观此次展览，现将这次展出的部分展品摄图奉上，供丝路文化爱好者赏析。

图2　公元前地中海项链

说明：从左至右依次为：（1）玻璃项链，长52厘米，公元前3世纪—公元3世纪地中海地区—西亚；（2）人头形吊坠玻璃项链，长54厘米，公元前1世纪—公元1世纪，腓尼基；（3）玻璃项链，长52厘米，公元前3世纪—公元3世纪东地中海地区—西亚；（4）玻璃、石、金项链，长19厘米，公元前300年左右，东地中海地区。

　　欧克拉提德一世像银币是希腊巴克特里亚王朝国王欧克拉提德斯一世（公元前171—前156年在位）时期的四德拉克马银币。欧克拉提德斯从巴克特里亚南下，征服印度，战功赫赫，银币上的国王像也颇具王者风范，持枪而立，后背筋肉突起。银币背面印有古希腊孪生神灵、宙斯之子狄俄斯库里兄弟，即卡斯托耳与波鲁克斯。

图3　欧克拉提德一世像银币

说明：来自公元前171年—前135年希腊，直径3厘米，重16.8克。

图4 雅典娜头像银币

说明：来自公元前449年—前413年希腊雅典，重17.9克。

图5 亚历山大三世像银币

说明：来自公元前336年—前323年东地中海地区，直径2.6厘米，重17.2克。

图6 金耳饰

说明：这两副金耳饰来自公元前2000年叙利亚，高1.7~3.4厘米。

图7　玻璃、金香油瓶与底座

说明：香油瓶与底座来自公元前4世纪—前3世纪东地中海地区，高18.6厘米，直径5.1厘米。瓶身饰羽状纹，应是将溶解后的有色玻璃缠绕在瓶上，趁其尚未冷却时用金属丝之类的器具向垂直方向平推制作而成。

图8　东地中海地区大理石纹玻璃长颈瓶（公元1世纪）

说明：瓶高8.1厘米，腹径6.3厘米。

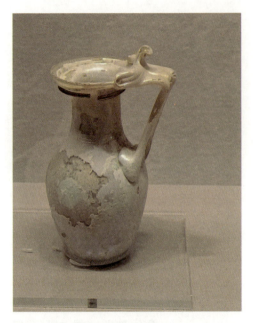

图9　东地中海地区玻璃水壶（公元3世纪—5世纪）
说明：壶高14厘米。

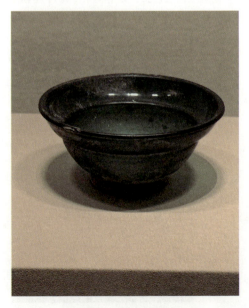

图10　东地中海地区玻璃膝盖骨形杯（公元前1世纪—公元1世纪）
说明：杯高5.6厘米，直径12.1厘米。

图11　东地中海地区玻璃双柄瓶（公元1世纪—2世纪）

说明：该玻璃双柄瓶用于盛放香油，高6.6厘米，直径5厘米。

图12　北美索不达米亚玻璃、金项链（公元前14世纪）

说明：左边的项链是玻璃、金项链，长64.8厘米。中间的项链是玻璃项链，长59.2厘米。右边的项链是玻璃项链，长56厘米。

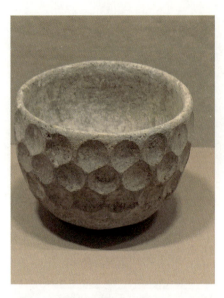

图13 伊朗圆形玻璃切子碗（公元5世纪—7世纪）

说明：碗高9.7厘米，直径12.5厘米。碗壁纹样由玻璃冷加工过程中的切割打磨工艺制成，在日文语境常称作"切子"。同类型玻璃碗在萨珊王朝时经由丝绸之路传至东亚。

图14 伊朗玻璃壶（公元6世纪—7世纪）

说明：壶高10.5厘米。

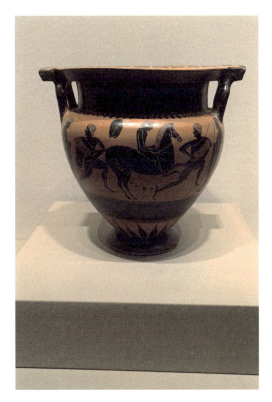

图15 希腊混酒陶器（公元前6世纪下半叶）
说明：混酒器长28.2厘米，宽31厘米，高26.2厘米。

图16 希腊雅典混酒陶器（公元前6世纪末）
说明：混酒器高49.5厘米，直径48厘米，一面描绘一对男女在众人簇拥下驾乘马车，或为进行中的婚礼队伍；另一面描绘年轻人正在运动场上训练。

图17　希腊雅典陶质香油瓶（约公元前470年）
说明：该香油瓶也称作莱基托斯瓶，公元前6世纪左右成为葬礼中的常用器皿。瓶身以红绘技法表现胜利女神尼娅。古希腊人相信胜利女神从天界降临，祝福胜利者。

图18　地中海周边地区、北非陶质油灯
说明：左图为公元1世纪—2世纪丘比特纹饰油灯，高11.4厘米，宽8厘米。右图为公元1世纪—3世纪角斗士纹饰油灯，高10.4厘米，宽7.3厘米。模压成型工艺在罗马时代得以普及。人们可以从上方的小孔注入橄榄油，在前端的点火口插入灯芯，点燃油灯。上方的圆形表面可装饰各种各样的主题图案，把手与点火口的形状在不同时代变化不一。

图19　地中海地区骑豹的丘比特（公元1世纪—2世纪）

说明：该骑豹丘比特为陶制，高13厘米。

图20　南意大利女神石像（公元前7世纪—前6世纪）

说明：石像高23.5厘米，宽12.2厘米。

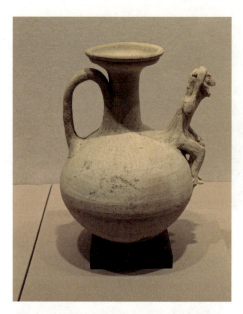

图21　叙利亚人物像注口陶壶（公元前1800年左右）

说明：壶高23.5厘米，系流部捏塑成人物形象，且巧妙地将人物张开的嘴巴作为出水口。

同类陶器在叙利亚、幼发拉底河西岸的泰尔阿布休莱拉青铜器时代遗址内也有出土。

图22　塞浦路斯彩绘单耳几何纹茧形壶（约公元前8世纪）

说明：壶高32厘米。

图23　公元前1世纪—公元1世纪地中海东岸带鋬陶杯

说明：杯高11厘米。带鋬罗马施釉陶杯。涂釉，釉中含较多铅。外侧为橄榄绿色，内侧为橙色。杯身通过模压成型，描摹出希腊罗马时代的神话场景。

图24　东地中海地区提梁玻璃瓶（公元4世纪—5世纪）

说明：瓶高23厘米。连体瓶周身缠绕着玻璃绳，侧面也缠有波浪形的玻璃绳。在瓶口上端装有较大的两层把手。这种用玻璃绳点缀的复杂装饰，需要玻璃匠人有非常高的制作速度与成熟的温度控制。因为一旦在制作完成前玻璃凝固，就再也无法加工。这一展品是罗马时代熟练的玻璃吹制匠人打造的一级珍品。

图25 东地中海地区玻璃水壶（公元3世纪—4世纪）

说明：壶高11.4厘米。该玻璃水壶是吹制而成，其把手上有一凸起的部分，便于提起水壶倾倒液体时用手指按压。

图26 东地中海地区玻璃纽纹瓶（公元4世纪—5世纪）

说明：瓶高16.6厘米，在制作瓶身两侧自口沿至腹部的纽带时，工匠将加热的玻璃迅速塑形，形成连续弯曲的条带，附于瓶身。虽然纽带不具有作为把手的实用性，但形成了强烈的装饰效果。

图27 南意大利陶质牛头形来通（公元前4世纪）

说明：该牛头形来通高20厘米。来通是古希腊人在各类仪式上常用的注酒器，早期被视为圣物。牛头形来通主体绘有希腊神话故事。

图28 土耳其铜腰带（公元前9世纪—前7世纪土）

说明：腰带长108.5厘米，宽13厘米。从腰带边缘部分的小孔可知该腰带原与皮革一起缝制。腰带表面刻有狩猎纹，描绘战士们骑乘马或战车，向狮子、山羊、鹿等猎物放箭的情景。据推测，此器物为在高加索地区显赫一时的乌拉尔图王国的遗物。

图29　伊朗带柄铜香炉（公元前2世纪—公元2世纪）
说明：香炉高19.4厘米，柄部为身姿生动的有翼狮子形象，狮子的两前足与托盘用铆钉连接。焚香习俗源于近东地区，后被波斯帝国沿袭，香炉也随之东传到印度与东亚地区。

图30　伊朗双牛铜塑像（公元前1000年）
说明：双牛身长6.8厘米，宽4.7厘米，高5.5厘米。伊朗高原的矿产资源丰富，自古以来冶金技术发达，西部胡齐斯坦出土了大量青铜制品。图中器物被认为是伊朗这一地区族长和战士的陪葬品，体现了高超的铸造技术。

图31　伊朗天马形银来通（约公元前4世纪）

说明：该天马形来通高27厘米，前端是双翼天马的前半躯体。这类来通流行于古波斯以及西亚地区，是仪式上使用的祭器，液体通过马前足间的小孔流出。

图32　美索不达米亚陶质绿釉人面双柄来通（公元2世纪—3世纪）

说明：该来通高36厘米，上部为双耳瓶状，底部为山羊或鹿的头部形状的流口。肩部饰有手持杯子的希腊英雄赫拉克勒斯，其下为一头戴冠带、两侧卷发的贵族头像。

图33 伊朗西北部陶质动物形来通（公元前1世纪—公元2世纪）

说明：该来通高19.8厘米、宽32.5厘米。波斯帕提亚帝国时期陶器，器身呈椭圆形，口沿下至肩部有把手便于提放，壶嘴细长，流口处塑成动物头部。为了增加稳定性，器身底部附有短腿。

图34 中亚绿地圣树双鹿纹纬锦（公元8世纪—9世纪）

说明：该织物长16.2厘米、宽71.4厘米，中心为垂直的圣树。圣树两侧有两头相对、以后腿站立的长角鹿，周围配置椭圆形联珠纹，工艺精湛，图案秀丽，保存完好。

图35　中亚黄地天马纹纬锦（公元8世纪—9世纪）

说明：该织物长110厘米、宽67.4厘米，两匹天马相对而立，正在吃草。天马头和足部缠有象征着祝福的绶带，缰绳和腿膀的中央有联珠带。该织锦应该是男性长衫上的一部分。

图36　伊朗萨珊朝鸟纹鎏金银杯（公元6—7世纪）

说明：杯直径22厘米。该杯由捶揲敲制而成。中心为衔枝鸭子图案，四周配有蔓草纹和联珠纹，局部鎏金，为中亚地区典型金银器。

图37 伊朗动物纹装饰金板（公元前8世纪—前7世纪）

说明：金板长5.6厘米，宽4.3厘米。古代西亚地区盛产装饰板。一般是在金、银薄板上錾出神像、人物、动物纹饰。这类装饰板可以作为护身符或在献祭仪式中使用，也可以贴在家具上作为装饰。

图38 伊朗高足银杯（公元7世纪—8世纪）

说明：杯高9.4厘米，直径13.7厘米。杯碗和杯脚先分别制作，后焊接而成。杯碗内纹饰以钟揲刻画制成，局部鎏金。类似的萨珊高足杯器形通过丝路传入中国。

图39　阿富汗北部羊形陶器

说明：左边羊形陶器为公元8世纪上半叶，高16厘米，羊角和颈部各饰一圈联珠纹，
身体饰圆形花纹；羊面部塑造立体，生动有趣。右边羊形陶器为公元6世纪—7世纪，
长5.5厘米、宽6.1厘米、高8.5厘米，形为蹲坐羊，塑绘结合，构思巧妙，形象可爱。
羊角和颈部各饰一圈联珠纹，身体部分用联珠纹划出空间，其间绘鸟形图案。

图40　阿富汗北部婚礼图彩绘纹陶壶（公元6世纪—7世纪）
说明：壶高7.5厘米。

图41　阿富汗北部人面纹陶壶（公元8世纪）

说明：壶高27.5厘米。该壶彩绘细致，肩部绘菱形纹饰，腹部装饰联珠纹，环状联珠
纹中央绘马头图案。

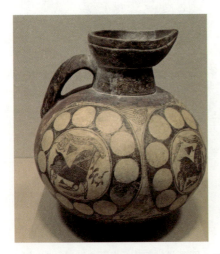

图42　阿富汗北部羚羊联珠纹陶壶（公元8世纪）

说明：壶高27厘米。

图43　阿富汗北部人头形彩纹陶器（公元8世纪上半叶）

说明：该陶器高9厘米。

图44　阿富汗北部陶器

说明：左边为公元8世纪上半叶联珠纹陶盘，直径10.6厘米；右边为公元6世纪—7世纪野猪头像联珠纹陶壶，高13.1厘米，直径约为10.5厘米。

图45　犍陀罗金耳饰

说明：上面一副金耳饰为公元1世纪—3世纪，长4.5厘米、宽2.3厘米，以小金粒连缀装饰耳饰。耳环部分上下连接，可以开合。居中一副金耳饰为公元1世纪—3世纪，长4.8厘米、宽5.1厘米，耳坠上端为乌龟装饰，下部为塔形，做工极为精细。类似的龟背纹在中国丝绸织品、佛教壁画以及青州佛教造像等装饰中也常出现。下面一副金耳饰为公元1世纪—3世纪，长6.5厘米、宽2.8厘米，耳环本体和垂饰部分为中空，弓形弯月上点缀金粒。这种耳饰在犍陀罗地区多有出土，应为当时常见商品。

图46　犍陀罗金项圈（公元1世纪）

说明：项圈直径14.5厘米。

图47　阿富汗金王冠（公元前2世纪—公元2世纪）

说明：王冠高7.51厘米、径17.5厘米。该金王冠以橄榄枝叶为主题，吸收了希腊艺术特点，中部镶嵌阿富汗北部山岳地带开采的青金石。橄榄枝象征和平及胜利，源自古希腊，在西方文化中尤其突出，亦多见于地中海沿岸文化及宗教。另外，阿富汗青金石开采约始于公元前3000年左右，之后出口到埃及和美索不达米亚地区，被视若珍宝。但捷陀罗以及周围地区却极罕见使用青金石制作工艺品。

图48　伊朗狮纹杯（公元前7世纪—前6世纪）

说明：该杯质地为铜、银，高31厘米、直径18.3厘米，外侧装饰有加工过的银板。银板上端有一周石榴果实装饰纹带，其下饰有狮子，头部突出，富有强烈的立体感，展示了精湛的金属加工工艺。

图49　犍陀罗手柄青铜水壶（公元前2世纪）

说明：壶高34厘米，斜喇叭口，口沿工艺受希腊化或罗马制作工艺的影响。把手上端为头上有角的男性神卧像，下端为葡萄树叶，下藏女神像。此类铜壶应为葡萄酒容器。

图50　阿富汗狩猎纹银碗（公元前2000年—前1800年左右）

说明：银碗高10厘米，直径11厘米。银碗四周錾刻主人带领三条狗狩猎野山羊的场景。主人着装华丽，推测可能为首领，非常写实地还原了狩猎场景，可能是用于记录首领的伟大，也可能用于祈祷狩猎成功。

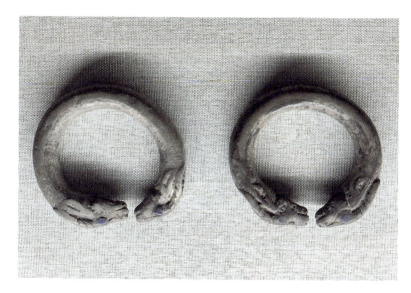

图51　阿富汗动物装饰金属手镯（公元前7世纪—5世纪）

说明：手镯直径7.5厘米。

图52　阿富汗巴尔赫国王波塞冬像银币（公元前171年—前160年）

说明：银币直径3厘米，重16.11克，正面是戴有马其顿织帽的国王像，背面是手持三叉戟的海神波塞冬。

图53 犍陀罗国王风神像金币（公元1世纪—2世纪）

说明：金币径2.4厘米，重15.91克，是贵霜王朝第三代国王阎膏珍（公元95年至127年在位）时期金币。金币正面以崭新的表现手法将君王肖像刻于岩山（或云）之上，两肩上喷出火焰，象征着其超人的能力。背面是骑瘤牛、持三叉戟的风神万德。

附录二

21 世纪丝路文化咏叹歌二首

一、《丝绸之路》

　　《丝绸之路》是中国乐坛实力唱将徐千雅的鼎新力作，作曲出自著名音乐家、现代民歌教父何沐阳之手，歌词由何沐阳与新锐词人陈萌萌合力创作。这首歌曲以丝路情感为线索，传递了由心到心本无界的丝路文化理念，被认为是一首真正能代表丝绸之路的歌曲。徐千雅携该曲一举登上 2016 猴年春晚舞台，丝绸般飘逸华丽的嗓音深情且磁性，使一如锦绣的千年丝路直通人心，沧桑幽远温暖闪烁着光明和希望。①

丝绸之路

作词：陈萌萌；何沐阳

作曲：何沐阳

演唱：徐千雅

驼铃声犹在耳边

记不清你说的语言

壁画上曾刻下的愿

---

① 丝绸之路[OL]. 百度、Ｑ Ｑ音乐。

斑驳岁月往事却浮现

长河落日大漠孤烟

从东往西本无界

一路绵延千生百劫

去换一朵花开的时间

踏过万里的足印

让我再遇见你

任千年风沙漫袭

情未息

穿越隔世的梦境

爱如丝绸般飘逸

轻拂晨曦泪滴

当时月照进今夜

唤醒我无尽的思念

多遥远已不再遥远

让我和你继续那前缘

紫气东来祥云瑞卷

由心到心本无界

一路绵延风光无限

终于等到花开的明艳

踏过万里的足印

让我再遇见你

任千年风沙漫袭

情未息

穿越隔世的梦境

爱如丝绸般飘逸

珍藏你我心里

踏过万里的足印

让我再遇见你

任千年风沙漫袭

情未息

穿越隔世的梦境

爱如丝绸般华丽

再度锦绣传递

二、《我在景德镇等你》

《我在景德镇等你》是中国乐坛实力唱将徐千雅为景德镇倾情演唱的一首歌曲，词曲均由著名音乐制作人、现代民歌教父何沐阳亲自创作，是一首站在新时代描绘中国千年古窑景德镇的创意音乐作品，曲风唯美、大气深情，彰显了中华千年古文明传承和中国发展的时代新貌，展现了古丝绸之路厚重的文化魅力。[①]

---

① 我在景德镇等你[OL]. 百度、QQ音乐。

我在景德镇等你

作词：何沐阳

作曲：何沐阳

演唱：徐千雅

啊哈啊

Yeah yeah

古窑的神火

通明千年仍不息

江南的烟雨

隐约着飘逸

沉韵的伏笔

染刻了传奇

前世心思

化今生的胎记

我在景德镇等你

等你千年的归期

传世的记忆

从东飘到西的寻觅

我在景德镇等你

一眼就能认出你

当年的落款

烙在了我心里

Oh oh

Oh oh

Oh oh

Yeah yeah

昌江的春水

流过繁华和沉寂

珠山的松涛

见惯云涌风起

玲珑的小镇

爱成就大器

天下流传

你始终是唯一

我在景德镇等你

等你千年的归期

传世的记忆

从东飘到西的寻觅

我在景德镇等你

一眼就能认出你

当年的落款

烙在了我心里

碓厂和云春绿野

贾船带雨泊乌篷

夜阑惊起还乡梦

窑火通明两岸红

Oh oh

我在景德镇等你

等你千年的归期

千年的归期

传世的记忆

从东飘到西的寻觅

我在景德镇等你

一眼就能认出你

认出你

当年的落款

烙在了我心里

一如

China

印记世界梦里

后　记

　　丝绸之路承载了东方和西方文化交流互鉴的几乎全部世界历史，中国和世界在丝绸之路上频频相遇。中国美丽的丝绸、精致的瓷器和清香的茶叶，特别是中国科技、工艺、文化和财富，与西方现代科技加持的坚船利炮相继深刻地改变了世界另一端人们的社会和生活；周穆王、张骞、唐玄奘、亚历山大大帝、马可·波罗、利玛窦、亨利王子等人在丝绸之路上你方唱罢我登场；马克思和孔子的心神无疑也在丝绸之路上迂回曲折却不期而遇，马克思主义中国化的时代大幕在无意间早已拉开……丝绸之路上群星璀璨，争奇斗艳，令古老而浪漫的丝路文化令人神往。

　　丝绸之路的一头连着奇妙却茫然无法重现的过去，另一头连着同样奇妙却难以预知的未来。如果过去会告诉未来一切，那么，丝绸之路上就隐藏着人类前进的密码。由于丝绸之路始于中国，解开世界前景密码的第一把钥匙只有通过读懂中国与世界才能找到。因此，以发端于海上丝绸之路中国起点福建泉州的刺桐和平精神基因为依托，如果西方代表着中国之外的世界，中国则是世界发展的稳定器。西方曾经做出的武力入侵和殖民中国的决策是一个误判，今天的西方依然时时流露做出新误判的冲动。若西方果然有新的误判出现，必将成为世界面临的新的难以承受之重。一定程度上，中国的"一带一路"倡议是使世界避免重大误判的丝路智慧结晶。

显然，丝路文化是一座人类文明发展和可持续繁荣的宝贵却开发难度巨大的富矿。这意味着，若要把丝路文化原汁原味地描绘出来，让世人透过丝路文化读懂中国和世界，需要描绘者或研究者有长期的专业修炼和洞悉世事的锤炼。对此，不得不深表遗憾的是，修炼出能够呼唤和转动丝绸之路宝镜的力量绝非一日之功，如今，在渐行渐深的诚惶诚恐之中写就的《丝路文化》一书，只可谓是引玉之砖。惟愿以此书吸引更多丝路文化专业人士和爱好者共同挖掘和珍藏已为"一带一路"倡议刷新了深度、广度、高度的丝路文化宝藏，共同塑造中国和世界更加美好的明天。